数字领航 换道超车

数字化转型实践探索
（第2版）

王建伟◎主编

人民邮电出版社

北京

图书在版编目（CIP）数据

数字领航 换道超车：数字化转型实践探索 / 王建伟主编. -- 2版. -- 北京：人民邮电出版社，2023.12
ISBN 978-7-115-62703-2

Ⅰ. ①数… Ⅱ. ①王… Ⅲ. ①企业管理—数字化—研究 Ⅳ. ①F272.7

中国国家版本馆CIP数据核字(2023)第176923号

内 容 提 要

数字化转型是工业经济迈向数字经济的必由之路，是以数据为核心的驱动要素，新一代信息技术应用推动资源配置方式、生产组织模式、商业运行逻辑、价值创造机制深刻变革，形成数字经济体系的重要历史进程。本书介绍了数字化转型的时代背景、国内外数字化转型的情况，围绕战略、组织、生产方式、营销、采购、财务、商业模式等给出了数字化转型的落地方案，并站在更高的角度提出了很多关于未来的思考。

本书可作为传统企业数字化转型升级过程的参与者、从业者及相关研究者的参考书。

◆ 主　　编　王建伟
责任编辑　赵　娟
责任印制　马振武

◆ 人民邮电出版社出版发行　北京市丰台区成寿寺路 11 号
邮编　100164　电子邮件　315@ptpress.com.cn
网址　https://www.ptpress.com.cn
北京富诚彩色印刷有限公司印刷

◆ 开本：880×1230　1/32
印张：13.75　　　　　　　2023 年 12 月第 2 版
字数：274 千字　　　　　 2023 年 12 月北京第 1 次印刷

定价：128.00 元

读者服务热线：(010)81055493　印装质量热线：(010)81055316
反盗版热线：(010)81055315
广告经营许可证：京东市监广登字 20170147 号

编辑委员会

主　编：王建伟

委　员：闫同柱　　张文彬　　李　凯

　　　　毛鹏飞　　王　帅　　王晟寰

第 1 版序

今年初春，受中共中央委托，我率民盟中央调研组赴重庆、浙江等地开展"推动数字经济与实体经济深度融合，促进经济高质量发展"实地调研。王建伟同志作为工业和信息化部派出的代表，也参加了这次调研。在短短几天的合作中，我发现他对数字经济与实体经济深度融合这一专题有深入研究，更有独到见解，感到他确实是一个值得尊敬的学者型干部。实地调研结束后，建伟同志又热情地帮助我们民盟中央调研报告起草组厘清思路、修改文本。最近，我欣喜地看到，建伟同志主编的《数字领航 换道超车》一书即将付梓。建伟同志托我为其撰写序言，我深感荣幸，也非常愿意把他的成果推介给大家，与对此问题有兴趣的读者分享。

近年来，随着云计算、大数据、物联网、人工智能等新一代信息技术的高速发展，以及新技术与实体经济的深度融合，数字经济新形态蓬勃兴起，带来了全新的网络基础、产业结构和生态。作为继农业经济、工业经济之后的新经济形态，数字经济在培育新增长点、形成新动能方面具有重要作用。在中共十九大报告中，习近平总书记指出："建设现代化经济体系，必须把发展经济的着力点放在实体经济上，把提高供给体系质量作为主攻方向，显著增强我国经济质量优势。加快建设制造强国，加快发展先进制造业，推动互联网、大数据、人工智能和实体经济深度融合，在中高端消费、创新引领、绿色低碳、共享经济、现代供应链、人力资本服务等领域培育新增长点、形成新动能。"这一高屋建瓴的论断，为数字经济与实体经济的融合发展指明了方向。在二十国集团领导人第十三次峰会第一阶段会议上，习近平总书记再次指出"世界经济数字化转型是大势所趋，新的工业革命将深刻重塑人类社会"。推动数字化转型，建设网络强国、数字中国、智慧社会，是以习近平同志为核心的中共中央，站在人类历史发展和国家全局高度，立足中国特色社会主义进入新时代，顺应第四次工业革命趋势，把握数字化、网络化、智能化发展机遇，做出的重大战略部署。

当前，中国经济正处在高速增长向高质量发展的转型期，推动实体经济的高质量发展是今后一个较长时期内我国经济发展的重大课题。而数字经济作为新动能，对实体经济的拉动作用毋庸置疑。加速推动数字经济与实体经济融合，以数字经济助推实体经济发展，已经成为推动经济发展质量变革、效率变革、动力变革的重要驱动力，也是实现经济高质量发展的重要着力点。数字经济和实体经济融合发展，既是数字经济的高质量发展，也是实体经济的高质量发展，两者相互促进、相辅相成。数字经济是实体经济增长的新动能。数字经济通过与实体经济深度融合，能够为实体经济赋能，对传统产业实施数字化改造升级，可以有效解决实体经济转型最为关键的"成本、质量、效率、效益"等痛点问题，是目前推动供给侧结构性改革、实现经济高质量发展的新路径。

建伟同志作为多年从事这项工作的干部，在这方面做了大量的理论研究和实践工作。在本书中，他系统总结了数字经济的内涵架构、技术体系和产业实践，深刻阐述了数字经济对于实体经济发展的重要作用及赋能路径。建伟同志在编写过程中善于分析提炼与归纳总结，善于将工作积累与产业实践相结合并上升为理论知识，为政府和产业界推动数字经济发展指出了一条鲜明的道路。其思考之深入，见解之独到，使我耳目一新、很受启发。

前段时间，民盟中央根据前期调研的情况，撰写了《推动数字经济与实体经济深度融合 促进经济高质量发展》的调研报告，提交给中共中央。在这一报告中，我们概括性地描述了当前我国数字经济与实体经济融合发展的情况、面临的主要问题与原因，并提出了强化思想认识、完善机制保障、加大引导支持、强化人才供给、夯实创新基础、健全发展生态六个方面的意见建议。坦率地讲，这些内容在建伟同志这本书上都有详尽的论述和体现。从某种程度上来讲，我们的调研报告也得益于他的这本专著。

当今世界正处于百年未有之大变局，世界发展的不确定性随之凸显。所幸的是，数字经济澎湃发展的大势成为"不确定中的确定性"，几乎每个国家和地区都意识到发展数字经济的重要性和紧迫性。我国更是把推动数字化转型，作为抢抓历史发展机遇，全面建成社会主义现代化强国的重大内容。为此，我们应立足于新时代中国特色社会主义发展的新的历史方位，热情拥抱数字时代的到来，认真研究数字经济发展，进而带动实体经济高质量发展。

未来的中国，前景可期。在中国共产党的坚强领导下，中国人民必将会实现更多的"不可能"。希望广大读者能够从这本书中汲取知识、获得教益。在这个充满了"快"与"变"的数字经济时代，让我们齐心协力、锐意进取，大力推进数字中国建设，为经济社会高质量发展提供不竭动力！

是为序。

民盟中央主席
丁仲礼
2019 年

前　言

　　当前，互联网、大数据、人工智能等新一代信息技术正在引领新一轮科技革命，全球正迈向万物互联、数据驱动、软件定义、平台支撑、智能主导的数字经济新时代，数字化转型正成为产业变革的主旋律。工业经济时代的产业运行体系将发生根本性变革，资源配置、生产组织、创新协作等方式加快转变，全球经济将迈入体系重构、动力变革、范式迁移的新阶段。在这场调整和变革中，企业需要重新审视自己的地位、重新定位自己的角色、重新找到发展的方向，以网络化、个性化、服务化、共享化为价值导向的商业模式将会不断涌现。

　　数字化转型是引领新一轮科技革命和产业变革的重要引擎。新一代信息技术是新一轮科技革命中创新最活跃、交叉最密集、渗透性最强的领域，正在引发系统性、革命性、群体性的技术突破和产业变革。互联网实现人、机、物的泛在连接，大幅提高交易效率和生产效率；大数据成为新的生产要素，带动资金、技术、人才等资源的优化配置；人工智能加速向研发、生产、管理、服务等环节渗透，推动制造业向智能化转型；软件实现人类知识和技术的模型化、算法化、代码化，定义和支撑制造业的基础性作用不断增强；平台成为全要素、全产业链和全价值链连接的载体和枢纽，加快构建开放共赢的产业新生态，推动制造业发展迈向万物互联、数据驱动、软件定义、平台支撑、智能主导的新阶段。

数字化转型是构建现代化产业体系的有效抓手。 新一代信息技术加速向传统产业领域融合渗透，正在推动产品、装备、工艺、管理、服务的智能化步伐不断加快，推动形成新的创新体系、生产方式和产业形态，跨领域、协同化、网络化的工业互联网平台成为产业创新的重要载体，智能制造、网络制造、柔性制造、绿色制造、服务型制造等新模式不断涌现，数字经济、平台经济、共享经济等新业态竞相浮现，产业转型升级加速迈向更广范围、更深层次、更高水平。

数字化转型是实现经济高质量发展的战略选择。 我国经济已由高速增长阶段转向高质量发展阶段，正处在转变发展方式、优化经济结构、转换增长动力的攻关期，需要充分发挥新一代信息技术的创新引领作用，以信息流带动技术流、资金流、人才流，推动经济发展质量变革、效率变革、动力变革，提高全要素生产率。党的二十大提出"加快发展数字经济，促进数字经济和实体经济深度融合，打造具有国际竞争力的数字产业集群"的决策部署，为新一代信息技术与制造业在更广范围、更深层次的融合渗透指明了方向，有利于激发创新潜能、重构生产体系、引领组织变革、高效配置资源，有利于新技术的创新、新产品的培育、新业态的扩散和新模式的应用，有利于加快形成精准、高效的制造业供给体系，推动经济高质量发展。

产业数字化转型作为新一轮产业变革的核心，必然引发资源配置方式、产业创新体系、生产运行方式、组织管理模式的根本性变革。

数字化转型促使资源配置更加网络化、全球化、快捷化。数字化转型通过实现数据自由流动，以信息流带动技术流、资金流、人才流、物资流，不断突破地域、组织、技术的边界，推动形成泛在连接、弹性供给的工业互联网、"双创"、电子商务等资源要素共享平台，促进资源配置从单点优化向多点优化演进，从局部优化向全局优化演进，从静态优化向动态优化演进，全面提升全要素的流通效率和水平。

数字化转型促使产业创新更加协同化、开放化、互动化。互联网开放、共享、协同的特征，促使创新活动在时间和空间上交叉、重组和优化，促使创新活动更加网络化、全球化和快捷化。在这个过程中：大量知识经验能够以数字化模型的形式沉淀并开放共享，大幅削减研发创新者的重复性劳动，有助于重构产业知识的复用、共享和价值再造体系；"产、学、研、用"多方主体基于互联网平台协同开展研发创新，创新流程从串行向并行演进，大幅缩短新技术产品从研发、小试、中试到量产的周期，构建多方参与、深度互动、快速迭代的创新生态。

数字化转型促使生产制造更加智能化、定制化、服务化。传感器、通信网络、软件、控制系统等新技术与生产制造的深度融合，促进企业内部及企业间研发设计、生产制造、营销管理各业务系统的无缝衔接和综合集成，加快实现网络化协同；促进研发制造能力与消费者需求精准对接，加快实现个性化定制；促进形成产品远程诊断维护、产品全生命周期管理、总集成总承包、精准供应链管理等新模式，加快实现服务化转型。

数字化转型促使组织管理更加扁平化、柔性化、无边界化。 新一代信息技术应用形成了泛在、及时、准确的信息交互方式，大幅降低了信息、评价、决策、监督、违约等交易成本，带来了企业组织的形态、流程、机制、主体的深刻变化：推进了扁平化组织的形成，破除了企业自上而下垂直高耸的管理架构，减少了管理层级，提高了管理效率；推进了柔性化组织的形成，能够快速响应市场需求、应对环境变化；推进了无边界化组织的形成，构建了跨行业、跨领域、跨主体的产业生态体系。

本书以通俗易懂的语言讲述了数字化转型的理论、趋势、实践和策略，更好地帮助社会各界深刻理解数字化转型的本质和内涵，全面了解数字化转型的方向和路径，加快探索数字化转型的实践方案。

目录

第三篇

明术　数字化转型砥砺笃行

第四篇
见理 数字化转型赋能工业

第十六章 布局：大力发展工业数字经济

第十七章 架构：构建新型工业体系

第十八章 育珠：打造"数字领航"企业

第一篇

取势
数字化转型未来已来

第一章

趋时乘势：数字经济蓬勃兴起

" 重点提示：

　　新一代信息技术　　数字经济
"

　　在全球信息化进入全面渗透、跨界融合、加速创新、引领发展新阶段的大背景下，各国数字经济得到长足发展，正在成为创新经济增长方式的强大动能，不断为全球经济复苏和社会进步注入新的活力。全球数字经济规模持续扩张，占GDP的比重快速提升，已成为全球竞争的新制高点。数字经济正加速由消费领域向生产领域拓展，以工业互联网、智能制造等为代表的新模式、新业态不断涌现。云计算、大数据、人工智能、无人驾驶等取得了长足进步，加快与经济社会各领域的渗透融合，带动技术创新、推动产业升级、助力经济转型、促进社会进步。

1.1 新一代信息技术驱动数字经济发展新引擎

新一代信息技术是新一轮科技革命中创新最活跃、交叉最密集、渗透性最广的技术，以无线、宽带、移动、泛在为特征的网络建设和应用推动着群体性技术的突破，基础性、创新性、前沿性、融合性的信息技术层出不穷。

1.1.1 基础性信息技术

基础性信息技术"老树发新芽"，传统竞争格局面临调整。以集成电路、软件为代表的基础性信息技术是现代信息技术产业的发展基石，正处于技术发展路径选择的关键历史节点。摩尔定律这一经验模型引领了集成电路 50 多年的发展。随着制造工艺接近物理极限，摩尔定律日益逼近"天花板"，传统芯片市场赢者通吃、资本并购频繁，超摩尔定律或者后摩尔定律时代的技术创新将给产业带来新的契机，移动互联网、汽车电子、物联网、工业互联网市场空间巨大，催生了新的产业形态。计算机的出现催生了软件产业，互联网的发展使软件被纳入信息服务业范畴。当前，软件产业面临第三次变革，互联网化、服务化趋势日益凸显，软件定义芯片、软件定义网络、软件定义服务器、软件定义生产等新理念层出不穷，"软件定义一切"将打破传统市场竞争的格局，催生软件技术和产业运作的新模式。

1.1.2　创新性信息技术

创新性信息技术不断涌现，技术创新活力和应用潜能呈裂变式释放。以人工智能、大数据、云计算为代表的创新性信息技术是现代信息技术产业的主导力量，正在重构全球信息产业竞争的新格局。走向智能是信息产业发展的长远目标，万物互联、模式识别、语义分析、深度学习、虚拟现实共同驱使人工智能迈向更高境界，未来的机器将变得更加智能。大数据作为发现新知识、创造新价值、提升新能力的新一代信息技术和服务业态，促成了对信息技术应用潜能的深层次挖掘。云计算降低了人们享用信息技术资源的成本与壁垒，促进了信息技术更广泛的应用。区块链通过改良加密技术、重构信用机制、重塑现有的产业链组织模式，实现了从信息互联网向价值互联网的转变。

1.1.3　前沿性信息技术

前沿性信息技术处于突破性创新前夜，将开辟国际竞争新赛场。以量子通信、生物计算为代表的前沿性信息技术是现代信息技术产业竞争的制高点，将给人类的生产生活带来颠覆性和变革性的影响。未来，信息技术体系架构、材料、装备、工艺及发展模式、产品形态的创新步伐将不断加快；未来，网络、量子通信、生物计算、光场显示、全息显示、脑科学、脑机接口、神经形态硬件、人类机能增进等新技术、新理念将不断发展。以石墨烯、碳纳米管、碳化硅为代表的新材料技术快速发展，集成电路的加工和集成工艺加速创新，新一轮信息技术革命加速孕育，成为国际竞争的新焦点。

1.1.4　融合性技术

信息技术与制造、能源、材料、生物等技术交叉融合，引领新一轮科技革命。信息技术与其他技术的交叉融合是孕育经济新动能的重要途径，正在引领传统产业转型升级、拓展信息产业外延。智能控制、人机交互、分布式能源、智能材料、生物芯片、生物传感等领域的交叉融合方兴未艾，同时孕育着工业互联网、能源互联网、新材料等新产品、新业态，引发多领域的系统性、革命性、全体性突破。新一代信息技术的持续演进，推动着制造业产品、装备、工艺、管理、服务的智能化，无人驾驶汽车、无人机、数控机床、智能机器人、可穿戴设备等高度智能化产品的产业化步伐不断加快，网络化协同制造、服务型制造、个性化定制、分享制造等新模式、新业态不断涌现。

1.2　数字经济"点燃"经济发展新动能

《二十国集团数字经济发展与合作倡议》中对"数字经济"是这样阐述的："数字经济是指以使用数字化的知识和信息作为关键生产要素、以现代信息网络作为重要载体、以信息通信技术的有效使用作为效率提升和经济结构优化的重要推动力的一系列经济活动。"

纵观人类工业发展的历史，第一次和第二次工业革命以机械化和电气化推动新旧动能转换，给生产力、国际格局、社会发展进程带来了深远的影响。与前两次工业革命相比，新一代信息技术成为培育新动能的核心力量，数字经济正成为经济发展新旧动能转换的核心领域，价值创造由工业时代的线性增长模式转变为信息时代的指数增长模式，不断催生新的产业、新的模式、新的要素和新的能力。

数字经济带动经济发展质量变革。 质量变革的关键是提升产品质量和服务质量，增加有效供给，减少无效供给。发展数字经济，通过信息技术应用，可提升产品和服务全生命周期的质量监控水平，可通畅产品和服务交付的途径和手段，可创造更高附加值的高端产品和服务，有助于产业价值链向高端迈进。

数字经济带动经济发展效率变革。 效率变革的关键是提升生产效率和交易效率。从生产效率来看，新一代信息技术与经济各领域加速融合渗透，有助于加快传统产业的数字化、网络化、智能化步伐，构建协同化、定制化、柔性化、绿色化的新型产业体系，提升产业运行的整体效率。从交易效率来看，泛在、及时、准确的信息交互能够大幅降低交易成本，使交易半径扩大，交易过程更有效率。网络化、平台化、生态化的产业组织方式将成为企业加快管理创新的重要方向。

数字经济带动经济发展动力变革。 动力变革的关键是改造提升传统产业、培育发展新兴产业、形成发展新动能。一方面，传统产业存量庞大，通过加快数字化转型步伐，不断培育网络化协同、个性化定制、服务型制造等新模式，有利于盘活剩余产能和资源，培育形成新的增长动能。另一方面，随着新技术的创新应用不断加快，新产品培育、新业态扩散、新产业形成的速度也在加快，工业互联网、电子商务、互联网金融等业态创新将更加丰富，必将成为经济体系中富有创新活力和发展潜力的重要组成部分，成为经济持续增长的新空间。

1.3　数字化转型成为数字经济发展的主旋律

当前，产业界普遍认为，我们正步入一个不确定的时代，产业发展的规律性减弱趋势明显，复杂性、随机性、不可预测性的问题增多，企业面临很多不确定性因素：有的来自技术演进、政策调整、市场竞争、需求变化等多个方面；有的来自研发设计、生产制造、产品服务、产业链协作等多个环节；还有的来自员工、合作方、竞争对手、用户等多个主体。如何有效应对这些不确定性因素，是加快数字化转型的根本动因。这些不确定性因素的应对策略又可以分为4个部分。

第一，需要应对生产过程复杂化。随着工业化的持续推进，生产制造规模越来越大，设备、物料、工艺、流程越来越复杂，而这对生产制造过程的计划、实施、控制和管理提出了越来越高的要求。加快数字化转型有利于构建智能化、柔性化、绿色化的生产方式，提高生产制造的准确度、灵活度、精细度，有效应对劳动力、原材料等要素成本不断上升的趋势，加快发展

方式从要素驱动型向创新驱动型转变。

第二，需要应对产业协作多维化。 随着产业分工的细化加剧，产业链条被不断拉长，行业边界、企业边界，以及生产者与消费者的边界不断被打破，行业与行业、企业与企业、区域与区域之间的竞争与合作关系日趋复杂，这加大了要素流通和产业协作的难度。加快数字化转型有利于构建资源富集、多方合作、利益共享、风险共担的产业生态，提升产业发展的整体实力。

第三，需要应对市场需求多样化。 随着人们生活水平的不断提升，大众消费需求逐渐从生理需求转向心理需求，消费者对产品多样化、个性化、差别化的需求不断增强，市场需求波动存在极大的不确定性，这就要求生产模式从以生产为中心向以消费为中心转变，从大规模标准化生产向大规模个性化定制转变。加快数字化转型将有助于企业构建需求精准感知、产品个性化生产、客户在线交易、供应链实时响应的生产组织方式，充分满足市场的细分需求，从"长尾效应"中获取商机。

第四，需要应对产品服务增值化。 随着产品科技含量的提高，产品本身越来越复杂，人们对产品销售、安装调试、维护检测、维修再制造等相关服务的需求也越来越迫切，同时，产品的智能化趋势越来越明显，为创新增值服务提供了可能。加快数字化转型，通过监测、整理和分析产品使用过程中的数据，有利于构建面向产品全生命周期的研发、生产和服务体系，提高产品服务的附加值。

数字化转型成为化解和应对环境变化所带来的不确定性问题的共识。

第二章

风起云涌：信息技术打开新时代创新"风口"

> **重点提示：**
> 万物互联　数据驱动　软件定义
> 平台支撑　智能主导

　　第四次产业革命已经到来，全球新一轮科技革命和产业变革蓄势待发。对整体还处于工业化中后期的我国而言，其经济发展在全球新一轮科技革命和产业变革孕育发展的背景下，将面临新的重大机遇和挑战。以云计算、大数据、物联网、人工智能为代表的新一代信息技术，将成为新一轮科技革命和产业变革的引领技术。发展和强化新一代信息技术不仅是新时代的创新"风口"，而且是国家"创新驱动发展"战略稳步推行的必经之路。

2.1　万物互联：互联数字化的创新资源

哨兵看到远处一阵狼烟直冲云天，心中猛地一惊，赶快招呼其他哨兵："戎兵来犯，赶快点燃烽火！"这样，千百里之外的敌情很快就可以传递给每位守卫将领，以便守卫将领们做好充足的应战准备。烽火台是古代用来传递重要信息的高台，虽然不及现在的通信技术发达，但在古代却是一种十分有效的信息传递方式。烽火台早在商朝就已出现，可以看出，信息的传递在任何时期都是极为重要的，烽火台也许就是最早的"物联网"。

如今，人们已经不需要通过烽火台来传递信息了，人们需要的是将人、机器等连接在一起，无障碍地进行信息传递，也就是"万物互联"（IoE），而云计算、大数据、物联网等技术的出现使世界进入万物互联的时代成为可能。Gartner 调查显示，2022 年全球有 143 亿台物联网产品正在使用，比 2021 年增长 18%。物联网的应用场景如图 2-1 所示。

未来，无处不在的传感器、嵌入式终端系统、智能控制系统、通信设施将通过信息物理系统（CPS）形成一个智能网络，使产品与生产设备之间、不同生产设备之间及数字世界（虚拟）和物理世界（现实）之间能够互联，使人、机器、工作部件、系统可以通过网络保持交流。

图 2-1　物联网的应用场景

产品与生产设备之间的互联

产品与生产设备之间的互联能够使产品理解制造的细节，以及自己将被如何使用。同时，它们能协助生产过程，回答"我是什么时候被制造的""哪组参数应该被用来处理我""我应该被传送到哪"等问题。

不同生产设备之间的互联

整个生产过程因各个环节的互联而变得非常容易。例如，一台机器能即时获知另一台机器在生产的某个零部件，而配套的传输机器及物流供应机器也能即时获知机器能否自动适应生产环节，还能调整生产部件以配合产品系列等。

数字世界（虚拟）和物理世界（现实）之间的互联

人们通过 CPS 将物理设备连接到互联网上，让物理设备具有计算、通信、精确控制、远程协调和自治五大功能，从而实现虚拟数字世界与现实物理世界的融合。CPS 可以将资源、信息、物品及人紧密地联系在一起，从而创造物联网及相关服务，并将生产工厂转变为一个智能环境。

2.2　数据驱动：驱动创新要素优化配置

2.2.1　数据爆炸

随着互联网的发展，人类产生的数据量正呈指数级增长。另外，随着传感网、物联网、社交网络等技术的迅猛发展，数据规模呈爆发式增长。各种视频监控、检测设备源源不断地产生大量的流媒体数据，能源、交通、医疗卫生、金融、零售等各行业也有大量的数据不断产生。这些数据成为信息社会的宝贵财富，如图 2-2 所示。按照来源，数据可以被分为两类：一类是人类生活轨迹产生的数据；另一类是工业机器运行自动产生的数据。这两类数据构成了今天多结构的数据源。

大数据是信息技术革命的创新，是时代发展的趋势，大数据对于行业发展越来越重要。所以，对大数据的战略布局引起了越来越多的企业的重视，掌握核心数据，企业不仅可以进行智能化的决策，还可以重新定义自己在行业中的核心竞争力，在竞争激烈的行业中脱颖而出。

图 2-2   数据概念说明

2.2.2   数据驱动创新要素的配置

　　数据的开放、共享、交易与流通，是信息时代至关重要的核心元素。假想你处于这样一个"潘多拉星球"：它通过信息的交流和共享来维持运转；它的生态系统可以时刻汇集所有个体的信息，个体则通过网络进行信息的共享与交流；它的生态系统根据汇集的个体信息不断进化，这是大规模协作和协同发展的基础，也是整个生态持续发展的基础。这个虚拟的星球正是如今现实世界中万物互联时代的映射，网络汇集的海量数据逐渐成为互联网新经济形势下的驱动力。万物互联时代以大数据为基础，驱动全球数以千万计的电子商务平台、商业生态等对创新要素进行合理的调配，实现社会资源的精准投放和智能管理。

创新产业发展模式

大数据产业链涵盖数据标准与规范、数据安全、数据采集、数据存储与管理、数据分析与挖掘、数据运行维护及应用等多个环节，覆盖数据从产生到应用的全部生命周期。在大数据产业链中，可以实现对数据的全面采集、深度分析和系统优化，并将相关数据终端有效地连接起来，从而打破产业类别与信息服务之间的壁垒，重构产业的发展模式。

促进关联产业集聚

大数据产业的优势不仅在于对庞大数据的专业化处理，更在于通过云计算、分布式处理、存储和感知等技术的运用，提升相关产品的制造能力，攻克关键的核心技术，并在数据获取与应用层面形成产业集聚效应。例如，辽宁省沈阳市依托应用大数据技术的龙头企业，构建以东网超算中心为核心、辐射"东软医疗云""华为智能制造云""浪潮城市云"等云端数据平台的大数据产业体系，通过建设大数据发展核心区，建立数据交易流通机制和规范标准体系，在医疗、商业、城市服务等领域实现数据流通和产业体系内各部门之间的信息互通，在核心企业周围形成产业集群，显著提升经济发展的规模效应。

助推区域经济增长

大数据产业能克服自然资源禀赋等方面的制约，形成新的经济增长点，带动区域经济实现跨越式发展。例如，四川省崇州市抓住大数据产业的发展契机，出台了一系列惠及大数据的产业发展政策，促进了云计算、物联网、大数据应用等创新产业的跨越式发展，并推动大数据、电子信息产品制造、电子商务、服务外包等关联产业的协同发展。凭借显著的技术理念优势，崇州市成为四川省重要的大数据创新基地和区域经济突破式发展的新引擎。

促进经济社会可持续发展

大数据的应用有助于推动环保、节能、绿色产业发展，促进环境保护和经济社会的可持续发展：首先，利用大数据可以对环境进行立体监测，通过数据模拟技术、排放清单等工具，建立环保大数据系统，提高环境监测数据的可靠性，夯实数据的应用基础；其次，利用大数据可以对污染物排放集中、能源消耗大的产业进行精准治理，从而优化产业结构、提高资源的利用效率；最后，大数据的多元化、交互性特征可以为经济决策提供科学依据，有利于促进经济发展、改善民生、保护生态环境，让人民群众更好地共享经济社会的发展成果。

要注意的是，大数据时代强调的不仅是"大"，更是"活"，即一个数据是否有价值的主要判断标准是这个数据是否被活用。显然，要让数据产生最大的价值，开放与共享是最佳的途径。信息使用的边际收益是递增的，信息流动和分享的范围越大，创造的价值就越高，而线上、线下数据化和数据开放正是信息大范围流动的两大前提。推动数据开放和流动在发达国家已形成共识，美国和欧洲的多个国家通过国家战略推动数据开放的进程。自从"互联网＋"上升为我国的国家战略后，党中央不断加大力度推动数据开放的步伐，在地方政府和产业界的带动下，部分地区已经做了诸多有益的尝试。

"活"的数据往往是在线的，未来的商业数据是自然被记录下来的，而不再是一个"收集"的概念。只有在线的数据才能实现实时处理，才能支撑互联网上每秒数以万计的交易。例如，实时记录消费者在购物 App 上的浏览和购物数据，如图 2-3 所示。

图 2-3　购物数据

系统将数据与商品进行匹配，为消费者推荐心仪的商品。同时，商家也可以根据消费者数据优化自己的商品，而商家的行为也会被记录下来，实时地传递给厂商，以便厂商及时调整生产计划。

在这个时代，分布式网络的特性更加突显：点对点的影响通过网络形成了非线性因果关系，没有强制性的中心控制，次级单位具有自治性质，且彼此高度连接。以此为基础，在如今的创新模式中，点对点的创新要素分配将会得到最大限度的发展，而大数据能够不断挖掘社会的创新潜力，从而更精准地驱动创新要素的配置。

2.3　软件定义：定义创新创业运行规则

当你早上起床打开手机查看今天的天气状况或浏览新闻时，你会不会想到你每天使用的软件是从什么时候开始出现的？"软件"这个词出现于 20 世纪 60 年代，那时电子计算机已经问世20 年了。20 世纪 80 年代，Windows 操作系统的出现，方便了电子计算机的操作。然后，互联网和软件结合在一起，相互推动发展，使软件进入了一个新的发展阶段，即网络化和服务化阶段，软件因此渗透到人们生活和工作的方方面面。

21 世纪，软件进入了飞速发展的时期。2008 年全球发生金融危机，世界上绝大多数产业都出现了负增长，而软件行业依然保持强劲的增长势头。根据工业和信息化部发布的数据，从 2013 年到 2018 年，软件和信息行业一直保持着较高的增长率。软件行业在国家经济层面也占据着举足轻重的地位，世界上有十几个国家软件的支出超过了国内生产总值的 0.5%，其中美国更是超过了 1%，软件行业从业者的数量庞大，2022 年全球从事软件开发的人数已经达到 2690 万，预计到 2024 年年底，这一数字将增长到 2870 万。可见，软件开发已经是现在经济发展中重要的一部分。不仅如此，软件开发对于世界经济的发展也起到了很大的推动作用。

目前，全球硬件制造的能力在不断突破，硬件产品的性能也在不断攀升，这当然是一件十分可喜的事情，但目前存在的一大问题是如何通过合理的软件运算使硬件得到合理的应用，进而使硬件的能力实现最大化。一个典型例子就是无人驾驶技术。无人驾驶技术利用装配在车身上的摄像头、红外传感器、雷达等收集车辆周围的环境信息，然后通过软件处理得到最优的行驶方案，从而达到自动驾驶的目的。无人驾驶汽车的概念如图 2-4 所示。现在，发展无人驾驶技术的除了传统厂商宝马、福特等，还有一些科技公司，如百度、谷歌、特斯拉等。在互联互通的今天，各个厂商使用的硬件设施几乎一样，不同的是如何处理硬件收集到的数据，从而得到最优的结果。也就是说，软件决定了无人驾驶的未来，同时决定了这些厂商未来的发展。

为了实现"工业 4.0"中的"无人工厂"，物理对象的数字化、虚拟化只能依靠软件侧来实现，而不能依靠实体侧。以前，工业中的自动化靠硬件来实现，现在要靠数字化、软件来实现。例如，西门子公司的安贝格电子制造工厂被称为"世界上最先进的制造工厂"，它的核心是基于数据分享的合作平台，实质是利用软件来合理地管理硬件，使工厂的效率达到最高。无人工厂的设想如图 2-5 所示。

图 2-4　无人驾驶汽车的概念

图 2-5　无人工厂的设想

2015 年的 Gartner 战略报告中出现了"SDN"一词，也就是"软件定义网络"。这是 SDN 第一次出现，这个概念在后来被广泛地应用和发展。SDN 是指利用应用程序接口（API）对网络内的硬件进行编程操作，从而形成新的网络结构，实现操控网络内的硬件的目的。SDN是一个革命性的创造，它解决了以往网络中存在的许多问题，如对硬件操控的灵活性低、网络反馈缓慢、网络中硬件虚拟化程度较低、维护成本高等。SDN的出现可以使网络的虚拟化程度更高，让网络中所用的设备通过一个软件被整合在一起，实现网络中设备操控的简单化，使网络的应用和控制具有更高的灵活性，并且SDN可以极大地减少人们对网络的干预，减少网络在运行过程中的错误和故障，降低网络的维护成本。

当前，"软件定义世界"成为操作技术与信息技术融合的新趋势，对于推动制造资源数字化、网络化、智能化起到引领作用，也为CPS在技术上创造了条件。在电子计算机领域，从"软件定义函数""软件定义硬件"发展到"软件定义网络"等；在制造业信息化领域，从"软件定义图纸""软件定义三维模型""软件定义流程"发展到"软件定义样机"等；在智能制造领域，从"软件定义机器""软件定义装备"发展到"软件定义制造"等。

如今，"互联网中的一切皆可编程"是我们目前追求的目标：向下将人、机、物融合环境的网络资源、存储资源、数据资源、计算资源、传感资源等海量异构资源连接起来实现万物互联，向上通过编程提供社会计算、移动计算、云计算、工业互联网、物联网等众多应用模式，在此基础上支撑大数据、人工智能应用、共享经济、智能制造等新应用、新模式、新业态。换言之，我们目前的机遇是"软件定义一切"。当下，"软件定义"不断泛化和延伸，人们要用软件定义物理世界，从单一的资源管控到人、机、物融合环境下对各种资源全方位的互联互通。

软件应用无处不在，遍及全世界。随着"软件定义"在工业、工程领域的深度发展，信息空间与物理空间的融合呈现泛在化趋势，设备的智能化水平越来越依赖工业技术的软件化水平。从软件对智能化的重要意义而言，软件定义了创新、创业的运行规则。

2.4 平台支撑：支撑新型创新体系构建

2.4.1 平台发展

20多年前，对国际学术界与产业界来说，"平台"这个词还比较新鲜，现如今却已被广泛使用。"平台"的概念于1992年和2003年先后被引入管理学与经济学界，分别用于描述基于模块的产品生产体系和促进交易的双边或多边市场，并因此成为管理学与经济学共同研究的热点。随着平台模式的盛行，平台研究成果呈指数级增长。平台的迅速发展反映出平台日益成为重要的产品生产模式、商业模式、产业发展模式，而且平台企业越来越多，平台业务增长迅猛，对人们生活的影响日趋强烈。平台模式正在迅速改变人类社会的方方面面，成为重要

的经济模式，如以维基百科为代表的搜索平台正成为知识创造的新模式。可以说，人类社会正经历着平台革命，世界已迈入平台化时代。

随着信息时代的发展，平台业务的创新机会增多，平台之间的互动性增强，以产业平台为基石的产业生态系统成为产业共同发展与群体竞争的新利器：第一，产业平台可以实现产业聚合发展，目前出现的产业平台类型繁多，例如，实体平台与虚拟平台，产品平台与双边市场平台等；第二，产业平台是由一家或数家企业开发出的产品、服务或技术，能够作为其他企业创建补足品、服务和技术的基础与媒介，为用户提供综合性产品、技术或服务；第三，产业平台具有很强的集聚能力，通过平台接口的多样化合理设置，可以突破产业边界，吸引相关产业的企业及用户积极参与该平台，实现产业聚合发展。

2.4.2　平台支撑新型创新体系构建

经济学上，生产能力通常是指在计划期内，企业参与生产的全部固定资产在既定的组织技术条件下能够生产的最大产品数量，或能够处理的原材料数量。它不仅可以反映企业所拥有的加工能力，也可以反映企业的生产规模，是反映企业生产可能性的一个重要指标。

生产能力网络化共享是指在各行业生产网络中对生产过程技术性支持资料的共享，即实现同行业间有关生产能力的合作与交流。这对提高企业的生产效率起着至关重要的作用。

目前，对生产能力影响最大的是工业互联网平台。工业互联网平台以基于数据的通力合作为纽带，打造开放共享的价值网络。工业互联网平台是以数据为驱动、以制造能力为核心的专业服务平台，其本质是通过构建精准、实时、高效的数据采集互联体系，推动机器、物料、系统、产品、人等参与主体各类要素信息的泛在感知、云端汇聚、高效分析和科学决策，推动涉及生产全要素、全流程、全产业链、产品全生命周期管理的各类资源优化配置。

工业互联网是全球工业系统与高级计算、分析、传感技术及互联网的高度融合，简单来说就是将机器和人连接。核磁共振成像仪、飞机发动机、电动车，甚至发电厂都可以连接到工业互联网中。它由机器、设备、集群和网络组成，能够在更深的层面与大数据分析相结合，从而有效地发挥各种机器的潜能。人—机互联能最大限度地提高生产效率、稳定产品质量、节省成本、推动设备的技术升级，从而提高经济效益。

当今社会，工业化和互联网这两次技术革命带来的社会变化是有目共睹的，我们都有切身体会。工业化创造了无数的机器、设备组、设施和系统网络；互联网带来了计算、信息与通信系统的进步。工业互联网则汇集了两大革命成果，将各种机器、设备组、设施和系统网络，与先进的传感器、控制和软件应用程序相连接，为企业、产业和宏观经济提供了新的增长机遇。

工业化和互联网两者的结合能够吸收更多的资源，更有效地进行资产优化、系统优化，从而带来生产力的巨大提高。如果工业互联网能够被广泛普及和应用，将对我国的工业和经济发展产生巨大的影响。例如，在商用航空领域，节约百分之一的燃油意味着节省 180 亿元的燃料成本；燃气发电机组能耗降低百分之一，意味着节约价值 500 亿元的燃料。

工业互联网平台是面向制造业数字化、网络化、智能化需求，构建基于海量数据采集、汇聚、分析和服务体系，支撑制造资源泛在连接、弹性供给、高效配置的载体，工业互联网平台架构如图 2-6 所示。

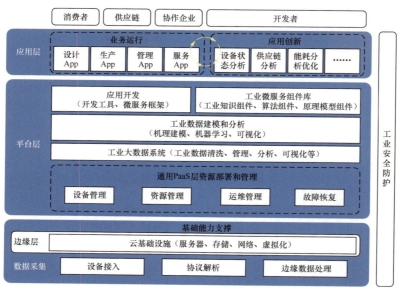

图 2-6 工业互联网平台架构

在数据采集方面，通过智能传感器、工业控制系统、物联网技术、智能网关等技术，采集设备、系统和产品等方面的数据。在平台层，基于工业互联网平台将云计算、大数据技术与工业生产的实际经验相结合，形成工业数据基础分析能力；把技术、知识、经验等资源固化为专业软件库、应用模型库、专家知识库等可移植、可复用的软件工具和开发工具，构建云端开放共享环境。在应用层，面向资产优化管理、工艺流程优化、生产制造协同、资源共享配置等工业需求，为客户提供各类智能应用和解决方案服务。

工业互联网平台对于打造新型工业、促进"互联网＋先进制造业"融合发展具有重要作用，主要体现在以下 3 个方面。

发挥互联网平台的集聚效应

工业互联网平台承载了数以亿计的设备、系统、工艺参数、软件工具、企业业务需求和制造能力，是工业资源汇聚共享的载体，是网络化协同优化的关键，催生了制造业众包众创、协同制造、智能服务等一系列互联网新模式、新业态。

承担工业操作系统的关键角色

工业互联网平台向下连接海量设备，自身承载工业经验与知识模型；向上对接工业优化应用，是工业全要素连接的枢纽，是工业资源配置的核心，驱动先进制造体系智能运转。

释放云计算平台的巨大能量

工业互联网平台凭借先进的云计算架构和高性能的云计算基础设施，实现了对海量异构数据的集成、存储与计算，解决了工业数据处理爆炸式增长与现有工业系统计算能力不匹配的问题，加快了以数据为驱动的网络化、智能化进程。

工业互联网平台是生产能力网络化共享的核心载体，只有打造和不断完善工业互联网平台，才能实现更大范围、更高效率、更加精准的优化生产和服务资源配置，促进传统产业转型升级，催生新技术、新业态、新模式，为建设制造强国提供新动能。

2.5　智能主导：主导产业创新模式变革

100年前，繁重且极易出错的计算任务只能由人类手动完成，一个稍微复杂的方程式就会耗费大量的人力，现在这些繁重的工作都交由计算机来处理。计算机的处理速度和准确程度远远超过人类手动处理的极限，但在100年前的人看来，计算机是不可能存在的事物。到了现代社会，人们对于机器的要求已经不仅仅是复杂的数学计算，更重要的是要求机器具有人类的思维方式，能够在人类不干预的情况下独立地做出准确的判断，让人类从复杂的逻辑思考中解脱出来，这就是现在人们所说的"人工智能"，如图2-7所示。

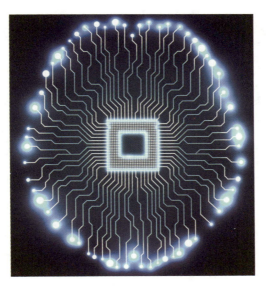

图 2-7　人工智能打开未来之门

可以预见，人工智能的出现将会使工业的产业结构发生巨大的变革，使企业的管理模式更精简，使人类的工作效率更高效。

2.5.1　智能进化

当今社会，智能化已成为这个时代的主旋律和发展趋势，我们的日常生活不断地被各种智能产品充斥，如智能手机、智能家具、智能机器人等。目前，科学家们根据对人脑已有的认识，结合智能的外在表现，从不同的角度，用不同的方法对智能进行研究，并提出了几种不同的观点，其中影响比较大的观点有知识阈值理论、思维理论、进化理论等。

知识阈值理论

该理论认为智能取决于知识的数量及其可运用的程度，一个系统所具有的可运用的知识越多，其智能就会越高。因此，知识阈值理论把智能定义为在巨大的搜索空间中迅速找到一个满意的解的能力。这个理论在人工智能的发展史中有着重要的影响，知识工程、专家系统都是在这个理论的影响下发展起来的。

思维理论

该理论认为智能的核心是思维，人的一切智能都来自大脑的思维活动，人类的一切知识都是人类思维的产物，因此，研究思维规律与方法可以揭示智能的本质。

进化理论

该理论认为人的本质是具有在动态环境中的行走能力、对外界事物的感知能力、维持生命和繁衍生息能力的生物。该理论的核心是用控制取代表示，从而取消概念、模型及显示表示的知识，否定抽象对智能及智能模型的必要性，强调分层结构对智能进化的可能性与必要性。

综上所述，智能可以被认为是知识与智力的综合。其中，知识是一切智能行为的基础，而智力是获取知识并运用知识求解问题的能力，其本质上是一切生命系统对自然规律的感应、认知和应用。人类对智能工具的追求从未停止，当今社会，智能化在工业生产中逐渐显现，智能制造也必将成为这个时代工业发展的重要趋势。

智能制造充分体现了智能的 3 个重要属性，即"有感知""自决策"和"善动作"。智能制造是基于大数据、物联网等新一代信息技术与制造技术的集成，能够自主、动态地感知并适应制造环境的变化，实现产品从设计制造到回收再利用的全生命周期的高效化、优质化、绿色化、网络化和个性化。智能制造的本质是虚拟网络和实体生产的相互渗透融合，通过将专家的知识和经验融入感知、决策、执行等活动，赋予产品制造在线学习和知识进化的能力，使制造体系中的各家企业、各个生产单元高效协同，在减少对传统劳动力需要的同时，能极大地提高生产效率。

智能制造不仅是单一技术和装备的突破与应用，而且能够依靠装备智能化、设计数字化、生产自动化、管理现代化、营销服务网格化等制造技术与信息技术的深度融合与集成，创造新的附加值。借助传感器、物联网、大数据、云计算等技术，智能制造能够实现设备与设备间、设备与工厂间、各工厂之间，以及供应链上下游企业间、企业与客户间的无缝对接，企业可以更加精准地预测客户的需求，根据客户多样化、个性化的需求进行柔性生产，并实时监控整个生产过程，实现低成本的定制化服务。

智能制造是制造业的划时代变革，也是智能从"人知"到

"机知"的又一个大跨步发展，必将成为智能化时代的主题。

2.5.2　生产方式的智能化变革

纵观世界经济发展史，全球工业已经经历了蒸汽技术革命（第一次工业革命）、电力技术革命（第二次工业革命）与电子计算机及信息技术革命（第三次工业革命）的洗礼，每次科技和产业革命总会推动生产方式的颠覆性变革，工业社会随之完成了从手工业生产方式向机器自动化、大规模定制的生产方式的转变，大幅提高了生产效率。

世界各国已达成共识，制造业是现代工业的基石，是实现国家现代化的保障，是国家综合国力的体现，是一个国家的脊梁。发展和变革制造业已成为当今世界竞争格局愈演愈烈的必要途径。新一轮工业革命将以制造业与信息技术的深度融合为手段，实现制造业迈入智能化时代，构建智能制造的制造业生态体系。

如今，制造业向智能化转型已经成为不可逆的大趋势，全球制造业正在加快向数字化和智能化的时代迈进。为应对新工业革命下的国际竞争，发达国家不约而同地将智能制造作为制造业未来发展的重要方向。美国的"先进制造业美国领导力战略"，旨在大力推动以"工业互联网"和"新一代机器人"为特征的智能制造战略布局。作为"工业4.0"的倡导者，德国意欲主导智慧工厂等"工业4.0"的标准制定，掌控智能制造的规则话语权。日本提出了"社会5.0战略"等一系列战略措施支持智能制造的发展，以重塑日本制造业的竞争新优势。智能制造对制造业竞争力的影响也将越来越大。

　　智能制造对生产方式的变革是颠覆性的，也是新一代科技和产业变革的主要方向。它对产业形态的变革是方方面面的，只有顺应和追逐制造业智能时代的到来，才能实现社会经济的再一次蓬勃发展。

第三章

革故鼎新：数字化转型加快重构产业体系

> **重点提示：**
>
> 开放　共享　网络　生态

当前，产业界普遍认为，我们正步入一个不确定的时代，产业发展的规律越来越不明显，复杂性、随机性、不可预测性的问题越来越多，企业面临的不确定性问题有很多，来自技术演进、政策调整、市场竞争、需求变化等多个方面，来自研发设计、生产制造、产品服务、产业链协作等多个环节，来自员工、合作方、竞争对手、客户等多个主体。如何有效地应对这些不确定性问题，是加快数字化转型的根本动因。

3.1 开放式产业创新体系

目前，工业技术缺乏信息技术的深度支撑，工业技术呈现出经验性的、零散的、不成体系的特质，而这将使企业在研发过程中，即便配备了大量的信息技术（IT）工具，也依旧不得不依赖工程技术人员的经验和知识进行操作，让工程科技人员普遍陷入"80%劳动，20%创造"的状态，极大地阻碍了工程技术的持续积累和发展。空客工程师每完成一个成果，需要同时提交一份方法报告，说明这个成果是怎么得到的，之后这个报告会被提交到研发中心进行归纳、总结和整理。如此，每个人做的工作都是在前人的基础之上，协同完成整体工作。在工业领域，工业App能将工业技术进行数字化和模型化表达，并将其移植到工业App平台，以驱动各种软件、硬件和设备，从而完成原本需要人完成的大部分工作，将人解放出来做更具有创造性的工作。同时，工业App还能通过深度挖掘企业历史数据和行为数据，利用机器学习技术把经验性知识进行显性化和模型化表达，实现工程技术知识的持续积累，实现工业技术驱动信息技术、信息技术促进工业技术的双向发展。这对于建立开放式、数字化的新工业技术体系有很大的帮助。

"客户个性化"促进开放式创新。在互联网时代，人们获取信息的方式越来越简单，且随着互联网网民的成长，客户的需求呈现出个性化、碎片化的特点，企业必须改变传统的创新

方式，和客户、优质资源一起进行开放式创新，以满足客户的个性化需求。

在数字化转型时代，各个行业都将受到数字化的冲击，颠覆式创新无处不在。企业的颠覆往往在"意料之外"，又在"意料之中"。封闭系统注定消亡，只有建立开放的创新生态系统，企业才能持续创新、涅槃重生。

3.2 共享化产业资源配置

产业配置不在于拥有全产业链及全价值链，而是通过有效组织、分工协作打通整个产业链及价值链，从而不断地为最终客户创造及创新价值。在产业发展的过程中，产业组织者要能够设计产业发展模式与路线图，并能引导、调动各类产业要素聚合于特定的产业领域，共同促进产业孵化、产业链培育及产业成长。产业生态环境中的龙头企业、产业联盟、政府组织等都可能成为产业组织者，不同的产业组织者具有不同的资源和能力，能够实现产业组织发展的一项或多项功能。

数字化解决"有数据"的问题，网络化解决"能流动"的问题，智能化解决数据"自动流转"的问题，即把正确的数据在正确的时间以正确的方式传递给正确的人和机器。企业能够把海量的工业数据转化为信息，把信息转化为知识，把知识转化为科学决策，以应对和解决工业的复杂性和不确定性，不断提高资源的配置效率。

未来共享经济发展的新亮点将出现在产业的各领域，资源共享将对未来经济产生根本性的影响。"共享工厂"的本质是定制和外包，是产能共享、按需生产。"共享工厂"改变了生产、技术、物流、人才、资本等资源的原始配置方式，必定会推动社会生产分工的巨大变革。例如，阿里巴巴构建的淘工厂平台，通过整合平台上的数万家企业的制造能力，实现了"一个订单，多家工厂加工"的在线协同模式，为淘宝卖家提供定制化的生产能力供给服务；"海立方"向全社会分享技术、设备、资金、供应链等资源，同时又利用平台上汇聚的资源创新企业管理模式；中航工业的"爱创客"，既是支撑中航工业开展业务的技术平台，也是汇聚、整合、共享航空工业设计、增材制造等专业资源，以及政府、科研院所、供应链等企业资源的聚合平台。尤其是随着智能制造热度的高涨，在改造现有的生产单元和生产线，建立智能车间、智能工厂方面，很多企业苦于既无技术又无资金，"共享工厂"通过共享系统解决方案可解决这个难题。例如，通过对生产车间不同设备之间的系统整合，实现生产车间的整体优化控制，构建了一套智能工厂设计、规划、改造、实施等系统解决方案。在此基础上，推行共享解决方案的新型制造模式，即客户可租赁已经建好的智能工厂或使用智能车间开展加工制造，按照加工产品的数量付费。对客户而言，他们不再需要投资建设生产线、车间、厂房；对企业而言，它们可拥有更丰富的方式实现盈利。

3.3　网络化产业分工协作

　　新一代信息技术正在推动我国的各种产业向数字化发展，在这一过程中，存在着巨大的发展空间和潜力。通过微笑曲线来看产业数字化的发展：微笑曲线两端朝上，在产业链中，附加值更多地体现在两端，处于中间环节的生产与制造的附加值最低。

　　在数字化转型时代，制造业传统意义上的价值创造和分配模式正在发生转变，借助工业互联网平台，企业、客户及利益相关方纷纷参与价值创造、价值实现、价值传递等生产制造的各个环节。工业互联网平台将更多地通过网络协同模式开展产业生产，由微笑曲线向全程协同的闭环方式转变，如图3-1所示。通过微笑曲线，可以发现工业互联网时代下产业链中传统的优势企业可以借助工业互联网强化其产业地位。

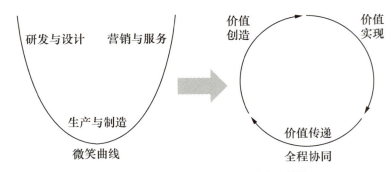

图 3-1　从局部协同到全价值链协同转变

　　全球几十年的产业实践证明，产业化协作有 3 条重要的规律：特别强调战略牵引；特别强调协同创新；特别强调产业集群。过去，大企业是"大而全"，小企业是"小而全"，企业之间彼此都是竞争对手，很难建立良性的协作关系。目前，企业已经进入充分竞争阶段，靠单打独斗将无法生存，因此要将没有竞争优势的业务、产品及环节剥离出去，产业分工越来越颗粒化，大企业从"大而全"转为"产业平台"，小企业从"小而全"转为"专业公司"。地方政府的工作重心将从产业招商转向产业培育，把精力更多地放在产业培育上。

　　数字化转型将强化产业培育及产业协同，尤其在协同供应链、协同制造和协同创新这 3 个方面。

协同供应链

　　其一，由于制造业传统的规模化生产模式已经改变，按需定制和个性化生产已是大势所趋，产品生命周期日益缩短，产品种类飞速增加，这将倒逼供应链强化协同。其二，协同供应链的本质是对供应链各环节的业务流程、关键信息、物流配送、资本资金、相关商流等要素进行重构优化，主要价值是创新供应链商业模式、调整供应链结构、优化供应链流程、共享供应链信息，使供应链物流标准化，建立跨组织双赢的业务流程结构，实现供应链整体价值的最大化。其三，协同供应链有 3 个层面的协同：组织层面的协同，由"合作—博弈"转变为彼此在供应链中更加明确的分工和责任，形成"合作—整合"；业务流程层面的协同，在供应链层次围绕满足终端客户的需求这个核心，整合重组产业流程；信息层面的协同，通过数字技术实现供应链伙伴成员间的信息系统的集成，实现运营数据、市场数据的实时共享和交流，实现客户和企业的规模化集聚，从而实现伙伴间更快、更好地协同响应终端客户的需求。其四，企业利用大数据、物联网、人工智能等技术建设智慧供应链系统，对生产配比、物料配送、产品质量等各个环节进行协同管控，实现物料配送的系统化、流程化，降低物流成本和能耗，降低仓储损失，加速资金周转，提高整个供应链的运行效率。

协同制造

其一，"制造协同"朝着"协同制造"转变，借助数字化平台抓住"市场"这只"看不见的手"，为企业找到客户，进而协同制造。其二，"串行制造"朝着"并行制造"转变，借助数字化平台及时、准确地传递信息，这将有利于优化生产调度计划，实现价值链的交互、设计、研发、制造高效协作。其三，"分散制造"朝着"云制造"转变，基于泛在网络，借助信息化制造技术、新一代信息技术、智能科学技术、制造应用领域技术等，将分散的制造资源（例如，软件、数据、计算、加工、检测等）集中起来，形成数字化统一的资源整体，提高资源的利用率，节省投资成本，促进制造的敏捷化、服务化、绿色化和智能化。

协同创新

从"线性创新"转向"非线性创新"。在数字化转型时代，企业的创新模式正在发生颠覆性的改变：以客户为中心，非线性的研发模式，正在重塑企业的创新路径，行业格局和竞争态势也将因此被全面改写。由于创新的复杂性和不确定性、产品生命周期缩短、客户个性化需求等，创新从基础科学到应用实验，从设计研发到制造销售，从线性创新模式到非线性复合模式，发生了很大的变化，即创新不是由研发机构发起的，而是以客户场景需求为目标，根据行业痛点进行研发设计，由客户、研发机构、供应链商、技术开发者发起的，以动态非线性交互创新模式替代线性模式的一种转变，而且从"内部创新"转向"集群创新"。单个企业难以在价值链的各个环节保证创新的成功率，而集群内的企业通过协同创新、相互合作、相互学习，创新的基础和条件要优于单个的企业，从而形成一种不断创新的路径依赖。

3.4　生态化产业组织模式

　　纵观工业经济发展的历史，制造模式与生产方式的转变必然要求产业组织形态进行适应性的转变。例如，前三次产业革命所带来的由个体生产向集体组织生产的转变，由分散手工工场向机器大工业纵向一体化的转变，以及产业纵向解体和网络组织的产业组织变革等。那么，在未来，随着以互联网为代表的新一代信息技术对传统制造业的渗透，具有明显分散化和个性化行动特征的新型创业方式不断产生，这种分散化的企业借助互联网能够实现更加快速、频繁的信息互通与互动，相互之间能够建立比以前更密切的联系，从而带来协作方式的巨大变化，相对应的新工业革命时代的产业组织呈现出以下明显的 3 个变化趋势。

组织结构网络化

随着数字化、智能化的制造技术及物联网在制造业中的应用，工厂和企业之间可以实现业务流程贯穿整个价值链的端到端的集成，企业间的集成将不再依赖改变所有权来实现。以智能工厂为核心的全球生产网络使社会生产表现出显著的网络经济特征，产业组织形态由大企业主导型和供应链主导型向产业生态主导型转变。企业之间横向联系，实现技术、产品、业务的优势互补。整体组织形式由大规模生产向分布式生产转化。例如，ARJ21 支线飞机全机结构零部件有31000 多个，中国商用飞机制造公司组建了项目广域协同平台，实现了全球 10 多个国家、104 家供应商之间的协同研发和制造，不同企业形成了相互协作、相互依存的利益共同体。未来，这种利用网络完成生产和研发的协作将是企业的一种常态化行为。

企业边界模糊化

数字化、网络化的智能技术将大幅提高企业的生产效率，而分散合作的生产方式和扁平化的组织结构能使企业利用全球化的资源以低成本、大规模的方式生产个性化的定制产品，企业规模壁垒的大幅度降低将为初创企业和中小企业带来良好的发展机遇，初创企业和中小企业因此能够获得更广阔的发展空间，个体制造也能够利用互联网获得更多的发展机会。同时，在传统生产系统升级和改造的过程中，大企业仍然具有小企业无法比拟的资金、市场及品牌优势，尤其是在新技术引进及生产网络集成时的动态资源获取能力方面的优势，因此，企业规模将趋于两极化：一方面是企业功能的进一步强化；另一方面是大企业优势的进一步凸显。新产业革命带来分布式、发散式的网络化生产方式，同时市场需求的异质性和快速多变性也要求企业积极打破边界。

产业组织专业化

企业将非核心功能环节从内部链条中剥离，以提高核心竞争力。在数字化转型的推动下，企业的生产组织将进一步向专业化演进。在传统的大规模生产分工模式下，企业生产是围绕某个产品或领域的专业化；而在工业互联网平台的帮助下，企业柔性生产、定制化制造的能力大幅增强，这是一种升级版的产业专业化。同时，除了生产环节的专业化，产业组织的专业化还应包括专业化的管理和专业化的经营。未来，产业发展的格局日新月异，企业将进一步加大在专业化的管理和经营方面的投入，以适应变化加速的市场与分工环境。

第二篇

问道
数字化转型百舸争流

第四章

他山之石：发达国家抢抓数字化转型机遇

> 重点提示：
>
> 战略布局　机构设置　核心技术　重点领域　环境建设

　　欧盟、美国、日本等发达国家和地区在信息技术及相关产业的高速发展，离不开政府的政策引导和扶持。各国政府在物联网、大数据、云计算、人工智能、网络安全等相关领域不断出台一系列战略和政策来引导企业的数字化转型，为企业数字化转型提供了动力支撑和制度保障，全力抢占经济增长新巅峰。

4.1 战略布局：加强顶层设计和政策制定

发达国家不仅依靠雄厚的经济实力和人力资源，还超前部署企业数字化转型领域的研究并扶持涉及的重点技术。在技术进步刚出现一些苗头时，政府就组织力量进行研究，提示产业发展方向、可能存在的风险及一些有待讨论的问题，并出台相应政策促进其发展。2020 年，欧盟委员会发布《塑造欧洲数字未来》，提出欧盟数字化变革的理念、战略和行动，希望建立以数字技术为动力的欧洲社会，使欧洲成为数字化转型的全球领导者。2021 年，欧盟委员会发布《2030 数字指南针：欧洲数字十年之路》，为欧盟到 2030 年实现数字主权的数字化转型愿景指出方向，旨在构筑一个以人为本、可持续发展的数字社会。2020 年 6 月，德国发布《"创新德国"未来一揽子研究计划》，表示要投资科学、研究和未来技术，到 2025 年，对人工智能的投入从原计划的 30 亿欧元增加到 50 亿欧元，并借助《德国人工智能战略》为欧洲人工智能网络和"人工智能欧洲制造"的竞争力奠定基础。2020 年 7 月，美国工业互联网联盟发布《工业数字化转型白皮书》，分析了企业数字化转型的驱动因素，描述了云计算、数字孪生等支撑数字化转型的关键技术及其应用场景，认为物联网技术是数字化转型的基石，"快速、开放和高效"的创新型流程是数字化转型的关键。2020 年 10 月，美国发布《关键与新兴技术国家战略》，表示美国要成为关键技术和新兴技术的世界领导者，并构建技术同盟，实现技术风险管理，其中包括通信及网络技术、数据科学及存储、区块链技术、人机交互等。这些国家和地区根据不同的发展战略、发展目标，积极组织相关机构进行研究，出台国家战略和配套措施，为企业进行数字化转型指明了发展方向，提供了政策保障。

4.2　机构设置：构建一体化协调推进机制

发达国家一直将信息技术作为经济发展、技术创新的重点，把数字化转型作为谋求竞争新优势的战略方向。基于这个理念，政府新设了很多跨部门、全国性、专业性的组织机构或职位，以便更好地贯彻实施国家的重大战略。这些专门机构主要分为两大类。一类主要负责制定数字化转型特定领域的国家战略并指导产业发展。例如，2014年，德国联邦政府出台《数字议程（2014—2017）》，设立数字经济咨询小组支持初创企业和创业者；2016年，美国设立物联网商业局，旨在向国会提出如何推动物联网技术在美国的普及，以及与产业领军企业进行合作的相关建议。另一类主要负责特定领域的情报收集、技术研发、现状分析、问题剖析、形势研判及政策建议等。例如，2021年，美国白宫科学技术政策办公室宣布成立国家人工智能计划办公室，该办公室将成为联邦政府协调和沟通美国各界人工智能研究和决策的中心枢纽，督导和实施美国人工智能战略，进一步促进美国的人工智能研发，确保美国未来数年内在人工智能这一关键领域的领导地位。这些专门机构的设立，有利于政府从技术、经济、社会的视角，筹划与支持企业数字化转型发展。

4.3　核心技术：抢占技术产业发展制高点

重视技术创新是发达国家在信息技术领域一直保持全球领先的关键原因。美国政府每年投入巨额的专项资金，用于企业在云计算、物联网、人工智能、大数据等领域的研究开发，以推动整个产业技术的创新活动。在 IT 产业的硬件建设和将 IT 转化为现实生产力方面，日本注重发挥企业的主导作用。日本在制定"IT 立国"战略的过程中，广泛征求企业意见，准确定位政府角色，营造公平的发展环境，极大地促进了 IT 企业投资的积极性。而在基础研究和技术研发领域，发达国家不断投入巨资支持研究开发公共服务领域的一系列项目，补齐企业在技术研发领域的短板，促进技术的有效供给。日本政府投巨资在企业薄弱的应用软件开发领域，通过推广应用等方式，加快推动相关应用软件的开发应用。

4.4　重点领域：以应用驱动经济社会发展

发达国家重视数字技术与经济社会各领域的融合发展，促进互联网技术与制造业、农业、能源、环保企业的融合创新。一方面，主要工业发达国家和新兴经济体都在加快实施本国先进制造业的相关战略，加快数字技术与制造业的深度融合发展，如美国的"先进制造战略"、德国的"工业 4.0"、法国的"新工业法国"、韩国的"制造业革新 3.0"等；另一方面，各国纷纷加快教育、医疗、文化等民生领域的数字化转型，如美国和英国重视提升教育领域的数字化水平，日本由于人口老龄化问题重视提升医疗数字化水平，欧盟地区更是将数字化能力作为提升公民素养的一部分，大力实施"数字素养项目"，强化人民对数字资源和数字工具的应用能力。企业数字化转型过程中的跨界融合发展特征日益凸显。

4.5　环境建设：构建数字化转型有利环境

数字化转型领域涉及的范围广，技术创新需要大量的资金，依靠单个企业的难度较大。为了加大产业的整体投资，欧盟、美国、日本等发达国家和地区的政府加大投资力度，带动民间投资企业的数字化转型。在研发领域，2019 年，韩国发布大数据平台和大数据中心建设项目招标文件，计划用 3 年时间建成 85 个大数据中心，总预算达 1516 亿韩元，最终中标的不仅有电信公司等大企业，也有很多中小企业。2020 年，德国启动了"digital now"项目，进一步推动中小企业数字化转型；2021 年，德国大幅增加了该项目投入，从 2020 年的 5700 万欧元增至 1.14 亿欧元，预计到 2024 年，扶持资金将达到 2.5 亿欧元。2021 年，西班牙启动了"数字工具包"计划，资金总额达 30 亿欧元，该计划支持对象既包括中小企业，也包括为企业提供数字化转型支持的服务商，预计将有 120 万～ 135 万家中小企业和个体经营者受益，首批资金 5 亿欧元于 2022 年到位。政府每年投入巨额资金到市场机制失灵的领域或研发领域，不断引导产业持续健康快速发展。此外，数字化转型涉及数据收集、数据交换、数据安全、个人隐私保护等领域的规则，发达国家通过制定相关的法律法规，鼓励企业依法开展数字化活动，为企业数字化转型提供了坚强的法律保障。例如，2018年 5 月，欧盟《通用数据保护条例》生效；2020 年 1 月，美国《加利福尼亚消费者隐私法案》生效。

第五章

与时偕行：中国全面开启数字化转型

> **重点提示：**
>
> 数字政府　城市新大脑　数字丝绸之路

　　2022 年，中国数字经济总量达到 50.2 万亿元人民币，进一步巩固了全球第二大数字经济大国的地位。中国数字经济呈现出快速增长、规模庞大、潜力巨大的特征，数字化转型成为经济社会发展的强大驱动力。

5.1　政策体系实现全面引领

　　党的二十大报告指出，要"加快发展数字经济，促进数字经济和实体经济深度融合，打造具有国际竞争力的数字产业集群"。党中央、国务院高度重视数字化转型并将其作为国家优先发展战略来抓，制定了"宽带中国"战略、"网络强国"战略、"互联网＋"行动、"国家大数据"战略等一系列重大政策和措施，并积极布局大数据、云计算、物联网、5G、人工智能、机器人等产业，为我国企业数字化转型提供了政策、技术等方面的保障。总体来看，我国政府对企业数字化转型的政策着力点主要体现在6个方面：第一，鼓励构建以企业为主导，"产、学、研、用"协同合作的数字化转型技术创新联盟，鼓励国家创新平台向企业特别是中小企业开放；第二，强化知识产权战略，引导企业加强知识产权战略储备与布局，支持中小微企业的知识产权创造和运用；第三，拓展全球市场应用，鼓励数字化转型企业整合国内外资源，面向全球提供工业云、供应链管理、大数据分析等网络服务，培育具有全球影响力的数字应用平台，推出适合不同市场文化的产品和服务；第四，优化投资融资环境，推动相关金融机构提供有针对性的产品和服务，加大授信支持力度，简化办理流程，支持企业拓展市场；第五，创新人才培养模式，加大高层次人才引进力度，鼓励高校加强相关学科建设，促进高校人才培养与企业数字化转型需求相匹配，鼓励企业与高校联合开展人才实训；第六，推进国际交流合作，结合"一带一路"倡议的实施，推进建立多层次的国际合作体系，支持和鼓励具有竞争优势的互联网企业联合制造、金融、信息通信等领域的企业率先"走出去"，通过海外并购、联合经营、设立分支机构等方式相互借力，共同开拓国际市场。

5.2　数字技术产业蓄势而起

伴随网络化、融合化和体系化的发展，以云计算、大数据、物联网、移动互联网、人工智能等为代表的新一代信息技术产业正在以传统产业难以比拟的速度发展。2022年，我国大数据产业规模达1.57万亿元人民币，同比增长18%，大数据企业年营业额4000万元人民币以上的已经超过40%，大数据产业大踏步进入应用时代；我国云计算整体市场规模达到3229亿元人民币，同比增长54.4%，私有云市场规模达到1048亿元人民币，同比增长28.7%。随着安全性、可靠性、成熟度等方面的完善，私有云市场规模将进一步增长。《2021—2022中国物联网发展年度报告》表明，2021年我国物联网市场规模已达到2.63万亿元人民币，年复合增长率超过25%，物联网云平台成为竞争核心的领域，已经形成了芯片、元器件、设备、软件、电器运营、物联网服务等较为完善的物联网产业链。全国各地发展新一代信息技术产业的积极性较高，呈现出多地开花的区域发展格局。

人工智能产业正在逐渐形成规模。工业和信息化部的数据显示，2022年，我国人工智能核心产业规模超过4000亿元人民币，企业数量超过3000家。广东、天津、辽宁、黑龙江、福建、安徽等多个省（直辖市）已经相继发布了人工智能规划，"人工智能＋产业应用"成为经济增长的新引擎。在四川，截止到2022年8月底，约有4万家人工智能及相关产业企业，人工智能及相关产业企业近3年的增速超40%。陕西、四川、吉林、浙江、黑龙江、广东、广西、湖南、安徽、天津、湖北、山西、江苏、内蒙古等省（自治区、直辖市）均把新一代信息技术列为重点或支柱产业，并不同程度地拨付了专项资金。

此外，思科、华为、腾讯、中兴通讯等一大批企业加快布局新一代信息技术产业，行业应用得到快速推广。2022年，随着相关专项发展规划和政策措施的加快落地，新一代信息技术产业迎来爆发式增长，产业链逐步成熟，商业模式持续演进，大数据核心产业规模达1.57万亿元人民币，同比增长18%。

5.3 数字基础设施有序发展

随着5G相关技术研发和基础设施建设的持续推进，5G商用进程正在提速。一方面，5G产业发展环境不断优化。2020年3月，工业和信息化部印发《关于推动5G加快发展的通知》，以推动5G快速发展和加快5G行业应用。2021年7月，工业和信息化部、中央网信办、发展和改革委员会等十个部门联合印发《5G 应用"扬帆"行动计划（2021—2023 年）》，重点推进 5G 在工业互联网、车联网、智慧港口、智慧采矿等 15 个行业的应用。另一方面，国内电信设备制造商正大力投资 5G 研发和专利开发相关项目。中国移动已建成覆盖广泛、技术先进的网络体系，累计建设 5G 基站超 110 万个，已拓展行业龙头项目超 300 个，落地 5G 行业商用案例超 11000 个。中国联通挖掘 5G 应用需求潜力，解决设备数据采集、云化可编程逻辑控制器（PLC）控制、高精度授时、超高清云转播等一系列难题，打造超过 400 个 5G 应用场景、1500 个 5G 行业虚拟专网项目、5000 个 5G 商业化行业应用项目，覆盖钢铁、采矿、教育、文旅、医疗等 20 多个细分行业。此外，阿里巴巴、腾讯、百度等互联网企业争相布局 5G。百度分别与英特尔、中国联通成立了基于 AI 与 5G 的联合实验室。阿里巴巴与中国铁塔签署战略合作协议，双方将在云计算、边缘计算等领域展开深度合作。

5.4　数字经济动能持续强化

我国数字经济增长迅猛，具有广阔的发展空间。根据《数字中国发展报告（2022 年）》，2022 年中国数字经济规模达 50.2 万亿元人民币，同比增长 10.3%，占 GDP 的比重达到 41.5%，成为驱动经济转型升级的重要动力引擎。各界对数字经济的认识达到空前高度。2022 年，国务院印发了《"十四五"数字经济发展规划的通知》，2023 年，国务院印发了《数字中国建设整体布局规划》。

信息消费在最终消费中的占比创新高，对经济增长的贡献取得新突破：2022 年前三个季度信息消费规模超过 5 万亿元人民币，从 2012 年的不到 2 万亿元，到 2021 年的 6.8 万亿元，十年间，我国信息消费市场规模年均增速超过 15%。2020 年信息消费每增加 100 亿元，带动 GDP 新增产出 552 亿元，信息消费对经济增长的带动效应不断凸显。

智能联网产品、在线教育、在线医疗、共享经济等新消费热点突破传统消费增长的瓶颈。此外，以阿里巴巴新零售为代表的新业态不断形成新的消费热点。以 2018 年的 "6·18" 为例，全国共有 70 多个新零售商圈参与了这个活动，直接带动了 45% 的线下消费笔数增长和 30% 的客流增长。

得益于我国政策规划的红利效应、新技术的驱动效应，数字经济将迎来飞速发展，以共享经济、移动支付、个性定制、线上线下融合等为代表的信息服务消费发展潜力无限，可激发更多发展活力。

5.5 数字政府加速职能转变

2018 年以来，党中央、国务院对 "互联网 + 政务服务" 做出一系列新部署，提出了新要求。要求我们要运用信息化手段推进政务公开、党务公开，加快推进电子政务，构建全流程一体化的在线服务平台，更好地解决企业和群众反映强烈的办事难、办事慢、办事繁的问题。2018 年 6 月 22 日，国务院办公厅印发《进一步深化"互联网 + 政务服务"推进政务服务"一网、一门、一次"改革实施方案》，提出加快构建全国一体化网上政务服务体系。各地各部门采取多项措施，积极推进线上"一网通办"。江苏省梳理整合群众、企业需要的热门服务和民生信息，在江苏政务服务网客户端"应上尽上"。青岛市完善政务服务平台建设，依托统一平台组织各级各部门业务系统迁移对接，基本实现行政许可事项和依申请办理的公共服务事项网上服务全覆盖，最终实现"一次登录、一网通办"。陕西省打造线上线下一体化的五级联动"互联网 + 政务服务"体系，省政务服务网与全省人口库、法人库数据和全省投资项目在线审批监管平台实现了数据对接，连通了省级各部门现有行政许可事项网上受理办理系统和各市县政务服务中心。上海市在杨浦区率先实现了社区事务"网上办"的"全事项 + 全覆盖"的服务能级，当地居民可在"市民云 App"杨浦主页的"e 睦邻"上办理社区事务受理服务中心的所有事项。锡林郭勒盟在2018 年 6 月底完成了"互联网 + 政务服务"平台的上线试运行。最高人民检察院升级建设了 12309 检察服务中心，群众可以通过门户网站、服务热线、移动客户端、微信公众号等多种方式，享受各级检察机关"一站式"服务。随着互联网、大数据、人工智能等信息技术在电子政务领域的深入运用，"互联网 + 政务服务"的效能将得到整体提升，以国家政务服务平台为枢纽、

以各地区各部门网上政务服务平台为基础的全流程一体化在线
服务平台逐步形成，我国省级政务服务事项网上可办率将不低
于 90%，市县级政务服务事项进驻综合性实体政务大厅的比例
和线上可办率均不低于 70%，省市县各级 100 个高频事项将实
现"最多跑一次"的目标。

5.6　数字生态实现全球融合

自"城市大脑"在杭州落地以来，阿里巴巴、百度、科大
讯飞、华为、中兴通讯、神州等科技巨头全面加速布局"城市
大脑"应用。腾讯超级大脑、阿里云 ET 大脑、华为城市神经
网络、上海城市大脑、滴滴交通大脑、AIbee 行业大脑等类似
的智慧城市系统不断涌现。长沙、宁波、昆山、海口等启动建
设"城市大脑"，在城市管理、旅游开发、民生服务、城市规
划等领域中发挥支持作用。截至 2022 年，阿里云 ET 城市大
脑已经落地北京、上海、杭州、衢州、澳门、吉隆坡等 50 多
个城市。以杭州为例，杭州城市大脑已经汇聚了城市交通管理、
公共服务、运营商等数以百亿计的数据，建立了互联网、传感
器、视频识别等数十个维度下的城市交通动态网。雄安新区
以"阿里云 ET 城市大脑"为基础，构建新型智慧城市。深圳
市龙岗区投资 5 亿元，打造集城市运行管理、视频会议、智慧
城市体验展示、政务数据机房于一体的"龙岗智慧城市大脑"。
重庆市建设基于"城市大脑"的"智能重庆"。杭州市政府公

布了杭州城市大脑的"五年规划"，城市大脑将深入交通、医疗、平安、城管、旅游、环保等行业系统。随着城市现代化运行发展的需要，基于大数据的"城市大脑"会成为新型智慧城市建设的重要基础设施，通过数据融合、技术融合和业务融合，有力地支撑了政府决策科学化、社会治理精准化和公共服务高效化，有效地解决了城市发展问题。

5.7　"数字丝绸之路"连接海内外

当前，建设"数字丝绸之路"已经成为推进"一带一路"倡议的最新动力。在"一带一路"倡议的实施和"数字丝绸之路"的引导下，龙头互联网企业积极投身到数字丝绸之路的建设中。我国已成为140多个国家和地区的主要贸易伙伴，货物贸易总额居世界第一。东欧、西亚、东盟国家与我国互联网企业的连接最紧密，其中，俄罗斯、以色列、泰国、乌克兰、波兰、捷克、摩尔多瓦、土耳其、白俄罗斯和新加坡排在我国跨境电子商务连接指数前十位。中国互联网企业一直力推世界电子贸易平台（eWTP），并得到了阿根廷等国家的高度认同。以阿里巴巴为代表的中国互联网企业已经开始在"一带一路"沿线国家培训人才，例如，淘宝大学丝绸之路培训基地对来自哈萨克斯坦的食品、果蔬、面粉、蜂蜜、机械制造、零售业等行业代表开展有针对性的培训。同时，互联网企业在"一带一路"沿线国家大力加强基础设施建设。京东物流开通首趟中欧班列——电子商务物流专列，全面升级全球仓储网络。阿里巴巴菜鸟网络开通了杭州至莫斯科的首条电子商务专属洲际航线。互联网企业的加入为跨越式发展的建设注入源源不断的增长动力，带动沿线国家电子商贸、交易平台、支付结算等技术的发展与应用。

第六章

积流成渊：产业集聚区汇聚
数字化转型势能

"

重点提示：

领头雁、主力军和赋能者

"

　　面对数字化转型的新形势，国内外诸多企业积极应对挑战，主动适应变革，积极探索实践。微软、苹果、IBM 等大型 ICT 企业正在成为数字化转型的领头雁，持续深化大数据、物联网、人工智能、虚拟现实等新领域应用。润德、锦润数控、共享智装等中小企业聚焦细分领域开展数字化转型实践，持续提升自身核心竞争力，海尔、东方国信、徐工等平台服务商，加快新型解决方案培育，全面赋能企业数字化转型。各类企业面向产品全生命周期开展数据整合、集成和分析，提升面向全产业链和全社会的产品和服务水平，加快构筑新的价值体系，共同谱写制造业高质量发展新篇章。

6.1 进园区：谱写智慧城市高质量发展"新篇章"

园区数字化转型，可深度结合园区企业和园区管委会的重点需求，精准提供涵盖监测监管、综合治理、公共服务、专业服务等解决方案的综合服务体系，为政府治理决策提供"工具箱"，为企业转型升级提供"加速器"，同时也可以为平台企业完善产品服务提供"练兵场"，支撑打造多方联动、互促共进的良好产业生态。

6.1.1 发展需求

从需求来看，多方应用意愿日益迫切。一是园区管委会作为园区管理者，希望依托工业互联网平台提升园区安全生产、能源监管、产业分析等精准治理能力。例如，吴中经开区化工新材料科技产业园有大量的化工企业，潜在风险较大，积极探索基于工业互联网平台实现园区工业生产安全的感知、监测、预警、处置和评估能力的提升。二是平台企业希望以"平台＋园区"为载体，拓展工业互联网平台应用场景，推动产品在市场中的应用迭代。例如，蓝卓、琅润达等工业互联网平台企业普遍认为产业园区具有大量的共性需求和丰富的应用场景，是检验工业互联网平台解决方案的最佳场地，可通过实际反馈动态优化产品体系和商业模式。三是用户企业希望基于工业互联网平台开发场景化解决方案，提升数字化、网络化、智能化发展水平。例如，金属冶炼、电子信息等行业的用户企业在基于工业互联网平台实现设备远程运维、供应链管理、全流程质量管控、降低运营成本等方面，具有较为强烈的需求。

从供给来看，各类典型实践不断涌现。一是面向园区治理决策方面，围绕安全生产、"双碳"监测、园区产业分析决策、精准招商等方面涌现了一批优质解决方案。例如，紫光云引擎基于工业互联网平台开发了数字化智能产业园区平台，构建"1+3+N"新型园区产业管理服务体系，为政府管理和园区运营提供综合性智能解决方案。雪浪云面向园区开发了安全生产监测解决方案，构建全链条异常感知、发现与处置闭环的智能应用，有效降低事故发生概率和人员伤亡率。二是面向企业数字化转型方面，聚焦设备上云、数字仿真、研发设计、生产制造、经营管理、运维服务等形成了一批行业典型解决方案。例如，无锡小天鹅电器有限公司基于美云智数 MeiCloud 平台，深度整合企业资源计划（ERP）系统、质量管理体系（QMS）、仓库管理系统（WMS）、制造执行系统（MES）等，支撑工厂实现设备自动化、生产透明化、物流智能化、管理移动化和决策数据化。

6.1.2　发展路径

"平台 + 园区"是一项系统性工程，涉及园区管委会、平台企业和用户企业等各类主体，在落地应用过程中，要注意结合实际情况，灵活采取不同策略，实现各方利益最大化。

园区管委会优化产业治理，要坚持分类指导。园区管委会要结合园区定位和行业特色，明确平台进园区的典型场景和需求。一是以流程行业为主的产业园区，如化工、石化、冶金等园区，政府具有较强监管属性，园区通常面临高效监管实施难、应急滞后、单点防控等困境，此类园区管委会应以安全监管等需求为出发点，基于工业互联网平台进一步强化园区综合治理水平。二是以电子行业为主的产业园区，园区管委会要围绕园区的生活性配套、生产性配套、上下游产业配套等具体需求，基于工业互联网平台梳理相关产业链，提升园区招商引资的效率，增强园区发展的动力。三是以离散行业、中小企业为主的产业园区，园区管委会要全面梳理园区内企业的痛点问题和共性需求，挖掘高质量的解决方案提供商，完善供需对接、集采集销等公共服务机制，加速工业互联网平台在园区中的落地应用。

平台企业推广解决方案，要坚持差异化运营。平台企业要依据自身优势和发展特点，积极探索"平台＋园区"推广运营模式，拓展平台应用范围和深度。一方面，对于综合性强、实力雄厚的"双跨"平台，可以依据当地政策要求在产业园区成立专业子公司，将成熟的解决方案在产业园区进行市场化普及应用，赋能园区数字化转型，同时为当地创造财政收入。另一方面，对于面向行业、区域和特定技术领域的特色型、专业型平台，可以与本地运营商建立深度合作关系，由平台企业推动产品在园区应用迭代，由运营商面向园区统筹协调政府支持

政策的落地。

用户企业开展数字化转型，要坚持场景驱动。用户企业要从实际业务流程出发，切分出各类细分场景，明确不同场景的转型需求，分步骤推进，逐步实现全面的数字化转型。一方面，用户企业要加速工业设备上云，基于工业互联网平台全面汇聚各类生产设备，并开展状态监测、故障预警和预测性维护等智能运维服务，优化设备管理方式，有效提高设备的产能利用率。另一方面，用户企业要开展模式业态创新，基于工业互联网平台打造覆盖企业各部门的数据贯通体系，通过真实业务数据的实时化汇聚、网络化集成和开放化共享，支撑平台化设计、数字化管理、智能化制造、个性化定制、网络化协同、服务化延伸等新模式普及应用。

6.1.3　典型案例

工业互联网平台在产业园区中的渗透应用，为产业园区构建现代化治理体系、推动企业数字化转型，提供了重要技术载体。一方面，用户企业基于工业互联网平台，可以低成本、短时间部署高质量解决方案，高效开展全方位数字化转型，进一步优化资源配置效率。另一方面，园区管委会通过工业互联网平台动态汇聚园区企业的各类信息，精准绘制企业画像和产业图谱，有效提升了园区现代化治理能力和水平。在政府部门、园区管委会和平台企业的积极探索下，涌现出了一批基于工业互联网平台赋能产业治理、能耗监管、安全生产等园区细分场景的优秀试点，并取得了良好成效。

具体案例：曹妃甸经济技术开发区园区案例

曹妃甸经济技术开发区是国家级经济技术开发区、国家智慧城市试点、中国（河北）自由贸易试验区、京冀协同发展示范区。总面积 2114 平方千米，四大板块区域功能定位 10 个产业园区，产业门类多样齐全。依托"自贸区 + 综保区 + 跨境电商综试区"三试验区的探索发展，2022 年地区生产总值达到 1010.3 亿元、进出口总额 512.6 亿元；国开区排名名列前茅，连续多年跻身全国综合实力百强区、最具投资潜力百强区，以及全国创新创业百强区。

为优化政府治理体系、加速企业数字化转型，曹妃甸经开区联合联城科技、阿里云、华为等打造综合型工业互联网平台体系，包含移动源排放综合管控平台、能源双控平台、曹港物联平台、曹妃甸大数据平台、综合治超平台、智慧钢铁设备智能运维系统等 36 个子平台，功能覆盖园区监测监管、园区综合治理、园区公共服务和园区专业服务等。

以科技创新为发展思路，以"互联网 + 时代智慧城市运营商"为发展主线，通过产业培育和招商合作相结合的方式，曹妃甸区完成了共享通信管道建设 106 千米；搭建了覆盖重点公共区域的免费无线网络的无线城市体系；完成了华北理工大学、唐山工业职业技术学院、唐山职业技术学院 3 所高校校园网，以及蓝海嘉苑小区、港口贸易大厦等网络设施建设，为曹妃甸区智慧城市建设夯实了网络基础。同时，建设运营了曹妃甸雪亮工程、电子警察、综合治超平台、智慧热力平台、智慧环保平台、联城视频云平台、联城教育云平台等一批互联网示范项目，初步建立了曹妃甸智慧城市的服务体系。

一、综合概况

近年来，曹妃甸区深入落实中央及省、市关于加快发展数字经济的决策部署和相关要求，突出数字化、网络化、智能化发展方向，加快构建数字经济生态圈。

一是主导产业发展良好。2022 年，总投资 740.6 亿元，加快推进 82 个项目。精品钢铁产业基地初步建成，首钢京唐、文丰钢铁运营良好，唐银钢铁搬迁项目正在稳步推进。现代化工产业加快推进，旭阳炼化一体化、富海多元化原料制烯烃有序推进，纯碱、化纤产能全国前列。综合贸易大港建设突飞猛进，累计建成码头泊位 100 个，开通国内外贸航线 110 条；曹妃甸港货物吞吐量、集装箱吞吐量截止到 2022 年分别达到 34.9 亿吨、488.8 万标箱，助力唐山港吞吐量跃居全国头部。装备制造产业快速崛起，规模以上装备制造企业增速明显，主要产品涵盖冶金机械、石油机械、非标件产品生产加工、钢构等。

二是政策体系日益加强。制定出台了《"云上曹妃甸"建设实施意见》《曹妃甸关于支持部门和企业"进中心、上平台"的管理办法》《曹妃甸区关于大力发展工业互联网平台加快推进工业和信息化深度融合的工作方案》等指导性政策文件。全区工业互联网平台建设步伐不断加快，"工业互联网＋制造业"项目加速培育孵化，2021 年，唐山市获评河北省第二批省级信息消费示范城市。

三是平台体系不断丰富。随着华为、阿里巴巴、浪潮等"双跨"工业互联网平台企业入驻曹妃甸，依托曹妃甸得天独厚的钢铁、电力、港口物流、装备制造等广阔的应用场景，唐山（曹妃甸）工业互联网平台、阿里云飞鸽工业互联网平台等与各行各业实现了深度融合，正在加速实施"124X"工程："1"是指打造一个京津冀工业互联网创新应用新高地；"2"是指培育两个重点工业互联网平台［唐山（曹妃甸）工业互联网平台、阿里云飞鸽工业互联网平台］；"4"是指覆盖监测监管、综合管理、公共服务、专业服务四大类场景；"X"是指打造一系列与曹妃甸经开区重点行业密切结合的平台应用。目前，工程顺利实施并取得诸多成效。例如，首钢京唐结合钢铁、物流行业特点，基于阿里云飞鸽工业互联网平台打造智能物流5G技术典型应用解决方案，获评工业和信息化部面向特定技术领域的专业型工业互联网平台试点示范。曹妃甸正依托"平台＋园区"这一抓手，加快打造京津冀工业互联网创新应用新高地，全力推动曹妃甸经济转型升级。

二、典型应用场景

基于唐山（曹妃甸）工业互联网平台，实现监测监管、综合管理、基础性服务三大类功能。

1.项目主体、服务对象及适用场景

项目主体为唐山曹妃甸联城科技股份有限公司，平台主要面向工业生产、工业服务、流程制造、城市运营和教育培训五大应用场景，以及钢铁、石化、港口、物流、贸易、电力和装备制造七大垂直行业提供整体解决方案，在智慧港口、智能制造、智慧城市、智慧教育等领域实施了一批互联网示范项目，构建了港、产、城、教四位一体的融合发展体系，为唐山市的产业结构优化、传统产业转型升级、城市管理提供支撑。为港口、运输公司、货主、司机等打造包括内外部数据交互、业务服务、订单处理、车辆调度、网点中转、在途运输、配送和结算等的物流业务协同和物流管理信息化。

唐山（曹妃甸）工业互联网平台是河北省首个区域级的工业互联网平台，于2019年11月正式上线，由联城科技公司负责建设运营。目前，平台已开通的服务资源包括ECS[1]计算、OBS[2]存储、网络安全、容灾备份、智慧供热、空气监测、视频会议和电力监测等160余项，累计服务用户120余家。在2020年10月召开的全市工业互联网应用大会上，联城科技公司完成了与上海积成能源、贵州瑞普科技、用友软件、福建电子信息集团等多家解决方案提供商的签约，正在进一步完善平台应用市场建设，筹备上线包括生产报工、现场巡视、精益提案、安全检查、5S、办公自动化（OA）等20款实用性较强的工业App。

2. 项目技术方案与实施内容

唐山（曹妃甸）工业互联网平台基于华为曹妃甸云计算中心，通过提供弹性的云服务资源及定制化的解决方案，构建专

---

1 ECS是指一种云计算服务。

2 OBS是指基于对象的存储服务。

业化的生态服务体系，建立一套面向智慧港口、智慧物流、智能制造 3 个领域提供定制化的解决方案。

唐山（曹妃甸）工业互联网平台通过数据感知采集、数据存储、数据呈现、数据集成、数据分析、数据挖掘、数据资产，能够实现海量异构数据汇聚与建模分析、工业经验知识软件化与模块化、各类创新应用开发与运行，从而支撑企业生产智能决策、业务模式创新、资源优化配置、产业生态培育。唐山（曹妃甸）工业互联网平台架构包括基础设施即服务（IaaS）层、平台即服务（PaaS）层和软件即服务（SaaS）层，如图 6-1 所示。

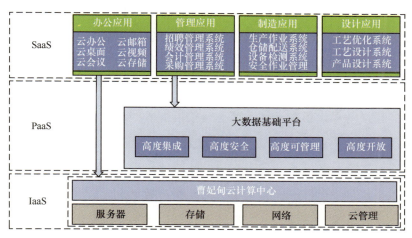

图 6-1　唐山（曹妃甸）工业互联网平台架构

唐山（曹妃甸）工业互联网平台通过整合移动源监测平台、曹港物联平台功能，联合治超综合管理平台功能，进一步提升了曹妃甸经开区监测监管、综合管理和基础性服务的能力。以信息、人、服务三者通过工业互联网的串联为核心，实现了信息服务的实时化、交互化和移动化，形成了立体式的多维服务体系，助力曹妃甸绿色、高质量发展。该平台在监测监管、综合管理和基础性服务3个方向的作用如下。

一是增加环境收益。通过本平台的建设，实现跨平台系统资源的整合，减少中间环节，大幅降低集疏港物流成本，提升物流效率和服务质量，进一步优化了物流产业结构。通过无人磅房、车货超重自动报警避免磅房人工录入磅单导致的误差，提高了工作效率。建立了贯穿"量化溯源—动态分析—管理决策—深度治理—执法监管"全过程的精细化管理体系，为曹妃甸移动源精细化管控和精准决策提供有力支撑，推动实现曹妃甸转型升级和生态文明建设水平提升。

二是带动行业发展。通过本平台的建设，有效带动曹妃甸经开区及周边地区系统集成、传感器研发制造、智能终端设备、信息设备等设备制造相关产业链的发展和经济增长，同时也带动遥感数据应用、环境测控技术研发、环境监测第三方运营、环境咨询服务等行业发展，通过物联网环保产业的发展来带动整个经济的良性运作，为全区带来经济效益。

三是提升经济效益。通过本平台的建设，能够做到从源头抓起，有效遏制超重、超限、超载。依托海量丰富的车辆数据、路况数据、环境数据，积极挖掘数据价值，整合环保原始数据为区生态环境局服务，提供准确的环保质量预报预警和交易平台服务；通过进一步建立完善生态补偿的考评、征收和补偿机制，扩大生态补偿金征收范围、排污权交易和储备费用，为环境治理提供更多的资金来源。

四是强化社会效益。通过本平台的建设，实现态势预测、信息快速查询、信息发布等服务，为生态环境领域的科学决策提供强有力的支撑。同时，物联网、互联网、移动网等网络技术的应用，实现了对物流运输、移动源监测、环境保护方面的全方位精细化监管，充分提高了曹妃甸环保工作人员的工作能力和工作效率，实现了环保相关部门信息依法共享、开放，实现良性互动，达到全面监测、科学监管、精准执法，减轻政府人员的压力，推进环境保护管理达到一个新水平，助力环境管理更加精准化、科学化、智慧化。

五是强化基础性服务。该平台提供了多种信息的发布方式，例如，车主可以通过该平台随时随地了解货场信息、道路信息，提高了车主的积极性，以及货主的运输效率，不再存在"车主找货难、货主找车难"，以及经济发展与环境保护相冲突的情况。同时，该平台的建设进一步增加了企业及职工了解政策法规、环境变化趋势的途径，提升了对环境因素的把握能力。

三、应用成效

一是建设了港区主要物流运输通道的集疏港车辆卡口门禁流量监控系统，遥感监测及黑烟抓拍系统，港区机械远程在线监控系统，港区内空气质量热点网格管理系统，燃油品质监控体系，重型柴油车监管模块，重型柴油车污染排放趋势分析系统。这些系统以遥感遥测、立体感知、环保物联网等技术为支撑，分类施策、布点监控。

二是建设了一套曹妃甸移动源排放综合监管平台。形成统一规划、统一标准、统一应用的"一套数（生态环境大数据中心）、一朵云（政务云）、一张图（环境地理信息库）"，实现"一数一源，一源多用"的移动源数据的多元集成、海量存储、大数据分析、深度挖掘和共享交换等功能，形成指挥应用平台，供上级部门及各部门按职责权限指挥应用，实现互联互通、共享共用、联防联动。建成了一个综合指挥中心，建立了一个移动源环境大数据平台。

三是建设了一套移动源综合数据分析及决策支持系统。综合利用排放清单、数值模拟、模型识别、智能分析和热点网格等先进技术，搭建了先进的量化溯源精敏感知体系、可靠的动态分析管控体系、精准的管理决策支持体系、有效的环境执法监管体系、科学的深度治理支持体系五大体系，实现了"量化溯源—动态分析—管理决策—执法监管—深度治理"全过程闭环管理。

四、工作亮点

一是积极推进企业上云。"云上曹妃甸"奖补资金遵循"总额控制、先申先得、实用实奖、即用即奖"的原则。区政府每年从云资源保底服务费（2000万元）中，安排1000万元用于企业上云奖补专项资金，并将政务云资源服务费（1000万元）扣除当年费用后的余额纳入企业上云奖补专项资金范围，奖补专项资金用于购买曹妃甸云计算中心的云资源服务。

利用云计算中心的优势，积极上云发展，实施工业互联网应用项目，提升产业数字化水平。同时成立了由书记、区长任双组长的数字经济领导小组——"云上曹妃甸"领导小组，研究解决曹妃甸信息化建设重大问题，出台相关政策，部署推动任务落实，负责全区行政事业单位新建信息化项目的审批及"企业上云"奖补专项资金的审批；统筹用好各级财政资金；优化"企业出一点、服务商降一点、政府补一点"的联合激励机制，落实好企业上云奖补政策，按照"总额控制、先申先得、实用实奖、即用即奖"的原则，奖补上云企业。

二是努力推进两化深度融合。近年来，曹妃甸实施了首钢京唐设备数字化智慧运维、国投曹妃甸港 MES 等多项两化融合项目，努力提升企业的信息化、智能化水平，提升产业基础高级化、产业链条现代化的程度。目前，曹妃甸培育了金隅科实、映美科技、中冶瑞木等多个数字化车间，深入实施了首钢京唐连铸连轧、金隅天坛智能刨花板等多条智能化产线，两化融合程度达到 90% 以上。

三是构建开放、合作、共赢的产业应用生态圈。唐山（曹妃甸）工业互联网平台是在曹妃甸区政府的主导下，由唐山曹妃甸联城科技与华为合作共建，以开放式、市场化的理念运营。联城科技作为曹妃甸区属国有企业，代表区政府对平台进行运营管理，负责产品及服务的上云、客户对接、项目落地；华为作为技术服务方为平台提供全方位技术支撑。政府、联城科技、华为三方充分发挥自身在政策引导、网络运营、技术储备等方面的优势，加速第三方软件服务厂商和不同领域的方案解决提供商的服务上云，为唐山市的政府部门、企事业单位、学校、社会团体、人民群众提供各种优质服务。

6.2　进基地：构建制造业数字化转型"样板间"

为促进产业集聚区创新发展，截止到 2023 年，工业和信息化部一共遴选出 458 家国家级工业化产业示范基地，在经济发展、产业升级等方面取得了显著成效。同时，基地通过深度应用 5G、工业互联网等新一代信息技术，加快数字化转型，并取得良好成效。

6.2.1　发展需求

目前，我国工业化产业示范基地总体发展水平不高，大部分产业示范基地评分为 3 星级，面临着发展层次不高、产业布局不合理、数据要素利用不足等问题，亟须通过工业互联网平台赋能，推动产业示范基地高质量发展。推动新型工业化示范基地数字化、网络化、智能化发展，盘活旧动能，增添新动能，加强监测监管、完善公共服务，助力示范基地星级提升，加速形成具有全球影响力和竞争力的先进制造基地。

一是五星级产业示范基地占比不足 10%，产业示范基地整体数字化发展水平有待进一步提升。我国工业化产业示范基地整体发展较为粗放，关键性制造领域对于国外依存度偏高，能源消耗和碳排放量监测监管水平不足，亟须通过数字赋能，系统提升能源利用率、自主研发能力、高端制造能力和精准营销服务能力，促进产业向精细化、高端化和清洁化方向发展。

二是产业示范基地布局东部集聚中西部稀疏，部分地区产业同质化竞争严重，其他区域资源优势未能得到充分挖掘。产业示范基地的设立严重依赖地方政府的经济实力、税收优惠和支持力度，东部部分经济强省、强市的示范基地"扎堆"设立，而中西部地区由于经济实力相对较弱，示范基地设立不足，未能发挥地方资源禀赋。

三是现有基地更关注传统资源的利用，对于数据要素的利用缺乏政策、标准等引导，效能发挥不足。发布的管理文件中对数据要素的举措不多，在制造业数字化转型的大背景下，产业示范基地需要不断提高数据要素的利用能力，提高生产效率，不断向高质量发展的目标靠近，然而产业示范基地内数据采集、数据汇聚和数据分析的体系尚未建立，严重阻碍了数据资源的分析应用。

6.2.2 发展路径

推动企业改造升级，盘活传统旧动能。工业互联网平台是制造业数字化转型的新载体，通过深化新一代信息技术在制造业生产、运营、管理和营销等诸多环节的渗透融合应用，能够推动示范基地企业转型升级，优化传统发展动能。一是提升环节效率，基于工业互联网平台优化企业组织管理、生产制造、客户服务等环节的流程和方式，促进信息快速流转、决策指令精准执行，提升企业的综合效率。二是提高产品质量，基于工业互联网平台采集工业生产全过程、全场景数据，贯通产品全生命周期数据链，构建质量安全追溯体系，提高产品质量和基于产品的服务质量。三是降低综合成本，基于工业互联网平台打通研发、生产、管理等环节数据链，创新组织协同方式、劳动力工作体制和生产制造模式，促进企业资源集约利用。

例如，重庆永川工业园区装备制造产业示范基地鼓励企业转型升级，其中，西源凸轮基于工业互联网平台实现了从接收订单、到生产、再到产品出库整个过程的信息实时透明，全程可追溯，单价产品消耗资源降低了40%，良品率提高了15%，生产周期缩短了40%。

培育新模式新业态，注入发展新动能。互联网、大数据、人工智能等新一代信息技术与制造业加速融合，基于工业互联网平台的新模式新业态蓬勃发展，为示范基地发展注入新动能新活力。一是聚焦原材料示范基地培育数字化管理新模式，打通核心数据链，推进数据驱动的管理变革，提升企业数字化管理的水平和效率。二是聚焦装备制造示范基地培育智能化生产新模式，充分利用平台的泛在连接、模型分析和智能决策等功能，全面提升设备、生产线和工厂的智能化水平。三是聚焦消费品示范基地培育个性化定制新模式，为消费者提供个性化和差异化的服务体验。四是聚焦电子信息示范基地培育服务化延伸新模式，加速从"卖产品"向"卖服务"转变，促进产业链沿价值链向高附加值环节跃升。例如，西安经济开发区打造了国内最大的商用车全生命周期服务平台，创新开展融资租赁、经营性租赁、商业保理和保险经纪等一系列增值业务，为客户提供一体化服务解决方案，带动商用企业产业由制造型向服务型转变。

构建实时监测体系，助力精准治理。基于工业互联网平台推动示范基地内物料、生产设备、产品等线上连接，实现物料运输、设备状态和生产过程等实时透明在线显示，提高监测监管的精准率和紧急情况的应对效率。一是加强绿色制造领域监管，利用工业互联网等技术开展资源能源和污染物全过程动态监测、精准控制和优化管理，推进绿色技术软件化封装，打造可持续发展新生态。二是加强安全生产领域监管，加速"工业互联网 + 安全生产"融合发展，构建工业安全生产快速感知、全面监测、超前预警、联动处置和系统评估的新型能力体系，实现安全生产从静态分析向动态感知、事后应急向事前预防、单点防控向全局联防的转变，促进安全生产水平的全面提升。例如，山东聊城高新技术产业开发区建设智慧化工园区管控平台，产品销售、物资采购、物流管理全部让"系统当家"，实现全部产品网上销售，危险化学品运输车辆实时、在线监控，及时消除安全隐患，确保危险化学品运输安全。

完善公共服务平台，促进资源共享。现有示范基地存在大量割裂、分散的信息系统，基于工业互联网平台能够进一步整合示范基地资源，打造一体化公共服务平台，促进基地内资源协同共享，加强基地外资源对接。一是汇聚研发资源，基于公共服务平台汇聚产、学、研、用等多方力量，开展协同研发创新，促进研发成果向实际产品有效转化，推动示范基地创新能力提升。二是共享生产资源，以数据驱动示范基地资源优化配置，推动企业间加强合作，共享生产设备、仓库空间和物料备件等，强化基地协同的效率。三是对接外部资源，基于公共服务平台对接金融、教育、资质认证和其他服务资源，强化示范基地资金支持、人才力量和品牌效应等。例如，河南平顶山高新技术产业开发区搭建仪器设备共享服务平台，整合燕山石化公司、新材料研究院及北京石墨烯技术研究院等企业，科研院所的研发、检测设备资源，降低了高端设备使用成本，提高了企业竞争力。

6.2.3　典型案例

2022年9月6日，工业和信息化部公示了23个国家新型工业化产业示范基地工业互联网平台赋能数字化转型提升试点项目名单（见表6-1）。该试点项目主要聚焦工业互联网平台赋能国家新型工业化产业示范基地数字化转型，在平台赋能基地企业数字化升级、平台赋能基地产业链数字化升级、平台赋能基地管理数字化升级、平台赋能基地服务数字化升级方向，遴选一批可复制、可推广的试点项目，促进区域工业经济高质量发展。

表 6-1　国家新型工业化产业示范基地工业互联网平台赋能数字化转型提升试点项目名单

序号	项目名称	基地名称	申报方向
1	装备制造（智能装备）·广州黄埔区基地工业互联网平台赋能数字化转型提升试点项目	装备制造（智能装备）·广州黄埔区	平台赋能基地企业数字化升级
2	苏州工业园区工业互联网平台赋能数字化管理项目	电子信息·江苏苏州工业园区	平台赋能基地管理数字化升级
3	长沙经开区"1+N"平台赋能基地企业数字化转型	装备制造（工程机械）·长沙经济技术开发区	平台赋能基地企业数字化升级
4	模具工业互联网平台赋能数字化转型提升试点项目	装备制造·宁波经济技术开发区	平台赋能基地企业数字化升级
5	无锡高新区"数字化转型创新服务基地"项目	电子信息（传感网）·江苏无锡高新技术产业开发区	平台赋能基地企业数字化升级、平台赋能基地管理数字化升级
6	天元工业互联网公共服务平台	装备制造（轨道交通装备）·湖南株洲高新技术产业开发区	平台赋能基地企业数字化升级
7	工业互联网平台赋能基地企业数字化升级项目	装备制造（工程机械）·山东济宁高新技术产业开发区	平台赋能基地企业数字化升级
8	高端家电基地工业互联网综合服务平台建设项目	家电及电子信息·山东青岛市	平台赋能基地管理数字化升级
9	宝安区"1+1+N"工业互联网平台集群赋能产业链数字化转型提升	工业互联网·深圳宝安区	平台赋能基地产业链数字化升级
10	吴江经济技术开发区产业链数字化平台	电子信息（光电子）·江苏吴江经济技术开发区	平台赋能基地产业链数字化升级

（续表）

序号	项目名称	基地名称	申报方向
11	轻量化铝制汽车零部件制造全流程数字化关键技术项目	装备制造·河北秦皇岛经济技术开发区	平台赋能基地企业数字化升级
12	化学原料药工业互联网平台	医药·浙江台州	平台赋能基地企业数字化升级
13	临沂经开区工程机械工业互联网平台赋能基地企业数字化升级项目	装备制造（工程机械）·山东临沂经济技术开发区	平台赋能基地企业数字化升级
14	基于工业互联网平台赋能装备制造（轨道交通装备）企业数字化转型建设项目	装备制造（轨道交通装备）·河北唐山丰润区	平台赋能基地企业数字化升级
15	常州经开区区域一体化工业互联网公共服务平台建设项目	装备制造（轨道交通装备）·江苏常州	平台赋能基地服务数字化升级
16	海洋食品行业工业互联网平台	食品·山东荣成	平台赋能基地企业数字化升级
17	"华为云"平台数字化赋能示范基地	汽车产业·沈阳欧盟经济开发区	平台赋能基地企业数字化升级
18	工业互联网平台＋青浦工业园区试点示范	新材料（先进高分子材料、新一代信息材料）·上海青浦工业区	平台赋能基地管理数字化升级
19	基于东智平台的电子信息（光电子）示范基地数字化转型试点示范	电子信息（光电子）·武汉东湖新技术开发区	平台赋能基地企业数字化升级
20	华为（成都）智能制造创新中心	无机非金属材料（绿色建材）·成都青白江经济开发区	平台赋能基地企业数字化升级
21	工业互联网平台赋能医疗器械制造企业数字化转型	电子信息·沈阳高新技术产业开发区	平台赋能基地企业数字化升级

（续表）

序号	项目名称	基地名称	申报方向
22	基于数字孪生的园区产业数字化转型服务平台	新材料（先进基础材料、关键应用材料）·上海湾区高新区（原金山工业园区）	平台赋能基地服务数字化升级
23	轴承行业工业互联网平台	装备制造 · 浙江新昌	平台赋能基地企业数字化升级

开展该项目试点工作的目的是进一步贯彻落实《中华人民共和国国民经济和社会发展第十四个五年规划和 2035 年远景目标纲要》关于"加快产业园区数字化改造"的重要部署。按照工作安排，经自主申报、地方推荐、材料核查和专家评审等环节，形成了国家新型工业化产业示范基地工业互联网平台赋能数字化转型提升试点项目名单。

具体案例：苏州工业园区的工业互联网平台赋能数字化管理

苏州湾科技城位于美丽的东太湖湖畔，是"苏州市数字经济产业园"之一，重点发展融合型数字经济、前沿型创新经济、特色型服务经济、生态型湖区经济、功能型总部经济，以精密制造、光电通信、智能装备和新一代信息技术为主导产业。

一、综合概况

地方政府部门通过出台《东太湖度假区（太湖新城）加快企业高质量发展扶持奖励办法》《东太湖度假区社会引才荐才奖励办法》等，立足园区企业发展需求，不断优化政策体系，积极鼓励重点产业创新发展。2022年，苏州湾科技城精密制造产业、光电通信产业、智能装备产业、新一代信息技术产业发展势头良好。

苏州湾科技城产业基础雄厚，应用场景丰富，创新活力较强，拥有数字技术应用的肥沃土壤，中国工业互联网研究院江苏分院、海尔卡奥斯、徐工汉云等科研究所和"双跨"平台云集。为准确摸清企业的家底，探索以大数据赋能工业经济高质量发展，苏州湾科技城创新性地将2013年建立的工业企业资源集约利用信息系统升级为工业互联网数智管理平台，形成了"一个平台清家底、一套体系管评价、一项政策促转型"的工业生态"数字管理"机制。

二、典型应用场景

苏州湾科技城在工业互联网平台应用方面以基础型服务为主，主要应用场景包括园区运行监测监管、产业链全景图谱构建、企业数字画像管理、招商咨询服务、项目全流程管理和企业公共服务等。

当前的园区数智管理平台建设普遍存在数据壁垒、供需脱节、平台挖潜三大痛点，导致部分平台建设存在形式化倾向，未能与实际工作需求有效结合，制约平台在产业发展、企业服务等方面的应用效果。一是部门间数据壁垒阻碍平台信息整合。面临体制机制、技术、安全三大壁垒，数据信息归口权责划分，各部门平台建设中存在许可协议、数据标准等差异，以及数据信息安全等顾虑，导致数据共享和整合困难。二是平台开发过程中管理部门参与度不高导致供需脱节。平台开发主要以数字服务商为主导，管理部门参与程度较低，相关应用模块、服务项目针对性偏弱，与企业服务具体工作存在一定的供需脱节。三是平台数据的利用潜力亟待深挖。目前园区平台主要应用于汇总工业相关数据、摸清产业家底、对企业分类评价和网格化管理等，由于具有区域局限性，围绕跨区域的产业链供应链管理方面的服务能力相对较弱。

针对上述痛点，本平台以各部门数据整合为切入点，破冰工业大数据的数据壁垒，利用大数据、区块链、云计算和人工智能等新技术，提升部门间、区域间数据共享的效率与安全。通过首创企业评估体系，多维度综合性科学对企业画像，从"集约、创新、绿色、能耗" 4 个维度来对企业进行评估，实施工业企业资源要素差别化配置，以扶优汰劣、退低进高的差别化政策导向，精准激发全区工业企业转型升级。充分发挥平台大数据的智能诊断作用，为园区内工业企业出具智能诊断报告，精准评估发展方向、推送政策服务。梳理重点产业链现状，按需生成工业企业分布图，为政府决策提供理论依据。平台采用"1+6+N"的总体框架，即 1 个数据中台，6 个服务子系统，N 个核心应用，建设园区工业互联网数智管理平台。

三、应用成效

一是加快数据资源汇聚，提升数据治理能力。形成长期规范的数据交换机制和数据安全保障机制，构建出涵盖工业企业、建设用地和工业园区的数据库，搭建工业用地绩效管理平台，"大数据＋产业招商""大数据＋园区规划"等应用成效明显，显著提升政府决策的效能。

二是摸清园区工业经济"家底"，形成高质量数据库。通过网格化数据采集和企业综合评价，形成了高质量的企业数据资源库，助力准确掌握区域工业发展情况，实施精细化管理。

三是实现园区工业生态数字管理，推动经济高质量发展。一方面是提高资源综合绩效水平，为培育地标产业腾出发展空间，关停高能耗、高污染、低产出的企业，盘活存量土地，推动园区工业企业亩均销售大幅增加。另一方面是深化供给侧结构性改革，促进园区工业转型升级，绘制四条主导产业链全景图谱，加大优质企业培育力度。

四、工作亮点

一是平台赋能。建立完善工业互联网数智管理平台。以确定统一企业代码破解信息整合难点，以建立保密制度破解数据安全痛点，全面整合园区各管理部门的历史数据，打通部门与部门之间、园区与企业之间的数据壁垒。在汇集海量政务数据和工业数据的基础上，创新研发工业互联网数智管理平台，建立并完善数据共享共用机制。开发运行2个计算机端子平台、2个手机端小程序，"一企一档"建立信息库，拓展30余项专项功能，全周期动态监测分析苏州湾科技城工业运行情况。建立大数据常态化服务机制，为制定园区扶持政策、指导产业发展规划等方面提供有力支撑。

二是融合赋能。分类升级综合评价机制。在大数据平台成型的基础上，深入探索结果运用，研究制定一套科学体系综合评价企业效益。科学设置"集约、创新、绿色、能耗"4个"论英雄"评价体系，设置相应权重，全面评估企业质效，通过对企业进行评分排名，按结果分为不同评价等级。

三是要素赋能。深入推进差别化配置改革。根据评价分类结果，实施工业企业资源要素差别化配置，向A、B类企业要贡献，向C、D类企业要资源要素，以扶优汰劣、退低进高的差别化政策导向，正向激励、反向倒逼相结合，精准激发全区工业企业转型升级。在项目申报，土地使用税，土地供给，能源供给，差别化水、电、气价，排污权供给，招才引智，金融供给，行政执法9个方面，对企业实行差别化政策，引导企业高效发展。

6.3 进集群：打造地方数字经济发展"增长极"

顺应数字化转型的需求，国内外ICT企业正在积极从技术研发、组织架构、业务模式等多维度创新突破，探索变革之路。

6.3.1 发展需求

一是集群顶层规划缺统筹。集群在全国范围内广泛分布，发展规模日益扩大。但在顶层规划环节，部分集群没有特定的部门负责数字化转型具体工作的整体筹划事宜，相关的资金预算、人员安排等工作只能由职能部门报批，不利于将数字化转型与集群发展紧密结合，人员、资金、物料等关键资源不能实现规模化协同，无法形成工作合力。

二是信息基础设施不完备。深化集群数字化转型，需要性能优越、功能全面的信息基础设施作为支撑。但目前我国集群大多以工业企业为主，信息基础设施能力薄弱，并没有大规模部署 5G、数据中心、人工智能等新型基础设施，不利于打造边缘可感知、网络可传输、平台可分析等园区新型能力体系，一定程度上限制了数字化转型的效能发挥。

三是数据流通体系少规范。随着数据要素成为参与生产环节的新型要素，数据资产也成为企业资产的重要组成部分。集群内企业十分重视数据资产，担忧敏感数据的安全性。在缺少数据流通的管理制度和行业标准的情况下，各个企业间的数据孤岛问题比较严重，进一步降低数据的协同效应和潜在价值，阻碍以数据驱动为特征的数字化转型与集群的融合发展。

四是多方合作机制难协同。集群数字化转型涉及政府、企业、技术提供商、平台运营商等多方主体，是一项系统性的工作。当前，我国部分集群各方主体之间，没能建立实时可靠的信息沟通机制和资源共享的工作推进机制，导致出现数字化转型实践重复建设和进度不协调等问题，因此亟须建立科学有效、信息共享、多方受益的工作机制。

6.3.2　发展路径

打造企业转型升级的加速器。各集群内的企业数字化转型进程不一，处于不同阶段的企业对解决方案的需求也各不相同，亟须明确场景清晰、重点突出的转型路线图。一是加快工业设备上云。集群数字化转型需要连接集群内的全要素，有利于引导企业共同推动生产设备上云，并开展设备状态监测和协同运维等新型服务，优化设备管理效率。二是打造数据流通体系。集群数字化转型可打通企业内部研发设计、生产制造、经营管理等各业务线条之间的信息流动渠道，为企业集中管理、统一决策、协同运营提供数据支撑。

打造政府治理决策的工具箱。集群的发展涉及多方政府管理部门和各类企业主体，需要加强政府和企业之间的沟通效率，提升政府管理的精细化和科学化水平。一是重点领域统计监测。政府部门可以借助工业互联网平台，直接监测集群企业的能耗污染、安全生产等情况，及时预警并处置风险点，提升发展质量。二是产业资源综合管理。工业互联网平台可以广泛汇聚集群内外相关企业的多种信息，支撑构建企业数字画像和产业全景图谱，推动政府部门准确掌握园区的发展情况，实现各类的产业资源的集中汇聚和靶向对接。

打造区域协作共赢的驾驶舱。集群产业分类愈发细化，区域经济差异日益凸显，强化区域协同效应，有利于实现协作共赢。一是供应链协同。企业应用工业互联网平台，可高效汇聚各个企业的订单需求和物料资源等信息流，带动原材料、在制品和产成品在供应链中的无缝流转，打破传统企业"单兵作战"的运营模式，实现供应链上下游企业各个环节的协同优化。二是生产能力协同。覆盖集群工业互联网平台，可全面整合企业的加工设备、产品质量和闲置产能等信息，推动制造资源的泛在连接、弹性供给和高效配置。

6.3.3　典型案例

截止到2022年，工业和信息化部公示了遴选出的25个先进制造业集群优胜者名单。在这份被誉为制造业"国家队"的名单中，共有9个省（直辖市）的21个城市上榜。为推动先进制造业集群发展，工业和信息化部组织开展先进制造业集群竞赛，经决赛专家评判，分别遴选出广东省深圳市新一代信息通信集群等15个集群（第一批）、浙江省杭州市数字安防集群等10个集群（第二批）为决赛优胜者，详见表6-2。

表6-2　25个先进制造业集群优胜者

批次	集群
第一批	广东省深圳市新一代信息通信集群、江苏省无锡市物联网集群、广东省深圳市先进电池材料集群、上海市集成电路集群、广东省广佛惠超高清视频和智能家电集群、江苏省南京市软件和信息服务集群、广东省东莞市智能移动终端集群、江苏省南京市新型电力（智能电网）装备集群、湖南省株洲市先进轨道交通装备集群、湖南省长沙市工程机械集群、江苏省苏州市纳米新材料集群、江苏省徐州市工程机械集群、安徽省合肥市智能语音集群、上海市张江生物医药集群、陕西省西安市航空集群

（续表）

批次	集群
第二批	浙江省杭州市数字安防集群、山东省青岛市智能家电集群、浙江省宁波市磁性材料集群、广东省广深佛莞智能装备集群、山东省青岛市轨道交通装备集群、江苏省常州市新型碳材料集群、广东省深广高端医疗器械集群、浙江省温州市乐清电气集群、四川省成都市软件和信息服务集群、四川省成都市、德阳市高端能源装备集群

具体案例：江苏省无锡市物联网集群

一、综合概况

2009 年 11 月，国务院正式批准同意建设无锡国家传感网创新示范区，在工业和信息化部等有关部委和江苏省委、省政府的坚强领导下，无锡市认真贯彻落实国务院批复的《无锡国家传感网创新示范区发展规划纲要（2012—2020）》，紧紧围绕历次部际建设协调领导小组会议确定的目标任务，开拓创新，积极进取，全市物联网产业发展取得明显成效。一是产业规模不断壮大，2022 年第三季度末，物联网相关企业超过 3000 家，其中上市企业 79 家、国家级专精特新"小巨人"企业和制造业单项冠军企业 33 家，物联网营业收入达到 3084 亿元。二是集群效应初步显现，无锡物联网知识产权集群管理试点通过国家知识产权局验收；智能传感产业集群成为全国首批创新型产业集群；以远景能源、朗新科技等为代表的行业解决方案集群，以美新半导体、无锡海康等为代表的传感设备集群已经逐渐形成规模。三是创新成果日益涌现，全市物联网重点研发机构达到 44 家，承担省级以上研发项目 120 多个，全市物联网相关专利申请量 1500 多件，其中发明专利 573 件，无锡已成为全球物联网领域标准的重要策源地。四是示范应用纵深推进，无锡是全国首个物联网连接超千万规模的地级市、窄带物联网全域覆盖的地级市、物联网用户数超过手机用户数的城市，建成全球首个城市级车联网示范应用项目，无锡企业承接的物联网工程遍及全球 60 多个国家 700 多座城市和全国 31 个省（自治区、直辖市）。五是公共服务平台加快建设，建成国家超级计算中心、国家智能交通综合测试基地、国家物联网感知装备产业计量测试中心、国家医疗健康物联网产品测评中心等公共服务平台，获批全国首个车联网先导区。

二、典型场景

一是建设增材制造产品质量检验检测公共服务平台。对计算机断层扫描术（CT）在粉末形貌、尺寸、夹杂、空心粉率等表征中的应用，CT 在增材制造制件几何精度、裂纹、气孔、孔隙率、夹杂、层内 / 层间、未熔合等的检测应用和增材制造高分子材料及醛酮类物质测试方法和采集装置研究，形成一系列成果并成功转化，开发新的检测业务；积极引导和负责增材制造领域的专用材料、装备和成形件的特性、可靠性、安全性等测试方法标准的制 / 修订工作；同时，积极与国内各类高校、科研院所和知名公司开展广泛的合作。

二是建设物联网产品检验检测公共服务平台。平台以理论推算、仿真验证、工程经验等维度来保障物联网系统设备和终端设备的电磁兼容性方案设计（仿真）服务快速、高效解决问题，为物联网产品提供产品可靠性优化设计与分析、可靠性提升方案、电磁兼容设计整改等技术服务。在物联网终端设备射频性能测试技术实现方面，搭建 NB-IoT、eMTC[1] 等蜂窝物联网终端设备射频性能测试系统。在车联网设备的电磁兼容测试关键技术实现方面，射频功率放大器及高频天线、接收机、三相谐波闪烁测量分析仪均已投入使用，电波暗室抗扰度测试系统的设备已全部到位。

三是建设工业数据信息集成共享服务平台。基本完成工业知识库信息集成共享平台建设，初步实现了对工业机理模型、参数模型、数据分析算法、工业协议等关键知识资源的汇聚，并不断完善平台功能；完成的工业机理模型、参数模型、数据分析算法涵盖新能源、燃气、农业、金属加工、交通运输等行业。

三、应用成效

无锡以促进中心为核心，加速建设物联网创新载体，获批创建国内首个芯片封装测试领域国家先进制造业创新中心，相继建成投用国家超级计算无锡中心、国家智能交通综合测试基地、国家物联网感知装备产业计量测试中心等国字号创新载体，高端创新资源加速汇聚。

市场主体不断扩大。无锡瞄准产业链关键环节，实施"对

1　eMTC是基于LTE演进的物联网技术。

外招引＋向内扶持"多主体培育路径。一方面，围绕产业链各环节，完善重点物联网企业招商名录，以重大项目为抓手，与行业领军企业开展合作。另一方面，坚持"扶强孵新"的企业培育模式，扶持新潮集团、远景能源等一批骨干企业，鼓励这些企业瞄准前瞻性领域开展兼并重组、做大做强。目前已有3000多家物联网企业在此集聚，物联网领域上市企业超70家，形成了涵盖关联芯片、感知设备、网络通信、智能硬件、系统集成和应用服务等较为完整的产业生态。

示范应用持续加强。 牢牢抓住示范应用这个打通技术与市场的关键点，加速促进物联网相关技术产业化、市场化，将零星的既有应用"串珠成链"，打造一系列"让城市生活更美好"的智慧解决方案和运营管理模式，力争为全国乃至全球规模化应用提供样板。作为物联网应用示范的重要场景之一，无锡车联网发展持续进阶，获批成为智慧城市基础设施建设与智能网联汽车协同发展首批试点城市。

核心链条加速优化。 产业发展要确保重点环节不掉链子。无锡市"十四五"规划提出"加快打造物联网等10条地标性产业链"。聚焦物联网，无锡将以更加务实的举措全面梳理产业链，聚焦核心产业链精准发力、持续用力，多维度加大政策支持。同时，无锡发布《无锡市物联网平台型企业认定管理办法》，重点支持平台型企业，搭建专业园区、特色小镇等载体，畅通上下游企业合作的渠道，提升产业生态能级。

四、工作亮点

一是千亿产业集群动能强劲。无锡率先构建物联网全产业链，规模全国领先，获批国家级传感网专业孵化器、国家传感网应用展示中心、传感网国家高级技术产业基地、三网融合第二阶段试点城市、首批国家智慧城市建设试点城市、国家智能交通综合测试基地等物联网国家级品牌，无锡物联网集群入围全国首批先进制造业集群培育名单。

千亿级产业集群中，一批"生力军"正在奋力长成"主力军"。2009 年，国务院批准成立无锡国家传感网创新示范区，十多年来，无锡先行先试，在国家传感网创新示范区建设基础上大力推动物联网产业发展，成为全国乃至全球物联网发展最为活跃的地区之一。据了解，截止到 2022 年，无锡物联网企业已达 4000 多家，涵盖关联芯片、感知设备、网络通信、智能硬件和应用服务等全产业链条。

二是应用创新引领产业升级。从试点走向示范，2021 年，无锡物联网技术应用覆盖全市多个细分行业，承担了车联网城市级示范应用等国家级重大应用示范项目，成为唯一入选"IEEE 智慧城市试点计划"的亚洲城市，获批全国首个国家级江苏（无锡）车联网先导区，入选全国综合型信息消费示范城市、智慧城市基础设施与智能网联汽车协同发展首批示范城市。2021 年 5 月 6 日，无锡又与北京、上海、广州等城市共同成为住房和城乡建设部及工业和信息化部组织的智慧城市基

础设施建设与智能网联汽车协同发展首批试点城市。

三是人才资金支撑稳固。 瞄准培育世界级制造业产业集群的目标定位，无锡紧抓物联网与"新基建"、5G、人工智能、工业互联网等融合发展机遇，努力将无锡物联网打造成全国产业规模最大、创新主体最多、技术水平最强、发展生态最优的世界级集群。

从基础设施、金融资金到人才政策，建立"产业基金＋银行信贷＋保险服务"的综合性金融服务体系；立足"太湖人才计划"建立人才机制，集聚物联网各类人才20多万人……多维度全方位的发力，让无锡物联网产业生态体系更加完善。从萌芽走向结果，全球物联网领军企业、知名机构、高端人才"锡"数而来，国家级创新平台相继落户，计算机虚拟化、多源异构数据处理技术等多项成果填补国内空白，无锡主导制定了超半数的国际物联网标准。

第七章

率先垂范：典型企业积极探索
数字化转型之道

> **重点提示：**
>
> 先行者和赋能者　主力军和实践者

　　面对数字化转型的新形势，国内外的诸多企业积极应对挑战，主动适应变革，积极探索实践。微软、苹果、英特尔、IBM 等大型 ICT 企业已成为数字化转型的先行者和赋能者，在技术上加速布局大数据、物联网、人工智能和虚拟现实等领域，致力于提供平台化的系统解决方案；在组织上加速向数据驱动、在线协同、弹性扩展的企业数字化服务提供商转型。GE、波音、海尔等大型企业已成为数字化转型的主力军和践行者，加快布局以云计算和大数据为基础设施的信息物理系统。企业应对产品全生命周期开展数据整合、集成和分析，提升面向全产业链和全社会的产品和服务水平，构筑新的价值体系。

7.1　领头雁："数字领航"企业

顺应数字化转型的需求，国内外 ICT 企业正在积极从技术研发、组织架构、业务模式等多个维度创新突破，探索变革之路。**从技术创新来看，**加速布局物联网、大数据、人工智能、虚拟现实等技术领域，加速在云服务、数据挖掘、数据安全等领域的技术研发，变革自身的商业模式，推出云平台、数据可视化和智能分析等一系列技术、服务与解决方案，推动各行业企业向数据驱动、弹性扩展、供应链协同的服务提供商转型。**从企业架构来看，**加速以快速市场反应为目标，通过采用现代化办公场所、数据挖掘、人工智能等解决方案，赋能员工、客户交互、优化业务流程，以及产品与服务，最大限度地激活员工的创造力。**从业务模式变革来看，**通过构建以平台为核心的合作伙伴生态系统，整合全球资源，加速向提供集架构设计、实施方案、关键装备、核心软件、数据集成、流程优化和运营评估于一体的平台化系统解决方案商转变。

7.1.1　英特尔：从云到端加速行业数字化创新

英特尔成立于 1968 年，是全球最大的芯片制造商，也是计算机、网络和通信产品的领先制造商，核心业务是生产 CPU。1971 年，英特尔推出了全球第一枚微处理器，促成计算机和互联网技术革命，对整个工业产生了深远的影响，对优化全球工业科技格局意义重大。

作为世界上设计和生产半导体的科技巨擘，英特尔致力于在客户机、服务器、网络通信、互联网解决方案和互联网服务方面为日益兴起的全球互联网经济提供基础模块。其重点业务领域包括以下两个部分。

一部分是传统芯片及延伸业务。涵盖笔记本计算机、台式计算机、无线和有线连接产品、服务器芯片等核心业务，同时包括微芯片处理器、内存、网络、物联网、无线通信、软件业务等延伸业务。**另一部分是数据中心业务。**在新形势下，英特尔定位于驱动云计算及日益智能互联的世界，涉及数据中心、物联网、存储等。英特尔的每个功能组都在优先考虑数据中心的前提下查看相关业务及其投资和发展策略，包括在下一代工艺技术节点上推出服务器使用的处理器产品。例如，为谷歌、微软、亚马逊等拥有大型数据中心的科技巨头提供人工智能、机器计算处理器芯片等。

转型关键举措

英特尔顺应数字化发展趋势，积极推动自身数字化转型技术及服务创新，从战略和策略的高度为促进企业数字化转型提供全面支持和不断升级的解决方案，致力于打造新型数字计算领军企业。

举措 1：做好数字化转型战略顶层设计

英特尔在数字化转型方面比较重视顶层规划，凭借长期的技术、市场经验，做好规划设计，致力于引导行业的转型方向。例如，2016 年 8 月，英特尔发布《企业高效锦囊新三十六计》，从提高生产效率、增强可管理性、降低整体成本、变革工作模式与市场趋势 4 个基本点提出全方位的解决建议，献策大型企业，以 IT 推动转型升级战略。2017 年 7 月 7 日，英特尔携 IDC 在北京发布《破局数字化转型，发掘终端新能量——驱动中国商用 PC 市场新机遇白皮书》，分享信息时代数字化转型的现状和发展趋势，致力于解决和突破中国企业在加速数字化转型中遇到的困难。

举措 2：着力突破数字化转型重点领域

在数字化转型的道路上，英特尔结合自身业务实际需求，着力突破相关重点领域的技术难点。例如，2016 年，英特尔针对智能家居、智能交通、智慧农业、机器学习等领域开展芯片研发和数字平台搭建，此后继续在中国推进重点领域的数字化转型，包括人工智能、无人驾驶、5G、虚拟现实，聚焦精准医疗、体育、机器人，提供芯片、开发工具、平台、优化型的开放框架及解决方案蓝图。

举措 3：打造产业生态合作体系

英特尔在推动行业数字化转型的过程中，着力推进合作创新，建立产业链、生态链，打造新的行业应用、新的业务模式和新的市场机会，促使整个生态链、产业链系统的所有参与者实现共赢。英特尔一直强化在 IT 领域积累的技术实力，与电信运营商和各类垂直行业巨头合作。一方面，英特尔与电信运营商及通信设备厂商加强合作，例如，与 AT&T、NTT-DoCoMo、SK 电信、沃达丰、爱立信、英国电信、韩国电信、LG 电子、阿联酋电信集团、华为、Sprint、vivo、中兴通讯等众多全球知名厂商开展广泛合作，推动数字化相关技术标准化进程。另一方面，英特尔与 GE、宝马等垂直行业巨头密切合作，从垂直行业中寻找数字化场景应用的突破口。除此之外，英特尔也在调整发展 ODM 厂商的策略，将芯片制造、终端产品制造企业、零部件供应商、软件厂商等纳入可控范围，推动数字化转型，共建产业生态体系。

举措 4：加大科技研发投入

英特尔在从以芯片为中心的公司转型为以数据为中心的公司的过程中，将现有的技术和风险投入新技术。大规模的转型需要巨大的投资，英特尔持续加大科技研发的投入，尤其是在物联网、内存、数据中心等方面增加支出，成为世界顶级的半导体研发投资者。例如，英特尔在物联网领域的研发工作几乎增加一倍，包括汽车平台、无人机、混合现实（MR）耳机、用于物联网设备的 Atom 处理器等；同时，英特尔与 AT&T、爱立信及其他电信运营商合作，加大在移动、内存和数据中心领域的研发投入。

7.1.2 微软："移动＋云计算"引领数字化转型

微软作为跨国高科技企业，是全球最大的计算机软件提供商，以研发、制造、授权和提供广泛的计算机软件服务业务为主，最著名和畅销的产品为 Microsoft Windows 操作系统、Microsoft Office 系列软件。20 世纪以来，微软借助 Wintel 联盟和"Windows+Office"平台，成为个人计算机（PC）时代当之无愧的霸主，改变了人们的工作、生活乃至交往的方式。然而，数字化在全球大范围兴起，高科技行业首当其冲。作为全球高科技企业的典型代表，微软的发展同样面临诸多挑战，主要表现在以下 3 个方面。

"维纳斯计划"失败。 1999 年 3 月，微软耗资数十亿美元，在全球范围内力推"维纳斯计划"，这是微软向广大消费者提供一种廉价个人计算机替代品的一个策划方案。"维纳斯计划"最重要的一个卖点是使电视机具备上网功能。因此，该计划要想取得成功，在很大程度上取决于全球互联网基础设施建设的发展步伐。虽然微软选择了一个正确的发展方向，但它选择了一个错误的时机。当时互联网的基础设施环境不成熟，带宽太窄、网速过慢、上网资费过高、互联网普及率过低等，这导致"维纳斯计划"的推广未达预期，最终以失败告终。

互联网化进程缓慢。 虽然早在 1995 年，比尔·盖茨就提出"迎接互联网大潮"，但是微软在互联网上，尤其是在发展互联网的核心技术和能力上，几乎无所作为。2012 年 10 月，谷歌市值首次超过微软，成为继苹果之后的美国第二大科技公司。这个变化表明高科技行业已经进入"后 PC 时代"，投资者越来越看好未来谷歌基于互联网、移动设备和服务建立起来的增长机遇，而微软仍然主要依赖软件获取收入。微软 2012 年第四季度财报显示，当季营收 180.59 亿美元，比 2011 年同期增长 4%，净亏损 4.92 亿美元。这是微软自 1986 年上市以来首次出现季度亏损，互联网转型的压力已渐渐逼近。

基于移动互联网的"设备＋服务"成效甚微。 自从移动互联网高速发展以来，苹果凭借软件结合"iPhone、iPad+App Store"打造出封闭的生态圈而成为最大赢家。自此，"设备＋服务"模式被越来越多的企业奉为经典。此时，微软在移动端几乎没有太大作为。2000 年，微软提出"设备＋服务"战略，并接连推出 Surface 系列平板电脑，甚至收购诺基亚旗下的大部分手机业务，将其作为旗下硬件设备的承载者。但这一切并没有取得预期效果，Surface 系列平板电脑依然不温不火。

转型关键举措

2014 年，微软正处在前所未有的低谷，纳德拉上任以后，从根本上否定了"设备＋服务"的战略，认为微软本质上是一家为"移动先行、云端先行"的世界提供生产力和平台的公司，"移动＋云计算"应该是微软新的战略方向。

在此背景下，微软快速调整战略，采取一系列关键举措积极推动业务重组。Office 事业部、云计算和企业事业部、人工智能和微软研究事业部、Windows 和设备事业部四大业务部门，构成了现在的微软。微软在此基础上积极推动云转型，加速扭转颓势。

举措 1：积极调整转型战略

纳德拉上任后半年提出"裁员 1.8 万人计划"，其中 1.25 万人来自诺基亚设备与服务部门，此举意味着微软对此前"设备与服务"战略的否认，并为之后的转型铺平道路。纳德拉认为，微软不应该转向发展智能手机硬件，而应大力发展应用程序与服务，且不必过分关注"客户在谁开发的设备上使用这些程序和服务"。

举措 2：大力发展云端业务

2008 年，微软发布了第一代 Azure 公有云。纳德拉上任后，开始减少对软件业务的依赖，积极发展云端及企业业务，着力将微软打造成一家为"移动先行、云端先行"的世界提供生产力和平台的公司。

2016 年，微软云与企业执行副总裁 Scott Guthrie 宣布，微软已经在全球建成 34 个数据中心区域，比 AWS 和谷歌的云数据中心区域的总和还多。

至此，微软的主力产品已经全线迁移到云端，Azure 公有云已经覆盖全球 38 个区域，完成了全球化的云基础设施布局，并在 30 个区域实现正式商用。2016 年，在全球"财富 500 强"企业中，85% 的企业采用了微软云服务。

而作为全球性的科技巨头，微软在人工智能的布局最早可追溯到 20 世纪 90 年代。1991 年，微软就开启了对人工智能的研究，比尔·盖茨创立微软研究院时确立的一项主要任务，就是围绕语音、自然语言和计算机视觉识别项目开展人工智能前沿技术的研究。

举措 3：频频加码人工智能

2016 年 9 月，微软人工智能及微软研究事业部正式成立。这个部门广泛涵盖了微软研究院、微软信息平台部门，以及环境计算和机器人团队等，拥有超过 5000 名计算机科学家和工程师。这个部门推出与人工智能相关的一系列产品与服务，例如，Microsoft Translator 语音翻译服务由深度神经网络技术驱动，可实现包括汉语在内的 9 种不同语言之间的实时翻译，为消费者提供 iOS 和 Android 版本的移动应用，向开发者和企业客户提供 API，可供第三方应用和服务平台免费使用。所有的 Office 产品都在人工智能化，Power Point 不仅加入了自动翻译，还添加了图片自动说明功能。在"对话即平台"的理念下，微软还推出"微软机器人框架"，并且已经在诸多企业客户项目中得到测试和应用。

2016 年 12 月，微软风投部门宣布"两步走"计划：首先，微软风投成立了专门投资人工智能初创企业的新基金，其投资目标是专注于包容性增长和能产生积极社会影响的初创企业；其次，这家新基金的首笔投资即投给位于加拿大蒙特利尔市的研究实验室 Element AI，促使人和机器通力合作。

如今，在人工智能方面，微软 Microsoft Translator 语音翻译服务能实现实时翻译；微软认知服务能够提供人脸识别、情绪识别和计算机视觉等 API 服务，利用 API 可以调用云服务，系统能从图像中检测、识别、标记人脸特征和情绪变化，并对

图像中的数据进行快速处理。

举措 4：推动内部组织管理变革

废除内部"各自为营"的管理方式。纳德拉提出"一个微软"口号，强调团队的成就、所有服务带来的贡献，鼓励不同的工程师队伍之间相互协调合作、相互分享。为此，在考核标准上，微软取缔了持续几十年的团队内部"各自为营"的考核制度，建立了以考核"如何帮助其他人成功"及"怎样接受他人的帮助而让团队更成功"为主导的关键绩效指标（KPI）制度。新的 KPI 没有排名或评级，员工的奖金不再取决于跟经理谈话的时长。相反，员工与直属上司的会议成为考量因素：员工制订工作的核心重点、给出计划，直到下一次会议看是否能完成承诺。微软所有的产品和合作，都是不同团队之间全面合作的结果，员工们也开始主动形成群体智慧比个人智慧能创造更大价值的思想认识。

组织管理去中层化。微软在组织扁平化的基础上，减少中层管理人员：一方面，从上至下和从下至上的信息沟通变得更加容易；另一方面，大部分人能够专注于技术上的创新。

支持员工内部资源流动。过去，微软大部分的内部调动都需要经历人事先批复，如果员工想进行内部跨部门的调动或跨地域的调动，不仅要求在现在的岗位工作满一年，还会有其他限制条件。改革以后，微软的内部调动不需要得到任何经理的批复，也没有其他障碍，如果你看中一个部门，只要那个部门愿意接受你，你就可以调过去。

举措 5：构建客户及合作伙伴生态系统

在全面向云转型之前，微软与合作伙伴的关系相对独立。这是因为微软的软件产品都属于套件式产品，直接通过许可证的方式即可销售，合作伙伴的业务主要是转售微软的产品、做软硬件系统集成、开发应用软件等。由于微软的套件产品高度成熟、整个生态体系非常清晰、人才和知识体系也相对稳定，因此形成了一个工业化的产业链条。而在云时代，单打独斗已难成气候，合作伙伴生态系统的重要性越发明显。

微软通过自身的技术积累，通过提供公有云、私有云、混合云等多种开放的云服务模式，搭建上层应用服务、中层互联互通、底层操作系统的开放式微软技术架构，吸引软件、硬件、解决方案提供商和云服务商共同打造开放式的生态系统。微软既可以与合作伙伴共同开发解决方案，也可以帮助合作伙伴开发解决方案。例如，微软通过开放 Windows Holographic 供合作伙伴应用，分享关于 MR 的愿景，一同打造 MR 的世界，通过可互动的设备，改变人们工作、沟通、学习与娱乐的方式。此外，微软正与英特尔、AMD、高通、宏达电、华硕、惠普、Falcon Northwest、联想、微星及更多伙伴一起打造硬件生态体系，支持在 Windows 10 及以后版本上的各种虚拟现实体验。

7.1.3　苹果："三步走"战略实现数字化转型

苹果公司是全球著名的高科技公司之一。目前，苹果公司的主营业务为手机、平板电脑、笔记本计算机和服务，主要产品有 iPhone、iPad、MacBook 等。2014 年，苹果超越谷歌，成为世界上最具价值的品牌。

转型关键举措

梳理苹果公司的数字化转型，我们发现其通过实施"三步走"战略，在十多年时间里成功实现了跨产业的数字化转型，从以生产计算机、电子消费品为主的制造企业成长为数字时代的王者，并在很大程度上改变了传统的音乐、影视、图书、通信等产业的发展格局。

第一步：推出 iPod，从计算机制造向消费电子与服务领域转变

iPod 的诞生并非偶然。20 世纪 90 年代中期，日本索尼公司凭借 Walkman（随身听）风靡全球。然而，传统随身听使用的音乐存储媒介主要为卡带、CD、MD 等，这些媒介存储容量有限且体积较大，致使随身听在便携性上有待提升。此外，随身听的外观设计不够时尚、操作也不方便。在"引领消费者"理念的指导下，乔布斯开始关注数字音乐播放器领域。

2001 年，苹果公司发布了 iPod，成为开创数字音乐市场的先锋。iPod 为 MP3 播放器的设计带来全新的思路，其创造性地将硬盘作为存储媒介，外形时尚美观、携带方便、功能实用，且拥有人性化的独特操作方式及巨大的容量，堪称随身听技术发展史上的里程碑。此后，虽然市场上类似的产品层出不穷，但 iPod 牢牢扎根于 MP3 播放器的最高端，因其风格独特而倍受追捧。在推出第一代 iPod 后，苹果公司又陆续推出了

iPod Mini、iPod Shuffle、iPod Nano 等多种型号的 MP3 播放器，畅销全球，并打破了索尼公司随身听 30 年共销售 2 亿台的纪录。

iPod 的诞生标志着苹果公司完成了数字化转型的第一步，从单纯的计算机制造商转向消费电子与服务领域，开启了全新的数字音乐时代，也让沉寂多年的苹果公司重新步入世界消费电子舞台的中心。iPod 的销售改变了苹果公司长期低迷的盈利状况，由 2001 年亏损 2500 万美元转变为 2007 年获净利润 34.95 亿美元。苹果公司在纳斯达克股票市场的股价也随着 iPod 产品的不断升级和销量上升而一路高涨，从 2001 年 9 月的每股不到 10 美元升至 2007 年 1 月的每股 97 美元。

第二步：搭建 iTunes，从产品制造转向内容生产

iPod 的成功得益于苹果公司在设计上的出色。与此同时，其在线音乐商店的开通与发展，也有力地促进了硬件产品的销售。iTunes 与 iPod 的珠联璧合也是苹果公司在数字音乐市场能够傲视群雄的重要原因。

2000 年，乔布斯在广泛考察了市面上的音乐应用程序后，推出了音乐软件 iTunes，并在 2001 年应用于 iPod 中。2003 年 4 月，苹果公司推出了与 iTunes 软件配套的 iTunes 在线音乐商店，设计了一个基于互联网的半封闭式的资源管理和下载中心，打通了音乐营销的上游，使"音乐无处不在"的理念更加接近理想状态。iTunes 在充分汲取索尼、美国在线等公司失败教训的基础上，简化服务条款限制和用户界面，准确地把握消费者的消费需求和消费习惯，提供贴心、便捷的产品与服务体验。苹果公司率先开创了单首歌曲付费下载模式，向唱片公司支付 60% ～ 70% 的版权费，消费者可以以 99 美分的价格下载单曲。由于能够有效保护版权，各唱片公司纷纷与苹果公司合作，为消费者提供大量廉价、高质量、易匹配的正版音乐。

iTunes 实现了唱片公司、音乐商店和消费者的三赢，因其简单便捷赢得消费者的青睐，在推出后的 6 天内销售曲目就达到 100 万首。iTunes 的搭建标志着苹果公司完成了数字化转型的第二步——从产品制造向内容生产转变。随后，苹果公司不断扩大在线商店的商品种类，将其变成综合性的数字产品网络销售平台。目前，消费者可以通过 iTunes 下载电影、电视剧、音乐、图书等。2008 年，iTunes 已超越沃尔玛成为全球第一大音乐零售商。至此，传统的音乐商业模式基本被改写。

第三步：发布 iPhone，领军智能手机市场

随着 iPod 的销售进入平稳增长期和音乐手机在全球市场的盛行，苹果公司在 2006 年的收入增长迅速下降。在"iPod+iTunes"的成功模式中，乔布斯看到了基于终端的内容服务市场的巨大潜力，而随着移动增值市场的快速发展，终端内容服务市场显示出更强于互联网内容服务市场的增长动力。由此，在诺基亚称霸手机市场的时代，苹果公司瞄准了智能手机这个新兴市场。

2007 年 1 月 iPhone 的发布，彻底刷新了手机的概念，标志着手机革命进入新时代。iPhone 是一款具备强大音乐播放、

网络浏览等多媒体功能的终端，它以"iPod+ 手机"的融合性定位，借助 iTunes、App Store 等在线服务平台，向客户提供持续固定的移动互联网内容及手机应用服务。iPhone 基于"iPod+iTunes"的客户群基础，既能帮助苹果公司维护原有的数字音乐播放器和在线音乐服务市场，又能实现通信市场的延伸，扩大客户的覆盖范围。在产品设计上，iPhone 以多点触摸屏取代传统手机键盘，采用远高于竞争对手的硬件配置（128MB 内存 + 专用图形芯片 +4GB ～ 8GB 的存储空间），以及经过界面优化的操作系统 iOS，使手机成为一台超小型计算机，同时具备运行流畅、操作简便、界面华丽等显著优势，客户体验更好。

iPhone 的诞生获得了意料之外却又在情理之中的巨大成功。至此，苹果公司通过"三步走"战略完成了数字化转型，成为时尚的代名词，并奠定了在数字领域的王者地位。

7.1.4 IBM：开启认知计算和云平台新时代

IBM 是全球最大的信息技术和业务解决方案公司之一，拥有全球雇员 30 多万人，业务遍及 160 多个国家和地区。近年来，IBM 不断创新发展理念，加快推进数字化转型，并取得显著成效，为传统企业的数字化转型提供了宝贵的经验和启示。

IBM 自成立以来，共经历了 4 次重要转型，每次转型都伴随着业务方向的重大变革。IBM 成立之初，主营穿孔卡片设备，主要为美国国家统计局等政府机构生产自动制表机，并为其提供相关服务。20世纪40年代末，IBM进行了第一次转型，转向计算机业务，并于1969年占据了全球70%的计算机市场份额。20世纪90年代初，IBM实施了第二次转型，从昂贵的大型机转向包括个人计算机在内的分布式计算系统。21世纪以来，为了摆脱对大型计算机的依赖，IBM推行了第三次转型，提出"智慧地球"战略，宣布退出计算机硬件行业，全面进入知识服务、软件和顾问等服务市场，向客户提供从战略咨询到解决方案的一体化服务。2016年3月，IBM提出"认知商业战略"，开始了第四次转型，转向认知解决方案和云平台，正式转型为一家认知解决方案云平台公司，为企业认知转型提供有力支持，帮助企业制胜未来，开启认知商业时代。IBM Watson是认知计算系统的杰出代表。

转型关键举措

举措1：变革工作机制和员工培养机制

IBM十分重视创新和变革机制，在工作机制、员工培养机制等方面开展了积极探索。近年来，IBM分别在大连和上海成立了IBM工作室，提供未来的业务咨询、未来的业务流程、应用如何迁移上云等方面的咨询服务。IBM工作室邀请客户深度参与，通过业务需求方、创意家、软硬件工程师跨企业、跨部门的协作，开创出一种支持创新的工作机制。IBM推行"Think 40"和"Think Friday"计划，以社交方式鼓励和增进员工的学习和互助，并进一步完善培训体系。IBM 通过创新工作机制和员工培养机制，提高了公司的管理服务效率，驱动了公司的集体协作和创新，为其发展提供了强有力的人才保障。

举措 2：加大云计算、认知计算等领域的投资

近年来，IBM 专注云计算、认知计算等新的、优先领域的发展，并持续追加投资以保障这些领域的快速发展。2013年 7 月，IBM 花费 20 亿美元收购 Soft Layer，加速企业云计算交付。2014 年 1 月，IBM 投资 12 亿美元在全球新建云数据中心，宣布成立 IBM Watson，支撑"云交付的认知计算"和大数据创新开发和商业化。此后，IBM 向云计算服务追加投资 10 亿美元，推出以 Bluemix 为代表的 PaaS 平台，并以此为主导推行一系列云计算举措。2015 年以后，IBM 分别投资 26 亿美元和 10 亿美元，成立了医疗数据公司 Truven、医疗影像与临床系统提供商 Merge Healthcare Inc。

举措 3：构建完整的领导力建设体系

IBM 将领导力建设视为数字化转型的关键保障，在领导力体系构建和演进、领导人才选拔和培养方面进行了大规模改革，探索形成了一个完整的领导力建设体系。例如，IBM 通过将人才送到新兴市场参与公益服务来培养面向全球市场的新一代领导者；推行领导力素质评价三环模型，即对事业的热情是环心，致力于成功、动员执行和持续动力是围绕环心运动的三大要素；推行蓝色经理人项目，提升 IBM 基层领导者的领导力；设立人才管理委员会，通过管理流程和发展项目来实现人才培养目标。

举措 4：推行扁平化的组织结构

为解决层级结构过多、管理效率低下等问题，IBM 推行了扁平化的组织管理模式，将原来"中央集权"的金字塔结构变成扁平化的组织结构，显著提升了公司的管理和执行效率。同时，IBM 在内部建立全套的社交化 IT 平台系统，充分运用社交手段，促进公司内部的信息交流和开放协作。IBM 通过推行扁平化的组织结构，有效地节约了管理费用，为企业带来了事半功倍的管理效率，也增强了 IBM 对市场的敏感度和适应性。

举措 5：适时推出"组合式业务"

为了应对数字经济时代的发展，IBM 适时推出"组合式业务"，以云计算、移动、大数据、社交商务等技术为依托，以智慧流程为连接，灵活地自行组合动态、互联的业务流程与服务，从而帮助企业开展更高效的应用，持续提高企业的运营效率和核心竞争力，全面提升企业灵活应对市场挑战的能力，以创新促进业务的智慧增长。

举措 6：实施加强版"合作伙伴计划"

2016 年 3 月，IBM 发布全新的合作伙伴计划，制定了更精确的路线图，旨在提升合作伙伴在云计算、认知商业等领域的新技能，帮助客户快速地向认知商业转型。2017 年 1 月，IBM 重新设计并升级了合作伙伴计划，以助力 IBM 各类合作伙伴上市，创造新的商业模式。此外，IBM 推出了嵌入式的解决方案产品、实施了增强型的软件激励计划、构建了全方位的培训体系、面向全球合作伙伴开展了 Watson Build 等，全面促进生态系统的发展。

7.2 主力军："小灯塔"中小企业

中小企业占我国企业总数 90% 以上，贡献了 60% 以上的 GDP，是我国数量最大、最具创新活力的企业群体，在促进经济增长、推动创新、吸纳就业等方面具有不可替代的作用。

一般来讲，中小企业数字化转型存在三大问题。**一是缺技术，技术爆发、思维短视导致中小企业普遍缺乏转型的动力。**一方面，新一代信息技术的持续发展创造了大量的新概念、新名词，中小企业管理者受技能和经验制约，对数字化转型涉及的新兴概念接受速度普遍较慢，影响转型的动力。另一方面，中小企业平均技术积累薄弱、信息化基础参差不齐，很多企业不具备开展大规模数字化转型的基础，阻碍了平台的大规模应用。

二是缺资金，投资支持保障体系不健全，制约中小企业转型步伐。一方面，我国企业多层次融资体系尚不完善，中小企业普遍面临生产成本高、回款周期长、现金储备少等问题，在面对市场冲击时具有较大的资金链断裂风险，同等情况下企业支撑用平台上的资金额度有限，在面临经营压力时将优先压缩。另一方面，中小企业产品同质性竞争严重，在抢占市场时多使用价格战，一旦推动平台应用可能会增加产品的额外成本，这使企业管理者顾虑重重。

三是缺资源，供给不足、需求旺盛导致解决方案落地应用供需失衡。平台供给在一定程度上存在低水平重复的现象，面对中小企业拓展客户群体、实现收入增加的迫切转型需求，现有解决方案的周期长、见效慢，无法满足中小企业的需求。同时，由于信息茧房等原因，中小企业缺乏稳定可靠的信息获取渠道，供需对接不畅的情况时有发生。

为持续推进高质量发展，广大中小企业纷纷把数字化转型作为应对发展新形势、培育发展新动能的重要抓手，基于平台的数字化管理、平台化设计、网络化协同、个性化定制、智能化制造和服务化延伸等新模式新业态层出不穷。

7.2.1　润德：补齐高铁用先进轻工材料短板

山东润德复合材料有限公司成立于 2009 年 5 月，系国家高新技术企业、国家专精特新"小巨人"企业、国家科技型中小企业、山东省中小企业隐形冠军培育企业。公司主导产品为塑料土工格栅，主要应用于高速公路、高速铁路的路基增强加筋，水利堤坝除险加固，隧道、地铁等工程及矿山巷道支护，已广泛服务于川藏铁路、京沪高铁等上百项国家重点基础设施建设工程，市场占有率位居全国前列。公司高度聚焦行业关键技术，实施自主创新战略，研发的高强宽幅单向塑料格栅等产品，补齐了高铁用先进轻工材料短板。产品打破了国际垄断，实现了进口替代，显著降低施工强度和建设成本，提高施工效率，是国内外复杂地质条件下高铁、重载铁路等基础建设产业链首选的关键产品。公司坚持标准领跑，参与制定四向格栅轻工行业标准，填补行业空白。

产、学、研、用协同创新发展

为解决行业内的技术难题，公司与中科院长春应用化学研究所联合建立特种塑料产业技术研究院，展开特种塑料产品制备关键技术研究；联合同行业及上下游龙头企业共同组建泰安市非金属新材料创新创业共同体，推进全产业链高质量发展。以应用为导向，针对川藏铁路等国家重点工程需求开发新产品，在开发过程中，采用调研座谈、资料收集、模型试验研究、理论分析、工程现场试验研究等研究方法，逐个突破研发过程中的技术难题，实现产品示范应用。

实施"智能＋绿色"先进制造

将信息技术、人工智能技术引入生产，实施智能化、绿色化技术改造，打造智能工厂、绿色工厂。采用大规模个性化定制智能制造新模式，实现研发设计、计划排产、柔性制造、售后服务集成和协同优化；采用高效清洁低碳循环的绿色生产方式，促进资源综合利用，服务好"双碳"目标。

全面创新数字化管理模式

通过设置创新名单，实时跟踪企业创新进展，与市场需求相互联动，密切关注竞争对手。实行职工轮岗，创新运行机制。建立开发服务机制，实现资源共享；建立明确决策机制，成立专家委员会和技术委员会；建立职能互动机制，研发中心具有超前研发、产品开发、科研管理和人才培养四大职能；建立研发项目组织管理机制，实行项目负责人制度；建立研发经费管理机制，采用独立核算财务管理机制。

7.2.2　锦润数控：全流程打造工业母机"小巨人"

公司成立于 2010 年，是集研发、设计、生产、服务为一体的金属切削机床专业公司，目前具备年产 3 万台数控机床的能力，主要产品包括数控摇臂铣床、数控车床、数控加工中心、数控龙门加工中心，并向合作伙伴提供机床优质铸件和定制机床本体。公司自主研发的 5SL 数控铣床充分满足了特定领域小零件精密加工的精度、人机工程等需求，大量供货华为、比亚迪等产业链企业，成为 5G、电子领域结构件加工的明星产品。公司营业收入和利税连年稳步增长，有力促进了社会经济发展，得到了客户的充分肯定，获得了首批"国家级专精特新'小巨人'企业""国家高新技术企业""云南省百户优强民营企业""云南省民营小巨人企业""云南名牌"等多项荣誉。

全面提升智能化生产能力

在生产车间实施了制造过程信息化管理系统应用项目，重点实施了生产计划、制造执行、生产过程成本控制、质量控制的信息化，达到缩短周期、提高质量、降低成本的目的。聚焦中小企业的数字化转型需求，利用云架构打造一批低成本、可复制的轻量级工业 App，推动制造资源与互联网平台深度对接，提高原材料利用率和工人生产效率，有效提升中小企业数字化、网络化和智能化的水平。通过与云南省铸造协会、机械工程学会等行业组织和技术平台开展合作，在熔炼技术、理化实验、先进成型技术应用、铸造质量监测控制等方向开展研究与先进技术应用，稳固基础件的优势。

加快开展协同研发

基于统一数字化平台，公司与深圳创世纪、深圳拓智者、广东润星等行业龙头公司长期合作，利用伙伴处于市场前沿的优势，精准把握客户需求，围绕客户的应用场景和定制化需求，将核心技术综合运用于新产品开发和生产，进行相应的功能设计、结构匹配，协同开发了一系列具有高技术含量、高性能、多功能复合型的产品。同时，公司获得了省级企业技术中心、国家高新技术企业、省级工业设计中心的认定；与机械科学总院云南院合作开展省重点科技计划等项目、联合运作省级工程研究中心，进一步完善协同创新体系。

7.2.3　共享智能装备：引领铸造行业转型升级

　　共享智能装备有限公司是共享装备股份有限公司投资设立的一家独资企业，建于 2008 年，主导产业有智能装备制造（铸造 3D 打印设备、自动导引车等）、精密加工及装配（燃气轮机、柴油机、蒸汽轮机等）、模具制造（木模、金属模、多种 3D 打印组合模具等），带动了设备电路元器件及设备配套零部件等产业供应链发展。公司自主攻克了铸造 3D 打印材料、工艺、软件、设备等技术难题，研制出的大尺寸高效率铸造 3D 打印设备，位于铸造增材制造产业链前端，实现了铸造 3D 打印产业化应用的国内首创，创建全球首个万吨级铸造 3D 打印数字化工厂。

全面提升设备互联水平

　　在设备软件系统层面，自主开发人机界面及处理软件，研究五大软件在同一平台上集成控制，提高设备的稳定性。在智能化层面，设备集成工艺技术及设备专家系统，利用互联网远程诊断及服务，可提供全套的解决方案。利用中小企业自身对消费者需求动态感知、快速响应、精准服务的能力，基于平台连接上下游产业链、金融链，使"数据"成为中小企业的生产要素，打通人才链、资金链、产业链和数据链，推动大中小企业融通发展。

全面提升数据驱动水平

　　提出"铸造转型升级之路 = 铸造 3D 打印、机器人等创新技术＋绿色智能工厂”的铸造智能工厂体系架构，通过 3D 打印、机器人等“点”上的关键共性技术创新，实现铸造智能生产单元“线”上集成，形成铸造数字化车间／智能工厂“面”上示范，进而探索确定“铸造 3D 打印、机器人等创新技术＋绿色智能工厂”的转型升级路径，推动铸造行业在“体”上的转型升级。目前已联合共享铸造产创中心，结合物联网、机器人、虚拟制造、云计算等，构建铸造智能工厂模型。

全面提升国产替代水平

推进铸造 3D 打印技术在铸造领域的产业化应用，60% 以上的产品实现铸造 3D 打印技术生产，为铸造行业高质量发展奠定基础。联合中国铸造协会、共享铸造产创中心等多家单位提出了可复制的铸造智能工厂体系架构，加速了铸造 3D 打印设备产业化应用，带动地区经济发展。

7.3 赋能者：平台服务商

当今世界正在经历新一轮大发展、大变革、大调整，互联网、大数据、人工智能和实体经济的深度融合是这一轮变革的重要驱动力量，工业互联网平台则是当前推动深度融合的关键抓手。发展工业互联网，是制造强国建设的重要支撑和网络强国建设的重要内容，对促进一二三产业、大中小企业融通发展，深化供给侧结构性改革，建设现代化经济体系，意义重大。

　　工业互联网平台作为工业经济全要素、全产业链、全价值链连接的载体和枢纽，正在通过平台化的资源集聚共享、数据开发利用、软件定义配置，不断颠覆传统制造模式、生产组织方式和产业形态，加速制造业转型升级和新兴产业创新发展。从企业层面来看，工业互联网通过人、机、物的全面互联，推动制造企业成本、质量、效率的全面优化，提升企业核心竞争能力。从产业层面来看，工业互联网在促进制造业高端发展的同时，带动网络基础设施、技术应用和安全能力的全面提升，拓展 ICT 产业发展新蓝海，培育经济发展新动能。从国家治理来看，工业互联网可实现制造业资源横向整合和社会化协同，有利于进一步提升我国在产业链和制造集群方面的综合优势，破解发达国家高端制造业回流和发展中国家利用低成本优势承接产业的双重挤压。

　　近年来，工业互联网核心技术研发与产业化步伐持续加快，技术基础支撑能力不断增强，5G、人工智能、区块链等技术在多种场景实现深度应用，形成了一批具有代表性的创新模式和新型业态。例如，重庆忽米、浙江蓝卓、TCL 等基于"平台 +5G"实现低时延、高可靠的数据集成应用，形成智能仓储管理、远程运动控制、全场景运营优化、智能巡检等模式。航天云网、华为、科大讯飞等基于"平台 + 人工智能"实现工业设备的自决策、自治理，打造边缘智能设备、智能生产优化、商业辅助决策等模式。中电互联、徐工信息、华龙迅达等基于"平台 + 区块链"，实现可信数据管理、设备工控监管、供应链透明管理和跨行业征信服务等模式。

展望未来，新型网络体系、智能安全防护和新型标识解析等关键技术将进一步取得突破，平台安全管理水平、工业安全防护能力、数据分类分级管理水平等将持续提升，工业互联网与5G、人工智能、区块链等技术在更大规模、更深程度、更广范围内实现融合应用，形成更多具有大规模应用潜力的案例。

7.3.1　东方国信：Cloudiip 工业互联网平台

东方国信基于深厚的大数据技术沉淀和工业领域经验积累，自主研发了跨行业、跨领域的工业互联网平台 Cloudiip，以推动设备和工艺上云为主线，以"机理模型 + 大数据"为技术路径，坚持建平台和用平台双向发力，不断提高工业互联网平台建设及应用推广水平。截止到 2023 年，东方国信 Cloudiip 工业互联网平台已经连续多年被工业和信息化部评选为"双跨"工业互联网平台，并保持着前四的排名。东方国信扎根工业现场自主研发全产品线，沉淀机理模型，不断提升 Cloudiip 工业互联网平台的服务能力，筑牢数字化转型的基石。

基于大数据基因，打造自主可控的全产品线

工业互联网作为新一代信息技术与制造业深度融合的新型基础设施，是制造业数字化、网络化和智能化的重要载体，是全球新一轮产业竞争的制高点，也是我国数字经济发展的新引擎。工业互联网的自主可控对于制造业的安全，甚至国家安全都有着重要的意义。在严峻的国际形势下，实现工业互联网核心产品的自主研发，能够有效保障工业互联网产业链与供应链稳定，对制造业的稳定发展有着重要作用。

　　基于在大数据与工业领域的积累，东方国信打造了集工业数据采集、传输、接入、计算、存储、治理、分析、建模、展现及应用为一体的 Cloudiip 工业互联网平台，如图 7-1 所示。

图 7-1　Cloudiip 工业互联网平台

　　在软件方面，自主研发物联平台 Cloudiip-IoT、行云数据库 CirroData、数据治理平台 DIG、数据科学云平台 Turing Turbo，提供面向海量工业数据的接入、存储、管理、计算和分析服务，打造全体系、端到端的数据中台能力。

　　在硬件方面，基于 5G 小基站与 5G 核心网，打造 5G 行业专网解决方案 TranCELL 5G，可提供安全可靠的无线网络接入能力；工业智能网关 Cloudiip AILink，集协议解析、图像处理于一体，用于边缘侧机器视觉检测分析；边缘计算一体机

Cloudiip-MEC，可为端侧设备提供计算、网络、资源管理及调度能力。

"机理模型 + 数据分析"，赋能制造业高质量发展

工业互联网发展初期，以"物联 + 数据可视化"能力为主的设备运行状态监测及生产监控分析等应用得到了广泛普及。此类应用知识门槛低，共性化程度高，在制造业中实现了快速的复制推广。随着工业互联网的不断发展，基于"机理模型 + 数据分析"能力实现的工艺过程优化、设备预测性维护、质量软测量及安全异常隐患智能感知等应用也在逐渐成熟，可提升企业数字化转型的深度，赋能制造业高质量发展。

在多年的工业实践中，东方国信一直深入扎根工业现场，深耕"机理模型 + 数据分析"能力，不断提升 Cloudiip 工业互联网平台的应用服务水平。聚焦设备上云与工艺上云应用场景，东方国信将炼铁开发沉淀的机理模型、算法模型、数据模型，形成通用的数字化能力，逐渐应用到有同样黑箱特色的工业锅炉、轧钢加热炉、水泥回转窑炉、催化剂反应釜等多个行业场景中，逐渐形成跨行业跨领域的解决方案服务体系。

在钢铁行业，东方国信的炼铁解决方案通过工业传感器和智能网关采集全要素生产数据，基于机理模型及数据分析，帮助炼铁企业实现了节能减排和降本增效。目前，该方案已覆盖了全国近 30% 的炼铁产线，帮助应用企业降低了 3% ～ 10% 冶炼能耗，提升 5% 以上的劳动生产率。

在水泥行业，东方国信基于云、边、端结合的水泥工艺智能优化系统解决方案，助力水泥企业实现了节能减排与提质增效。云平台强大的大数据分析计算能力，可实现算法模型的训练、优化与迭代。边缘侧通过智能网关接入海量实时数据，基于云端下发的算法，再结合机理模型，可实现关键工艺参数的实时优化。现场端在提供全领域实时数据反馈的同时，可通过上位机控制软件自动接收边缘侧下发的优化工艺参数，执行控制动作。该方案已在30余条水泥产线得到成功应用，合计每年节约标煤近15万吨，减排二氧化碳480万吨，年增加直接效益可达6000万元。

在化工行业，东方国信推出催化剂智能管理系统，通过对物理性质、工艺、性能、质量、环境及运营等数据汇聚、基于平台工业机理模型与人工智能及大数据分析算法相结合的能力，实现了催化剂的稳定运行、危害消减、寿命延长及效能的提升，从而帮助化工企业实现节能减排与提质增效。通过系统建设，企业的催化剂运行平稳率提升了2.2%，生产率平均提升了0.76%，综合能耗降低了3%～7%。

发挥标杆引领作用，迎接机遇挑战

当前，产业界正在积极探索"工业互联网平台＋园区""工业互联网平台＋双碳"及"工业互联网平台＋安全生产"等新的发展路径，加速工业互联网的发展成熟。

东方国信积极探索、践行工业互联网平台发展新路径。"工业互联网平台＋园区"解决方案，围绕园区企业数字化转型和园区数据治理主线，提供企业监管服务、园区基础建设协同应用、能源管理等服务。"工业互联网平台＋双碳"解决方案，可对企业碳排放相关的碳总量、碳强度、碳源、碳汇、碳资产等实现"收集—测算—评价—分析—预测"的全生命周期与全链多维管理。"工业互联网平台＋安全生产"解决方案，可实现主要生产环节的预警报警、协同控制，指挥调度辅助决策。

7.3.2　徐工汉云：汉云工业互联网平台

作为中国工业互联网发展过程的亲历者、引领者，徐工汉云在平台打造、科技创新、数字化赋能和生态构建等方面持续发力，不断输出优质解决方案，将 IIoT 平台、解决方案，以及智能化生产、服务化延伸、数字化管理、供应链优化等极具汉云特色的新业态新模式推向全球。

打造"强平台"：在夯实底座上亮真招

工业互联网平台是支撑制造业全要素、全产业链、全价值链资源汇聚配置的新型基础设施，平台的应用普及是当前我国两化深度融合推进的重点和关键点，同时也是全球主要国家的战略布局要点。

作为我国第一个自主研发的工业互联网平台，汉云工业互联网平台实现多个应用场景、多个测试环境的数重检验，无论是平台能力还是产品技术应用实力，均得到业内专家和市场的广泛认可，目前已成功赋能装备制造、建筑施工、有色金属、工程机械、新能源和教育等行业。

基于汉云工业互联网平台，徐工汉云聚焦新应用、新开发、新组态、新资产、新分析、新数据、新安全、新通信、新设备、新控制10个板块，打造全新产品开发治理模式，形成独具特色的汉云工业操作系统（HANYUN OS），持续夯实千行百业数字化转型的核心底座。

在连接方面，汉云工业互联网平台广泛适配市面上95%的主流工业协议，助力企业便捷、快速、低成本地实现产品、生产设备及IT/OT系统的互联互通；在安全上，汉云工业互联网平台针对工业互联网融合风险、入侵检测难、数据防护难、固件接入难和突发威胁五大痛点，结合以大数据防护、智能检测、数据分类分级、多样性机制、全方位态势感知技术为牵引的技术创新点，为工业互联网的安全发展提供可靠支撑。

练就"硬本领"：在科技创新上谋突破

在科技创新上谋突破，徐工汉云不断加强技术创新与产品创新的力度，奋力拆除阻碍产业化的"篱笆墙"，参与多项工业互联网国家标准的制定，获得"高新技术企业"称号及多个国家级试点示范荣誉。在核心专利上谋布局，勇闯创新"无人区"，锻造知产"防护盾"，徐工汉云累计获多项发明专利、软件著作权、软件产品证书。在关键技术谋创新，打造技术创新"护城河"，攻坚克难，相继攻克低代码、基于嵌入式软件开发的边缘计算、工业应用部署容器、工业数据智能、数字孪生、MIOT 等关键技术，打造轻量化、易部署、高可用的产品，深耕场景化应用，切实解决制造业转型升级痛点、难点。

锻造"真功夫"：在数字赋能上创实效

在保链稳链、强链补链方面，徐工汉云基于工程机械"双链"管理的探索与应用，形成备件协同供应链管理、智慧采购供应链管理等解决方案，助推企业产业链、供应链智能化升级，并跨行业、跨领域赋能有色金属、食品、新零售等行业。依托稳定的供应链优势，徐工全力打通国际物流通道，保障国内重大工程及海外市场订单需求，带动主机业务量实现了逆势增长。在提质增效方面，徐工汉云赋能泰隆集团，为"减速机老厂"数字化转型按下"加速键"。自 2017 年合作以来，徐工汉云帮助泰隆减速机打通设备通信链路、实时采集机床数据，并基于汉云工业互联网平台构建设备画像、智能仓储等服务，实现生产过程透明化、提高生产效率、优化设备资产，提升设备维保的精准度与及时性，降低备件及维修成本。项目实施后，设备利用率提高了 3.6%，计划达成率提高了 8.3%，开启了泰隆工业互联网平台建设、标识解析二级节点建设等数字化转型的新篇章。

在协同创新方面，凭借对工艺流程的研究及技术攻坚的追求，徐工汉云携手江铜集团突破行业壁垒，绘就多个国内首创。在缺乏可参考经验的情况下，徐工汉云为铜冶炼智能工厂打造了国内首个智能化始极片剥片机组，验证了始极片自动化剥片的技术可行性、企业应用价值，在业内得到了充分认可。值得一提的是，徐工汉云还突破了始极片检测技术难题，行业首创始极片自动检测及大数据应用。

与此同时，徐工汉云持续在国际化方向纵深推进，加快中国工业互联网"走出去"。2021年，徐工汉云开发多语言版本全球物联网平台、数字化备件协同平台、大型港口设备调度运营管理平台等，并面向海外客户提供设备无人化集群协作、港口设备调度运营管理、数字孪生、设备预测性维护等解决方案。截至目前，徐工汉云已连接"一带一路"沿线80多个国家和地区、服务多个国际化项目。

以巴西淡水河谷设备无人化作业项目为例，作为世界三大矿企之一的巴西淡水河谷，凭借徐工汉云无人化作业施工与管理平台，成功实现挖掘机和宽体车等大型工程设备的在线调度、远程遥控施工，确保施工现场无人化作业，避免矿坑堤坝决堤带来的人员伤亡，有效降低企业人力成本，最终推动作业矿区生产效率提升超20%。

构筑"新生态"：在可持续发展上出新绩

徐工汉云联合产业生态与技术生态伙伴，携手华为、阿里云、中国联通、启明星辰等企业协同挖掘不同行业场景的创新应用，打通产业集群上下游企业供需壁垒，为优势互补、价值共享创造通路。

在人才生态构建上，作为国内首家工业互联网领域培训评价组织单位，徐工汉云积极推进试点院校的工作，并结合企业人才需求的痛点，围绕"岗、证、赛、课、培"提出产教融合综合方案，为工业互联网行业持续输出优质人才。

7.3.3 树根互联：打造国产工业操作系统

作为工业操作系统，根云平台这个"入口"正在帮助越来越多行业和领域的企业直通数字未来，同时也将触点延伸至产业链运营，携手客户服务更多终端客户，在服务构建新发展格局中发挥着越来越重要的节点作用，得到了多家海内外权威机构的认可和头部资本的加持，尽显行业标杆的本色。随着平台入口走向更深、更宽，树根互联也在释放出更加丰富的新价值和更加深远的新内涵。

工业数字化最后一千米的"轻轨列车"

历经四年迭代升级，根云平台在 2020 年迎来了 4.0 版本，已具备工业操作系统的 4 项核心能力，即平台普适设备连接、工业大数据与 AI 融合、支撑产业运营、APaaS 平台支撑（为产业级商业拓展和运营提供环境基础），可以为工业用户提供设备一站式快速接入和端到端的一站式的服务。

速度更"快"了：在原有的平台架构上，嵌入了工业区块链平台、工业 AI 中台、数据中台，与 IIoT 平台共同组成"ABIoT平台层"。这是根云平台的核心层，也是工业互联网的核心所在，帮助客户"快速开发、快速部署、快速交付"。其中，工业区块链平台帮助工业企业构建可信商业网络；工业AI中台能够对基于人工智能的垂直行业算法模型进行统一建模、表示、管理和运行；数据中台提供清洁、透明、智慧的数据资产与高效、易用的数据服务；IIoT平台提供物联设备接入、工业数据管理能力。

运行更"稳"了：工业区块链平台为工业互联网的数据交换、共享、确权、确责，以及海量设备接入认证与安全管控等注入新的安全能力，建立互信的"机器共识"和"算法透明"，让数字化转型升级"更安心"。2020年，树根互联联合长沙星沙区块链产业园合资建设树根互联全国区块链平台总部公司——树根格致。目前，树根互联已全面具备工业互联网平台＋区块链的融合服务能力。

管道更"通"了：相较2021年同期，IIoT平台接入高价值工业设备、支持工业协议已覆盖绝大多数主流工业控制器，支持多种工业协议解析，适配100%国际通用硬件接口，具有广泛普适的设备连接、快速交付和即时接入、高可控的双向连接、极简化接入成本等优势，让现场设备的连接不再"费力"。

平台更"轻"了：树根互联坚持以平台、而非传统的项目制形式服务客户的数字化升级，根云平台也因此沉淀了海量工业机理模型、大数据等，做到持续优化、无限复用，还能支撑丰富多样的上层应用。

服务更"广"了：面向企业数字化转型，树根互联不断优化和丰富包括智能制造、智能研发、智能产品、智能服务、模式创新在内的五大产品矩阵，新增产品包括能源监控管理、客户云服务、设备资产管理（EAM）平台、试验数据管理（TDM）平台、故障诊断与寿命预测（PHM）、试验大数据分析平台、工艺诊断专家系统、客户画像及金融数据服务等。

新基座上：更好的灯塔工厂，更强的产业集群

树根互联依托根云平台已支持包括三一重工、中船重工、福田康明斯、长城汽车、德邦快递在内的企业实现数字化转型升级，同时在"一带一路"建立了云计算节点，为多个国家和地区的客户提供服务。

在这其中，大型企业强者恒强"惯性"持续增强的同时，也成了引领未来智造的"灯塔之光"。例如，帮助三一重工打造了"工程机械智能灯塔工厂"，通过高度柔性的生产岛、生产线，可以快速满足客户的个性化、小规模定制需求；助力全球先进的柴油发动机生产基地——福田康明斯的工厂完成数字化改造，实现装配过程实时监控、质量分析，同时持续优化装配工艺标准准则，大幅提升整体质检的效率。目前，该工厂已被达沃斯世界经济论坛纳入了全球先进制造灯塔工厂网络。

中小微企业方面，基于根云平台，树根互联帮助蓝天科技构建了"智能洗车机云平台"，通过以租代售的创新商业模式，和平台感知与远程控制能力，打造无人值守洗车店，降低了运

营商投入、运营和服务的成本，而终端洗车客户通过手机扫码即可开启洗车服务，提升了便捷性和体验感；帮助空气能烘干机生产厂家温伴从原来的设备制造销售模式，转型为烘干机智慧租赁平台，让果农以低成本用上高科技的节能烘干机，"延长"蔬果的销售寿命，让普惠科技真正落到实处。

与此同时，树根互联也在积极扩展海外市场，为更多企业提供完整的平台服务能力，目前已服务包括普茨迈斯特、Segway 在内的多家海外客户。以总部位于德国斯图加特、混凝土机械行业领先企业——普茨迈斯特为例，双方合作开发了基于工业互联网平台的智能后市场服务解决方案，实现智能调度、服务订单管理、业绩可视化报表、关键件追溯等核心服务，为分布在全球 4 大洲、38 个国家，使用设备的 100 多家终端企业提供赋能。

树根互联在赋能跨行业、跨领域的道路上越走越宽，从支撑单点企业的智能化转型向产业级的运营延伸，对产业链整体竞争力进行全局优化，但这并非安装几个软件、复制几套算法、增加几台设备这么简单。

树根互联联合创始人、CEO 贺东东认为，产业集群首先要形成协同制造平台，再对接其他平台，才能打通整个产业链，真正形成产业链优势。此外，供给侧平台普遍缺乏的制造平台和后市场服务平台也需要依靠平台补齐。未来，每个产业都会出现产业互联网的运营平台，这将成为一大趋势。

当前，由树根互联与多家行业龙头打造的多个产业链运营平台，正在释放"灯塔效应"，照亮全链条企业前行的航向，一同驶向数字化转型的"彼岸"。例如，联合杰克缝纫机打造"智慧缝纫平台"，赋能产业链上的下游上万家的分销商和十几万家的服装企业，帮助中国制衣产业链升级转型。基于此，经销商对下游终端企业的服务及时率提升 15%，设备管理效率提升 30%；帮助嘉兴云切供应链管理有限公司打造钢板切割共享平台，将传统环节微缩成共享下料中心，形成了订单汇聚、产能共享的效应，可以节约钢材消耗量、套料效率和经营成本，兼具经济效益和社会效益。

除此之外，树根互联还在协助地方政府构建区域产业集群平台。以定制家居之都广州为例，许多中小企业无法与电子商务平台、设计师平台互通，软件中的设计稿无法转换成生产订单。对此，树根互联联合多家单位，共同打造了基于根云平台的"全球定制家居产业链平台"。以"个性定制、柔性生产、资源协同、交付透明、直通服务"的一站式协同制造模式，对订单转换、设计订单、设计与制造订单的转换、与地方门店的对接和订单分配等短板进行了补齐，让粤港澳大湾区产业集群"越聚集、越发光"。

乘风破浪，奔向工业互联网的诗和远方

早在成立之初，树根互联就确立了"P2P2B"发展模式，即通过平台（Platform），去支持和服务伙伴（Partner），帮助伙伴建立解决方案和服务能力去服务终端的客户（Business），

以支持更多更懂细分赛道的生态伙伴发展成参天大树，最终组成一片森林。如今，这一模式正迎来加速发展的关键节点。

"坚定不移建设制造强国、质量强国、网络强国、数字中国，推进产业基础高级化、产业链现代化"，《中共中央关于制定国民经济和社会发展第十四个五年规划和二〇三五年远景目标的建议》如此提到。而在政策"光照"充足、树根互联"养分"充沛及生态伙伴的耐心"浇灌"下，更多产业链运营平台、引领性企业也将破土而出，"森林"也将呈现出强大的生命力与韧性，走向自发增长，带动产业走向全球价值链中高端的同时，也将给经济社会发展带来新一轮正向推动。

业内人士指出，随着根云平台撬动更多行业、领域的企业实现数字化转型和全业务流程再造，能力持续渗透进更多产业供应链的细枝末节，同步沉淀的工业模型、知识经验等宝贵资源，将帮助平台能力持续更迭，从一步领先到步步领先。以此观之，无论是平台价值还是入口价值，未来都是非常可观的。

7.3.4　百度：开物工业互联网平台2.0

2022年7月，在2022百度世界大会上，百度发布了全新版本的开物2.0工业互联网平台。据介绍，开物2.0工业互联网平台累计超过200个工业解决方案，沉淀了3.8万个工业模型，覆盖质量管控、安全生产、节能减排、生产制造等领域，为工业领域企业上云、用数、赋智提供全方位的数字化服务。

自研技术贯穿云智一体 3.0 架构

百度基于新战略"云智一体，深入产业"，发布云智一体 3.0 架构。云智一体 3.0 架构是从行业核心场景切入，通过打造行业标杆应用，带动和沉淀 AI PaaS 层和 AI IaaS 层的能力，打造高性价比的异构算力和高效的人工智能开发运行能力，进而向上可以优化已有应用、孵化新应用，向下改造数字底座，使基础云更适合人工智能应用，形成螺旋上升、不断进化的效果。云智一体 3.0 架构形成了一套"芯片—框架—大模型—行业应用"的智能化闭环路径，做到端到端的优化。

在云智一体 3.0 架构的 AI IaaS 层，昆仑芯 2 代已经部署在百度搜索、无人驾驶、爱奇艺等业务，以及金融、工业等行业客户中。作为 7 纳米通用型 GPU，昆仑芯 2 代比 1 代性能最高提升 3 倍，性价比优于国外同级产品。在工业质检场景，已经能够替代非国产芯片，实现成本降低 65% 的效果。目前，昆仑芯 3 代仍在研发中，预计 2024 年量产，将成为国内高端芯片需求的替代产品。

深入场景挖掘企业痛点

百度从来就没有将自身独立于制造业之外、闭门造车，而是强调要深入实际，让工程师们走向"田间地头"，"下沉"到一线了解实际情况，了解企业的痛点。例如，在恒逸化纤百度 AI 质检应用场景中，百度工程师必须守在生产线上，观察整个质检流程，同时与工作人员交流细节，将实践经验可复制化，并且实时针对数据进行模型调优，降低误检率。

百度工程师表示，在做化纤丝锭、印制电路板质检时，相应的技术开发团队吃住都在工厂里，一待就是半年甚至更长时间，原因只有一个：到业务场景中碰应用，才更"接地气"。对于需求方，技术方案是否有用，最直观的表现就是当下生产成本减了多少、效率提高几成，只有明确这些，企业才愿意引进方案，而不是在 PPT 里展示能带来多少降本增效的案例，解决方案供应商本身要避免做"虚空价值"。

在百度看来，"人工智能 + 云计算"是挖掘数据价值的核心武器，对工业智能制造转型的作用不可或缺。具体在赋能企业时：一方面要注重方案落地的实用性；另一方面则要"举一反三"，尽可能将单一场景的经验实现规模化复制。

此前曾提到，工业场景非常之多，定制化模式很难摊销成本，是制约企业引入技术方案的一个重要原因。但百度认为，这些场景虽然多且繁复，却仍然可以抽取其通用部分，基于平台做模块化沉淀，从而实现规模化复制，并根据企业的需求开发场景应用。

有效提升平台赋能水平

首先，在应用层面，开物 1.0 注重底层 AI 能力赋能，开物 2.0 更聚焦 AI 能产生价值的核心场景。百度将投入大量资源，打造应用案例，并且将相应的经验、能力及服务沉淀到平台上。例如，在 AI 质检领域，恒逸化纤的落地案例，并不是单一的定制化模式，而是要解耦整个质检场景，将相应的经验、能力凝结在平台上。目前，除了 AI 质检，开物 2.0 聚焦的其他场景包括质量管理、安全生产、能耗优化等，可应用到汽车、电子、能源、水务等多个行业。

其次是平台升级，重点打造全新的工业智控引擎，提供基础的模型服务和创新工具，解决企业在智能化改造过程中面临的相关问题。百度认为，由于工业场景很多，不可能一一覆盖，只有走平台模式，才能加快技术落地。例如，一些企业并不会开发模型、算法，但可以直接从百度工业互联网平台上下载部署。

具体来说，开物 2.0 将发挥"资源集约""信息协同""知识获取"三大平台的经济优势："资源集约"指的是通过数字化 SaaS 应用来降低使用门槛，企业无须自建运维团队，以此减少企业信息化建设的成本；"信息协同"则不单是指企业内部、企业之间的协同，而是整个供应链的协同，旨在减少供应链风险和牛鞭效应（信息不对称带来的市场失真）；"知识获取"指的是企业可以在平台上调用相应的参数模型，直接分拨部署，解决需求。

最后是 AI 核心升级，表现为基于 AI 的生产知识模型的沉淀和服务体验，目的是实现知识经验、数据模型可迁移、可复制，从而降低开发成本。

第三篇

明术
数字化转型砥砺笃行

第八章

战略数字化：
数据驱动，智慧决策

> **重点提示：**
>
> 战略决策迭代化　战略分析精准化
>
> 战略执行体系化　决策运营实时化

　　在高度数字化的商业环境里，我们所面临的是一片混沌的世界：未来无法按固化的战略模型进行推演，难以精准预测。因此，企业在做决策时，要采用快速迭代、快速创新的方式，以最小的成本找到问题的最优解；企业还要以数据为基础，通过大数据平台实时采集经营数据，并借助大数据和人工智能分析工具实时处理经营数据，从而实现战略分析数字化和战略运营实时化，同时实现战略决策迭代化。而企业在执行战略的过程中则需要借助目标体系、责任体系、计划体系、配置体系、流程体系、督查体系、评价体系和奖惩体系的"8S"战略执行体系，打造一整套完整的战略执行管理系统。

8.1　战略决策迭代化

　　战略首先要回答企业未来在哪儿成长、增长点在哪里、如何实现增长等问题。在传统工业时代，企业的成长路径和成长方式是可以精准预测和按模型预先设计的，企业的成长曲线是平滑上升的，企业只要选择"干什么"与"不干什么"，只要决定"是"与"不是"。战略选择就是做加减法，是在非此即彼、"黑"与"白"之间做出选择，彼时企业战略成功的逻辑是战略确定和战略专注。数字时代，消费者的需求瞬息万变且呈现个性化趋势，颠覆式技术与创新的商业模式层出不穷，市场瞬息万变，产业边界越来越模糊，企业并非单一的线性平滑成长，而是以领先的技术创新或颠覆式的客户价值创新与重构，实现企业的分裂式与聚变式的成长。企业的未来无法精准预测，更无法按固化的战略模型推演，只能用战略迭代对未来进行探索纠偏，以概率性思维在不断的实践探索与创新失败的坚守中提高成功率。因此，数字时代的企业战略决策必须快速迭代、加速创新，以数据为决策准则，以最小的成本找到问题的最优解。

　　战略迭代的具体做法：在制定战略时遵循"远粗近细"的原则，把近期的详细规划和远期的粗略规划结合在一起。在完成第一阶段规划后，根据该阶段的执行情况和内外部的环境变化情况，对原规划进行修正和细化，并将整个规划移动到下一个阶段，再根据同样的原则滚动迭代，接收反馈，不断试错，持续完善战略。

第一步：定原型。战略原型是指明确战略方向，制定战略目标，设计战略模式，抓住战略的关键成功要素，定能力、定缺口、定战略举措，它是开展试错、反馈、优化等后续工作的基础。

第二步：快。孙子曰："兵贵速，不贵久。"战略迭代必须要做到战略推出快、战略更新快。

第三步：反馈。构建战略反馈机制，根据实时反馈的数据，快速进行战略调整。

第四步：试错。犯错并不可怕，可怕的是缺乏试错的勇气且不知道自己错在哪里。试错的重点在于找出核心痛点、验证战略并发现错误的部分，避免隔靴搔痒和战略偏差。

第五步：小。试错是需要成本的，采用化整为零的方式重点突破，可降低战略的试错成本。

第六步：优化。只有不断优化、持续改善，才能使自己立于不败之地，每次迭代对战略来说都是一次跃升。

总而言之，战略迭代法的核心就是"小步快跑"，即制定每个阶段需要完成的目标、缩短决策周期。

在数字化转型期，战略迭代法就是"数据＋算法＝决策"，分4个环节：环节一是描述，在虚拟世界描述现实世界发生了什么；环节二是洞察，即为什么会发生，思考事物产生的原因；环节三是预测，预判将来会发生什么；环节四是决策，即最后应该怎么办，提供解决方案，战略迭代法如图 8-1 所示。

图 8-1 战略迭代法

然而，目前常用的企业级软件大多聚焦于业务和职能层面，是单项应用或业务的简单集成，没有综合型、战略型的集成，缺乏对战略决策及战略管理的支撑，欠缺对企业核心能力的打造。与此同时，现有的企业级软件大多沦为电子化、自动化工具，缺乏思想、体系及方法，难以推动企业的转型升级、管理提升及效益增长。

战略迭代需要强大的企业战略数字化平台作为支撑，这个平台对于企业战略决策是至关重要的，其核心价值在于 9 个方面。**第一，"互联网＋管理"**：作为中高层的移动办公室。**第二，数字化管理**：促进企业定性管理向量化管理及数字化管理飞跃。**第三，智慧化管理**：通过预测、预警及决策支持帮助企业实现决策的快、准、灵。**第四，打造一流执行力**：全面落实战略，帮助企业转型升级，打造为目标而战的执行力。**第五，提高员工工作的主动性**：构建清晰的规则，提升员工的工作主动性。**第六，实现信息化综合集成**：打破企业存在的"孤岛"与"竖井"，实现企业战略的综合集成。**第七，提高企业的系统化能力**：

加强部门与分/子公司之间的协同，制定企业的系统战略。**第八，打造新能力**：打造企业的核心能力及新型能力，提升可持续的竞争优势。**第九，构建企业的管控体系**：解决企业一放就乱、一管就死的难题。

企业战略数字化平台有三大核心定位：智能决策系统、企业智能综合运营管理及企业智能管控。企业战略数字化平台有决策平台、设计平台、展示平台、工作平台和体系平台五大子平台，如图8-2所示。

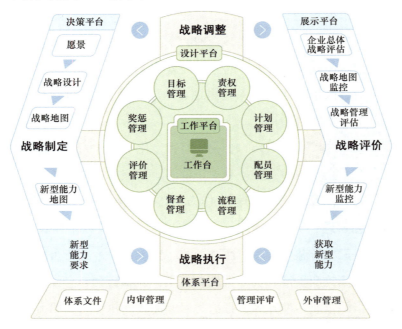

资料来源：世纪纵横牧羊犬智慧平台模型。

图8-2　企业战略数字化平台

8.2　战略分析精准化

通过推进数字化转型，企业会拥有海量数据，包括产品数据、设备运行数据、质量数据、生产数据、能耗数据、经营数据、客户数据和外部市场数据等。此时，企业需要一个智能决策管理平台，对这些海量的异构数据进行多维度的分析，提高数据分析的实时性和可视化，利用人工智能和大数据技术发现数据背后蕴含的关键信息，实现数据驱动的战略决策。数字决议厅如图 8-3 所示，数字决议厅企业经营绩效监控如图 8-4 所示。

资料来源：用友云大数据服务平台实时模拟数据。

图 8-3　数字决议厅

资料来源：用友云大数据服务平台实时模拟数据。

图 8-4　数字决议厅企业经营绩效监控

　　数据驱动的企业强调的是"系统的系统"，是通过全程、全链条的数据化而获得更智能、更高效的系统化能力。其中数据是关键，产品／服务因为有了数据的特征而拥有了更大的附加值；生产制造过程因为数据化而实现了制造流程的最优化，从而变得更加精益化、柔性化、智能化；市场营销基于数据化支撑，实现了目标客户的市场趋势精准定位、实时洞察、即时获取客户的个性化需求并给予满足；企业管理者因为全面掌握实时数据，可以运用大数据分析工具，掌握并预测以客户为中心的市场状况和变化趋势，并根据数据洞察生成最佳的决策行动建议；未来的数据流动将贯穿企业研发、生产、营销、服务等整体运作流程，企业将因为拥有从客户到制造、到销售、再到服务的全生命周期数据而实现经营效益的最大化。

案例：海南农垦集团，统一数据决策分析平台

海南省农垦投资控股集团下属的企业遍布海南省各市县，现有二级企业 46 家，拥有天然橡胶、热带农业、畜牧养殖、旅游地产、商贸物流、金融服务等基础产业。在新的经济形势下，海南农垦集团着重实施"八八战略"（即八大产业和八大园区），努力把海南农垦集团打造成海南经济新的增长极和国家热带特色农业示范区。

业务痛点

从市场政策层面来讲，供给侧改革、垦区集团化、农场企业化、社会职能转移是海南农垦集团新时期数字化转型的挑战与机遇。从企业内部管理层面来讲，高层信息化获得感弱，决策支持难；数据孤岛、统计标准不一、信息化覆盖面小，数据采集难；手工数据及时性差，准确性难以保证；企业结构复杂、层级多，难以实现企业的有效治理管控，经营风险层出不穷。

应用模式

抓大放小，围绕信息化规划项目梳理出来的九大管控分析主题及其关键管控点指标，以财务、人力和土地为主线，以管理需求为视角，构建符合业务实际需要的大数据系统，对各个分析主题指标进行明确分解、深入优化，并着重关注农垦八大产业和八大园区的内容建设。

关键要素

在信息化规划项目成果的基础上，建立海南农垦经营管理分析系统及完整的指标体系，结合商业智能分析平台以及数据中心，快速整合海南农垦集团的多板块、多系统、多数据源的大数据，通过集中、分析与展现数据，为公司决策提供准确、完整、实时的数据分析，从而全面提升公司的内控与决策管理水平。

在商业决策建设的基础上，实现领导决策平台的可视化，对报表的核心数据进行直观的可视化分析，主动推送预警消息，指标覆盖跨板块、跨系统。实现基于集团组织维度的经营管理报表开发，形成统一经营的分析门户。

统一数据平台，集中管控。统一基础数据、统一统计口径、统一控制制度，打破信息孤岛，加强集团的管控力度，满足从决策层到管理层实时、全面、准确的数据获取需求，提供强有力的管理决策支持；提高数据的供应效率与供应的及时性，规避经营风险，辅助管理决策，降低企业的管理成本。

应用价值

依托现有的 ERP 系统、财务系统、国土系统和统计分析系统，建立业务模型及数据模型，利用数据仓库系统与商务智能分析工具，实现数据决策的可视化，满足经营分析和集团管控的需求。

案例：国电山东新能源，数据驱动智能运营

国电电力山东新能源开发有限公司是国电电力发展股份有限公司在山东开发经营新能源产业的全资子公司。截至 2022 年 12 月底，公司投产了日照莒县风电场、青岛胶南风电场、威海文登风电场、日照五莲风电场、威海新区风电场、潍坊诸城风电场等项目。

业务痛点

人员方面的问题。 存在定额限制、技术水平差异和人员结构等问题。

运行方面的问题。 风场监控与数据采集（SCADA）功能有限、运行水平存在差异，包括运行性能评估、绩效对比和风机运行优化等。

检修方面的问题。 多个风场已过质保期，检修内容包括设备状况、检修水平、首发故障和故障诊断分析等。

管理方面的问题。 位置分散、沟通不畅、信息获取不准确和不及时、管理成本高及效率低等。

统计分析的问题。 包括统计报表、信息零散、数据上报、手工计算和数据缺失等。

应用模式

国电山东新能源的风机机型有 UP82、UP86、UP96、UP97 4 种，电气操控系统由 4 家公司提供，有多种不同的数据转换

协议，不同的数据端口多达上百种。

2016 年 5 月，国电山东新能源远程集控中心上线，借助新技术的支撑，将不同风机的各类系统接入远程集控中心，把不同的模拟数据变成同一种数字信号，大幅提升了远程监控系统中心的安全性、稳定性和实用性。在系统上线的同时，国电山东新能源对生产管理制度进行了配套的调整和变革，以确保集控系统发挥出应有的效果。

◎ 关键要素

国电山东新能源建设基于大数据的集控系统，真正实现了"远程集中控制，现场少人值守"的生产管控模式，经济效益也得以明显提升。具体表现在以下 4 个方面。

智慧新能源应用平台（微服务架构）。 建设了公司的智慧企业微服务应用平台，实现信息统一发布，数据集中存储、统一分析，内容统一展现，授权用户统一登录、安全访问和移动应用。

集中经营管控（BI/HADOOP 大数据分析）。 第一，实现了公司各场站实时信息的全量全样本采集、一体化存储、报表和统计分析利用；第二，实现了电量平衡分析法基础上的风机运行优化分析；第三，实现了风机首发故障分析基础上的设备检修。

远程集中监控值班。 实现了区域监控中心与各场站之间 SCADA 系统的数据接口与安全可靠传输（LINUX 平台、数据缓存、断点续传）；实现了公司级、场站级、发电设备级、部件级运行的实时状态监视、故障报警、智能预警和智能运行；实现了远程控制，包括单台设备远程启停、复位、紧急刹车，支线机群的启停控制，对断路器 / 刀闸的远方操作，对补偿电容器投切的远方操作。

集中安全生产管理（ERP/EAM）。建立了以设备 KKS 编码为基础的完善的设备台账，实现了以 ERP/EAM 为核心的安全管理、设备管理、运行管理、日常检修、技术监督、备品备件管理和统计分析等功能。

📈 应用价值

集中运营管理模式。多风场集中运行值班，低成本、高效率；在大数据平台上采用电量平衡分析法，实现了专业化的管理；通过大数据技术实现风机运行智能提醒，实现了精细化值班运行。

运行优化。所有风电场的两项细则考核在监控系统设置智能判断和有效降低考核电量；优化了风电场自动增益控制（AGC），减少了限电期间的损失；通过增加监控功能，提高了风机运行的指标及缺陷处理能力；改进了数据上传系统，风机可以自己灵活定制。

首发故障诊断。与风机可编程逻辑控制器（PLC）实现接口，自动判断首发故障，减少了故障判断时间；实现了手机实时监控查询故障，提高了维修效率；实现了故障统计分析，提高了巡检、维护技术改进的针对性。

经济效益明显增加。公司实行集控运行后，提升了运行的管理水平，多人值班的模式更是提高了运行值班的质量。

　　人力资源优化配置。按照集控系统改造前的生产运行模式，6 个风电场总共需要运行人员 36 人，维护期内的检修由厂家负责。实施集控运行后，远程集控中心人员只要 16 人。按照人均成本 20 万元核算，实行"远程集控运行，现场少人值守"的管理模式减编 20 人，每年可节约人力资源成本 400 万元，这部分人员也为实现风电场自主检修队伍提供了人员保障。

8.3　战略执行体系化

　　战略执行是高层领导战略决策后的重要环节，决策的快速响应与落实效率取决于企业战略执行体系的健全程度。目前，中国企业面临的是数字化转型升级，如何保证数字化转型升级成功？企业迫切需要一整套帮助其转型升级、战略落地及战略运营的数字化方法和工具。

　　中国企业走到今天，在战略执行上，过于单一的价值评价体系抑制了企业的组织活力和人才的创新能力，导致企业在战略执行中仍然存在很多问题，主要表现在以下 8 个方面。

　　第一，战略目标落实不到位。企业员工无法全面理解企业战略的工作重点，企业整体战略尚未落地分解为员工的日常工作目标。

第二，组织流程对战略支撑不够。 如何建立责任机制、保证战略目标落实，并通过完善控制系统实现有效授权，是困扰企业组织建设的难题。

第三，日常业务推进与企业战略目标执行偏离。 很多企业往往出现员工将大量的时间用在"完成领导交办的工作"上，导致各部门的工作缺乏有效连接，逐步偏离企业的战略目标。

第四，企业战略资源配置不合理。 企业在日常经营的过程中存在战略资源分配不合理、业绩考评不量化、战略成本不可控等现象，导致战略执行不到位。

第五，战略制定与战略执行脱节。 组织运营效率不高，业务部门之间存在工作推诿、扯皮、协调性差等情况，导致战略执行不到位。

第六，战略落地过程缺乏有效的监控与督促。

第七，战略执行评价体系不健全。 无法有效量化集团公司、分/子公司、业务部门、各层管理者乃至员工的战略转型效果。

第八，企业发展与员工发展脱节。

究其根本，企业在战略执行中存在的问题在于企业缺失绩效目标、绩效价值评价体系，从而导致战略执行不到位、难以落地。我们发现，越来越多的企业借助目标体系、责任体系、计划体系、配置体系、流程体系、督查体系、评价体系和奖惩体系的"8S"战略执行体系来落地战略，从而打破了以往各个分/子公司、业务部门各自为政的局面，利用组织内在的逻辑关系，将其组合在一起，成为一整套完整的战略执行管理系统。

"8S"战略执行体系的具体内容如下。

目标体系：解决"做什么"的问题，主要是根据战略明确重点工作内容。

责任体系：解决"谁来做"的问题，主要是根据工作任务确定组织结构及职责分工。

计划体系：解决"如何做"的问题，主要是确定由谁在什么期限内以什么样的标准完成工作任务。

配置体系：解决"需要什么资源"的问题，主要是明确完成任务所需的人、财、物配备。

流程体系：解决"如何操作"的问题，主要是对战略达成有重要影响的事项，规范其操作方式。

督查体系：解决"如何监督"的问题，主要是对关键性、风险性指标的完成情况进行监督并设定预警机制。

评价体系：解决"如何评价"的问题，主要是对任务完成情况进行评价，并对下一步的工作进行指导。

奖惩体系：解决"如何激励"的问题，主要通过薪酬设计激励各责任主体高效完成工作任务，完成企业战略。

"8S"战略执行体系如图8-5所示。

数字时代，企业亟须基于"8S"战略执行体系构建新一代企业战略数字化平台，为企业战略在执行过程中的管理、监控、分析和调整提供服务。企业通过一套有机整合的流程和系统，建立、收集、处理和监控绩效数据。这样**一方面增强了企业的决策能力；另一方面帮助企业实现战略目标和经营计划，实现对战略制定、经营计划、过程监控和业绩考核等战略的全生命周期管理。**与此同时，管理者通过构建战略执行平台，可以把控公司的运作情况，各部门和分/子公司可以明确自身在战略执行过程中的定位，并进行良好的信息传递、业务沟通和工作协同，从而增强公司内各部门及分/子公司的协同作战能力。

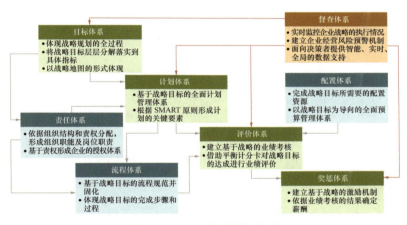

图 8-5 "8S"战略执行体系

8.4 决策运营实时化

一家实时运营的企业必须拥有有助于市场决策和优化关键业务过程的最新信息，以及及时获取决策所需的信息，这就带来了企业对实时大数据平台、业务活动监测和警告系统的需求。

　　实时大数据平台和传统的数据仓库有着显著的区别，具体表现在以下 4 个方面。

　　第一，战略支持与战术支持。传统的数据仓库只提供战略性决策支持，实时大数据平台不仅提供战略性决策支持，还提供战术性决策支持。

　　第二，数据加载方式。传统的数据仓库通过批量的方式定期进行数据加载，而实时大数据平台能够实时、动态地加载数据，系统将最新的信息集成到大数据平台，为用户提供当前业务的最新视图。

　　第三，访问用户。传统的数据仓库的用户主要是企业管理者，用户规模不会很大，而实时大数据平台可以直接面向企业的一线人员，用户规模相对较大，支持大量的并发访问。

　　第四，响应时间。实时大数据平台提供动态的数据访问，并且信息访问与企业运营连在一起，因此对响应时间有较高的要求，一般控制在 3 秒以内。而传统的数据仓库，对一个复杂分析的响应时间一般在 5 分钟到半小时。传统的数据仓库与实时大数据平台对比分析如图 8-6 所示。

　　虽然实时大数据平台带来的优势是明显的，但给技术系统设计带来的挑战是巨大的。在实际建设中宜采取由简到繁的建设步骤，逐步从传统的数据仓库发展到实时大数据平台，使组织能最大化地利用数据的潜在投资价值。

资料来源：用友云大数据服务解决方案。

图 8-6　传统的数据仓库与实时大数据平台对比分析

案例：海航集团，构建财务大数据实时监控平台

海航集团从单一的地方航空运输企业发展为以科技、旅游、资本、实业、现代物流、创新金融和新传媒为支柱的大型跨国企业集团，连续多年荣登美国《财富》杂志公布的"世界 500 强企业"榜单。

业务痛点

伴随着海航集团业务的多元化和产业的国际化布局，企业外部竞争越来越激烈，推动企业数字化转型势在必行。同时，随着企业的快速发展，业务收购、并购及新公司成立已成为公司发展的常态，集团财务监管与合规性逐步成为企业内部管理的挑战与瓶颈。

应用模式

海航集团构建了财务大数据实时监控平台，下属分/子公司、业务单元全面接入 ERP 系统，实现了对集团整体财务的全面实时监管。财务大数据实时监控平台包括海航集团总部、各产业集团单位的数量分布情况；以法人、财务、行政职能作为筛选条件，查看企业职能的分布情况；监控各业务单元管理关系、股权录入的及时性、完成率；以产业集团占比和本周与上周占比的环比监控未合规企业；以邮件预警、消息推送等预警方式通知未合规的企业。

◎ 关键要素

海航集团的财务大数据实时监控平台的构建原理是当业务事项发生时，业务部门在系统内录入业务数据（外部通过接口录入或导入数据）；系统根据事先的定义，通过大数据平台自动生成会计分录，集成到会计核算模块，更新数据库，生成实时的、动态的能满足内外部不同需求的报表。

业务单元作为企业进入 ERP 系统的主要入口，可以反映企业的职能和承载的相关业务政策，是各类业务管理的边界。根据海航集团的管控要求，所有 ERP 系统使用单位需要在财务系统中完成企业管理关系和股权关系的录入。

平台建设遵循数据中心的建设原则，即"统一平台，统一规划，统一标准，分步实施"。平台规划和设计应符合总体和长远需求，系统实施按照总体规划和本期目标稳步推进。系统规划和设计遵循一体化顶层设计原则，数据管理遵循"统一数据格式""统一编码标准""统一权限分配"等原则，以数据为核心，统一规划系统的总体架构，实现底部数据贯通的目标。

📈应用价值

借助财务大数据实时监控平台，信息系统要实现的目标是突破传统信息传播的时滞性、单一性，提供及时、多元化的管理决策信息，打破地域界限，突破时间限制，快速且准确地进行数据采集、整理和加工，并输出信息，兼顾信息的可靠性与决策的相关性。

海航集团逐步形成了一套基于监控平台的财务系统内审体系，为集团决策提供数据支撑，持续完善合规性监管，推动集团财务的信息化管理水平迈向新台阶。

第九章

组织数字化：激活组织，赋能员工

重点提示：

服务型组织   平台型组织   生态型组织

在数字时代，组织的创新能力、快速响应市场的能力成为赢得未来竞争的关键，而传统的科层式组织逐渐显现出诸多不足：决策效率低、创新支撑不足、员工能动性差……因此，组织数字化改革势在必行。德勤在一份报告中提到：许多组织正在加快调整自身进入网络化团队，88%的企业表示这一结构转型是当务之急。未来的组织是网络化协作的团队组织，越来越多的组织在尝试打破边界，构建按照项目、任务运作的网络化团队，构建"去中心化"的扁平化组织，激活组织、赋能员工、智慧协同正成为管理者的第一要务。

9.1 构建服务型组织

组织数字化应当从数字化工作场所入手，以业务数字化为起点，以运营效益数字化和决策数字化为节点，打造组织管理数字化的闭环；同时打通组织内外部和上下游业务的合作，创新人力资源管理，提供从供应商／服务提供者到企业，再到个人的社会级协同与服务，支撑产业链的价值实现。数字化组织转型路径如图 9-1 所示。

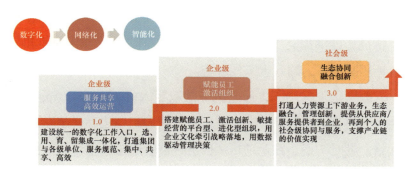

资料来源：用友人力与协同云解决方案。

图 9-1　数字化组织转型路径

构建运营高效、服务共享的服务型组织，需要先从改善员工的工作场所环境做起，利用数字技术打造智能化的工作方式，重构人力资源业务运营体系，为员工提供更规范、更高效

的服务。

9.1.1　搭建数字化工作场所

在数字时代，流程、资产、设备与员工之间将实现数字化连接；在数字时代，组织亟须通过员工赋能来改善连接协同、分析决策水平，提升员工自治管理、自主决策、自主经营、自我学习的能力；在数字时代，工作场所将被深度数字化，通过智慧、灵动的连接，实现员工的高度分享和深度参与，从而实现赋能员工和激活组织的经营目标。

社交协同、智慧工作是数字化组织的重要特征。数字化工作场所是指组织深度应用新技术，打造具备社交协同、智慧工作特征，能够提高工作透明度和协同效率、提升员工敬业度、改善团队生产力的线上工作环境。

数字化工作场所，通过统一的数字入口（PC 端 /App 端）为各角色打造"一站式"服务门户，突破组织边界，建立团队网络，随时沟通、跟踪项目 / 任务进展；通过网络会议、视频直播、工作群组，把原来难以组织的线下会议直接转成随时发起的网络会议或线上沟通群组，提高沟通效率，及时共享、传播已形成的结论和成果；通过积分、权益兑换等方式把贴在墙上的企业文化，通过游戏化、有趣的方式深植员工内心；通过数字化工作场所，重新定义团队的工作方式，实现团队之间的高效协同。

案例：双良集团一体化工作平台打造

双良集团成立于 1982 年，从生产单一的溴冷机发展成以节能环保为核心，是集化工新材料、金融投资、酒店房地产等于一体的综合性企业集团。

〰️ 业务痛点

随着企业的发展，双良集团已搭建包括客户关系管理（CRM）、人力资源（HR）、ERP、EAM、企业服务管理（ESM）在内的各类业务管理系统，但独立的组织、复杂的业务、繁多的系统也给集团管理和员工工作带来诸多不便，组织部门间协作不畅、信息孤岛林立、移动办公业务能力偏弱已成为双良集团持续快速发展的绊脚石。

🌲 应用模式

双良集团从实际业务出发，运用云计算、大数据、人工智能、移动应用等数字技术，打造集业务、沟通、协作、办公为一体的智能化工作平台，借助平台强大的融合、接入、扩展能力，打破沟通、协作、业务壁垒，构建统一的工作入口，实现营销、技术、制造、服务集中办理的"一站式"办公平台，如图 9-2 所示。

◎ 关键要素

及时。协作消息、待办任务、工作通知可及时推送，通过平台级的统一消息中心、统一审批中心、统一应用中心，聚合待办业务，通知消息，"一站式"实时审批，通过责权到人的信息驱动实现高效协同。

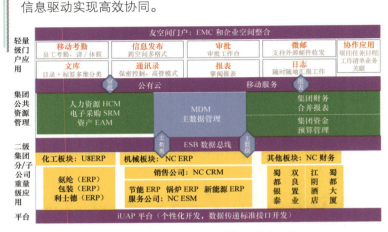

图 9-2 双良集团"一站式"办公平台

可视。通过汇报日志统计、项目任务看板、流程表单等将公司的各项管理制度化，将制度表单化，将表单流程化、信息化，将员工的工作成果具体化、可视化，赋能员工，让员工真正从工作中获得参与感和成就感。

共享。通过日程、文库、公告、即时通信等实现个人、团队、组织的知识、新闻、成果的实时共享，通过共享模式激活组织，对企业内部的宝贵经验、知识成果文档进行有效的共享、沉淀、传承和监督。

📈 应用价值

借助统一的工作入口，解决信息系统集成难、业务数据共享难、工作入口多等问题，融合流程、待办、消息、业务，开放沟通，扁平协作，实现双良集团"一站式"数字化办公；"一站式"办公平台通过流程建模促进标准化流程落地，实现流程再造、审批过程及流程时效可视化，使业务结果、流程全程可追溯；应用移动办公提高了双良集团的办公协作效率，缩短了项目的响应时间和业务的审批时间，如图 9-3 所示。

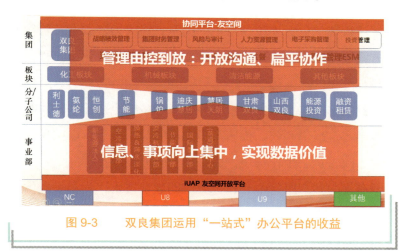

图 9-3　双良集团运用"一站式"办公平台的收益

9.1.2　搭建集中管理、服务共享的 HR 运营体系

集团集中管控既是大中型企业管理中持续关注的课题，也是成长型企业在梳理和再造管理模式时需要重点探讨的内容。构建支持企业高效运营、操作合规的人力资源管理信息系统，以及以集中管理、规范体系、高效运营、智能服务为基础的数字化人力资源管理体系，已成为企业信息化选择的着眼点之一。

端到端的人力资源运营管理流程。构建数字化的人力资源管理体系，需要重新定义人力资源运营管理的价值，从构建与战略相匹配的人才供应链、提供卓越体验的员工服务、高效运营等角度出发，借助数字技术和数字化运营思维，打造端到端、闭环的人力资源运营流程。在梳理和完善业务流程的过程中，企业充分理解数字技术为运营管理带来的价值，以"制度流程化、流程表单化、表单信息化"的方式将人力资源运营管理的方方面面落实到数字化管理平台，实现业务集成化、流程自动化和智能化的高效运作。

智能化的员工服务。 目前，越来越多的企业着手构建共享服务中心，提供高效、优质、多元化的员工服务，以实现降本增效、改善员工工作环境、提升员工敬业度等目标。

在人力共享服务中心，企业借助数字技术，为员工提供从录用到离职的全职业生命周期的高感知、强体验的全方位服务。同时，由于工作和生活的边界越来越模糊，为了提升员工的体验，越来越多的企业提供的员工服务已经开始从常规的人事服务，扩展到员工生活方面的服务，如出行、居住、婚恋等。

此外，越来越多的企业开始着手创新员工服务场景，通过全渠道、智能化服务方式接入，提供 Web 门户、移动 App、微信公众号、智能自助终端、呼叫热线等服务，让员工服务随时随地触手可及。智能机器人、语义分析等技术的应用，让员工畅享智能化服务，如智能应答、简单业务表单由机器人代填写等，从而打造极致的数字化体验。

案例：首钢集团深化改革人力资源集团管控模式

首钢集团是一家跨行业、跨地区、跨所有制、跨国经营的综合性企业集团，拥有全资、控股、参股企业 600 余家，自 2011 年以来 11 次跻身美国《财富》杂志公布的"世界 500 强企业"榜单。

业务痛点

自 2014 年以来，首钢集团确立"通过打造全新的资本运营平台，实现钢铁和城市综合服务商两大主导产业并重和协同发展"的战略定位，实现板块经营，聚焦产业发展方向，这要求集团人力资源管控模式同步调整，形成"分级管理，下管一级"的创新模式。

然而，在这个模式的转型过程中，传统人力资源管理模式、管控体系和管控手段对当下的管理需求适应力不足，导致"分级管理，下管一级"模式的管控力弱，二级以下单位的监管不到位，业务指导相对缺失；部分人力资源的管理权限和管理内容职责不清，尤其在人才管理方面，各产业的人员流动瓶颈较大，钢铁板块的人才冗余，非钢铁板块的人才缺乏；同时，由于政策和业务标准不统一，各业务板块协同不畅，人力资源管理的工作效率不高。

应用模式

紧抓首钢自身的管理特色，借鉴行业内优秀企业的做法和经验，尤其是在领导人员管理、人才管理和端到端的人力资源运营管理方面积极实践，打造首钢集团核心人力资源系统，逐步实现首钢集团人力资源工作的 8 个转变。

关键要素

人力共享服务。借鉴互联网运营思维，搭建人力资源共享服务中心。通过导入"人力资源三支柱"理念，形成专家中心（COE）、业务伙伴（BP）、共享中心（SSC）人力资源管理体系的变革，将基础信息规范、业务协作流程、集中管控要素等通过信息系统予以固化，将标准化、常态化、规范化的事务集中于 SSC 进行集约化处理，实现与人力资源共享服务理念和业务应用模式相匹配的工作模式，进而更好地支撑集团战略的推进与执行。

战略组织。借助核心人力资源管理系统，形成以首钢集团为龙头、各板块为业务承接和负责主体的组织架构，集团公司负责人力资源规划及政策导向，各板块负责制定具体的人力资源管理框架。同时，按照"钢铁主业＋城市综合服务"的经营思路，重新部署全集团组织架构，建立与首钢集团企业经营战略所对应的集团人力资源战略组织体系。

人才管理。通过人力资源管理系统融合各职能业务，打通业务流程，做好人才管理。从关键人才的定义、识别，到关键人才的培养、评价，最终到关键人才的选拔、激励一整套完整的工作机制，逐步落实、构建任职资格体系、三支柱人才队伍体系及人才发展体系，强化人才职业发展通道和人才梯队建设的有机融合。

公共基础服务。借鉴共享服务理念，搭建"一站式"员工服务平台，整合员工服务的内容，聚集共性业务，扩大服务对象，扩展服务半径。首钢核心人力资源系统设计框架如图 9-4 所示。

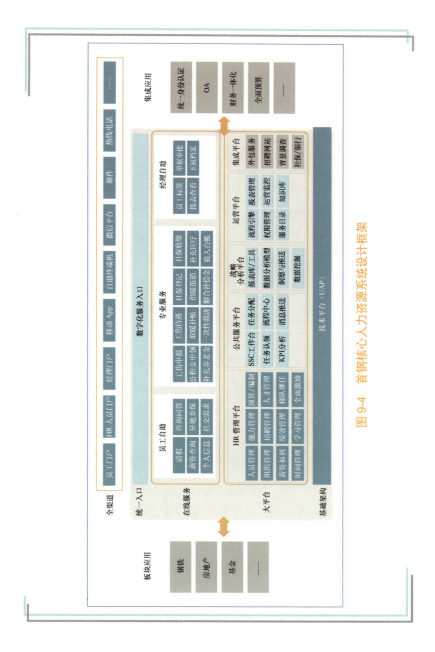

图 9-4　首钢核心人力资源系统设计框架

应用价值

　　首钢集团通过核心人力资源管理系统建设，将人力资源管理流程通过标准化梳理与定义，清楚地掌握全集团组织、人才、人工成本等核心数据，管控关系更清晰，业务职责更明确，为决策分析和人才发展提供了实时、准确的数据支撑。通过端到端的流程配置，明晰了人力资源的业务流程，实现了流程驱动业务、业务驱动数据，极大地提高了人力资源管理的运营效率。通过搭建员工服务平台，实现了由传统员工自助服务向首钢共享人力服务的转变，打造了具有首钢特色的人力共享服务体系和智能化员工服务体系。

9.2　打造平台型组织

　　数字技术改变了组织的商业逻辑，数字化转型是对组织战略的重塑或调整，执行组织战略的人才也将被重新定义。运用数字化思维顺势而为，构建赋能员工、激活组织的平台型组织，打造与企业战略相匹配的人才供应链，建立符合数字化人才的管理机制是人力资源管理部门从容应对人才管理挑战的必然选择。

　　人才吸引与招聘方面。企业一方面需要打造具有知名度和美誉度的雇主品牌形象，吸引更多的优秀人才；另一方面，现在的人才招聘已经不再是机械性操作，人工智能可以帮助招聘人员自动筛选和甄别人员。视频、虚拟现实等技术让候选人和招聘者更高效地沟通；利用大数据技术对标行业人才报告、薪酬报告等帮助管理者更高效地做出决策。

员工学习与发展方面。数字技术给员工学习带来诸多变革，员工学习模式由以老师为中心的学习模式向以员工自学的模式转变，员工利用移动设备，在碎片化的时间里，进行非正式的社交化（知识社群、问答互动等）学习。借助大数据技术结合员工学习档案、行为数据等为员工量身定制个性化的学习方案，自动推送学习课程，助力员工成长等。

绩效管理方面。绝大多数企业选择建立持续的绩效管理流程。持续的绩效管理更加注重组织和个人目标的高度契合，管理者与个体面向发展进行持续沟通，并通过线上线下的实时沟通互动，将企业战略目标转化为员工的日常行动。

劳动力分析与人力资源战略规划方面。数据已经成为企业越来越重要的资产，数字化人力资源管理的一个关键就在于快速构建人力资源数据分析系统，企业通过整合内外部数据并进行分析与预测，有效指导人力资源运营服务的变革创新，驱动更深入的人才管理洞察，提供更前瞻的人才管理建议，从而做出更智能的人才管理决策。

案例：用友集团人才管理数字化平台建设

作为全球领先的企业服务提供商，用友致力于服务中国及全球企业与公共组织的数字化转型与智能化发展，推动企业服务产业变革。

业务痛点

作为知识型企业，如何采用最新的数字技术选拔人才、吸引人才？如何让全集团的员工随时随地学习，同时将集团本部的知识传授给全国各地分支机构的售前顾问？如何让集团战略转换为分/子公司的战略指标？如何发现与培养核心员工？这些都是用友集团需要解决的问题。

应用模式

围绕核心人力系统，用友集团打造了统一门户（包括 PC 端和 App 端），集成云招聘、云培训和云绩效系统。各系统紧密关联，实现端到端的业务流程；统一数据库，利用大数据技术发掘优秀干部并为核心员工画像，进行人才分析预测；通过线下和线上的紧密配合，实现人才的全过程管理。

关键要素

在建设平台的过程中，用友集团充分利用数字技术，紧密围绕公司的战略目标，承接公司业务的发展要求，对人才进行全面的管理。

云招聘。设置岗位和简历匹配模型，通过数字技术筛选简历，由系统代替人工初筛简历，减轻了招聘主管的工作量。借助社交化协同平台，让招聘主管、面试官和应聘者随时随地联系，降低沟通成本。

云培训。通过云培训学习平台，员工可以利用碎片化时间学习，企业专 / 兼职讲师可以通过上传视频来分享知识。借助云培训平台，业务部门监督员工完成培训与学习。例如，为了提升全员的"企业数字化"知识水平，公司制定全员必修的"数字化转型课程"，并在统一的平台上考试，考试通过则生成培训证书。同时，在云培训平台上，员工可以自选课程、自主学习，系统也可以根据员工的岗位和喜好推送相应的课程，为员工赋能。

云绩效。如今，持续绩效理念已经贯彻到全集团的绩效工作中。利用云绩效系统分解与核实绩效指标，并进行实时在线绩效沟通与反馈，确保组织目标的实现。在这个过程中，如何让员工认可公司的组织目标是非常重要的。在用友集团，确定公司的目标后，各个组织就会采用目标激活组织的方式进行共创，基于公司的目标梳理出子业务的发展方向，并细化到行动计划，将战略转换为员工的行动。

大数据。利用大数据技术分析核心员工，为不同岗位序列的核心员工画像，构建能力素质模型。员工画像可应用于招聘选拔、干部梯队建设和培训提升等方面。

应用价值

用友集团人力资源数字化转型的核心是结合先进的理念，

利用数字技术，分解并落实公司的战略目标，达到上下同心、目标一致。围绕核心人力系统，采用先进的云产品，建设一体化的平台，实现数据的连接。发现人才、发展人才，通过人才全生命周期管理去实现组织的目标。

9.3　成就生态型组织

一般而言，构建生态型组织应从文化融合和产业链融合两个方面着手。

文化融合

一家企业想要做到基业长青，除了要有远见（商业模式和战略），更要有正确的使命（价值观和文化）。这要求数字化组织聚焦价值观和文化落地，帮助组织将抽象的文化真正地执行落地，帮助企业实现基业长青。

然而组织文化建设正面临着挑战：首先，单一的政策要求与奖惩制度已经很难让企业文化及高层管理思想有效执行；其次，一流人才更看重组织的业务模式是否有前景，组织的使命是否能够让自己产生共鸣并为之奋斗；最后，"90后""00后"群体逐渐成为劳动力的主体，他们普遍具有较强的自我意识和独立人格，重视平等和尊重，在工作的过程中更强调以兴趣为出发点。因此，企业的人力资源管理者必须重塑企业文化，创新组织文化落地方法论，确保组织文化落地和员工个体成长完美结合。

如今，越来越多的组织积极采用移动化和社交化的应用，并结合互联网思维，打造以企业文化为牵引的赋能型组织，融入游戏化的工作场景、社交化的工作方式、即时激励的荣耀/徽章/积分体系等创新思维进行企业文化建设，将文化落地转化为可执行、可跟踪、主动参与的动作和行为。

产业链融合

互联网时代的竞争是生态和平台的竞争，数字化组织需要从生态、社会级、产业链的角度，审视组织管理的核心要素，建立融合生态、业务服务和系统服务的社会化人才服务平台，满足企业内外部、产业链上下游的人才协作、人才发展与人才服务。

服务生态主要包括以下两个方面的内容。

一方面，服务生态需要融合系统服务与业务服务。系统服务是指社交协同工作平台、互联网招聘系统、在线学习、HR共享服务平台、目标绩效管理、员工继任与领导力发展、劳动力分析与规划等 IT 系统服务。业务服务是指薪资社保服务、高端人才寻访和企业文化落地等 HR 业务服务。

另一方面，服务生态需要融合产业链上下游的生态伙伴，形成共荣的生态体系。提供从供应商/服务提供者到企业和个人的社会级服务，包括自由雇佣、灵活用工模式的社会化人员服务、企业内部全生命周期的员工服务、产业链视角的人才管理和人才服务。

案例：泛华集团基于产业链融合的人才管理体系建设

泛华集团是中国新型城镇化创新的领跑者，始终以打造城镇化投资和服务全产业链集团为发展使命，形成城市发展、城市建设、城市投资运营和海外发展四大主营业务板块。泛华集团在国内外拥有大量城市系统投资发展建设的成功实践案例，并已发展成为城市提供系统解决方案的投资运营商和建设服务商，致力于智慧城市的发展、建设和运营。

业务痛点

泛华集团发展战略的调整，对人力资源管理体系的快速调整和人力共享平台的搭建提出了更高的要求。如何吸引人才加入企业的生态圈，实现各类社会人才的集群；如何实现技术专家、行业渠道专家、经营人才、专业技术人才等资源整合，通过集群实现项目孵化，实现部分核心人才向创客、生态合作伙伴转化；如何搭建企业人才服务平台，实现服务的个性化输出，实现平台企业资源共享和服务共享的运营服务模式的转变，这些是泛华集团的业务痛点。

应用模式

经过反复的思考、讨论，泛华集团认为构建"共享+驱动"的人才共享中心，打造以"激活、协同、发展"为核心的人才管理体系，是企业实现新的运营服务模式、打造新格局的起跳点。借助用友人力云，泛华集团着重从人力资源流入，人力资源增值，个性服务、专业支持 3 个维度打造新时期的企业人才工厂，从而实现构建进化型组织、赋能创造价值的人才、激活组织单元的人力资源数字化转型的目标。

人力资源流入。通过人才吸引平台，聚集内外优质创客，充分聚集内外力量。

人力资源增值。人才孵化平台作为内外人才的连接口，提供知识转化、创客孵化。

个性服务、专业支持。人才共享运营服务平台，用客服思维提供满足创客全生命周期的服务。

人才加工厂总体架构如图 9-5 所示。

◎ 关键要素

人才吸引。创新性地实现社交化连接与社会化协作。通过建立收益共享机制，将拥有专业知识、行业经验和社交关系等群体，进行多维连接从而转为社群，协同社群成员在社交网络中推广、获取流量，从而构建企业人才生态圈、搭建企业人才库，如图 9-6 所示。

图 9-5　人才加工厂总体架构

图 9-6　构建企业人才生态圈、搭建企业人才库

人才孵化。发挥大数据和人工智能的技术优势，搭建以"人才识别、人才激活、人才经营"为核心的人才孵化平台，实时高效连接包括企业生态在内的人才、业务部门、管理者和 HR 四类用户，为管理者进行人才决策提供实时的大数据支持，为人才制定个性化职业成长路径，为 HR 提供人才管理解决方案智库，真正实现智慧人才管理，如图 9-7 所示。

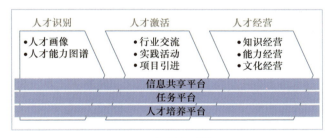

图 9-7　智慧人才管理

人才共享服务。依据全面的人力资源应用架构，搭建全渠道、微服务、大平台的人力资源服务体系。根据业务的发展需要，动态、敏捷地配置共享服务产品，如图 9-8 所示。

人力资源服务渠道	智能服务平台	人力资源运营平台
• 满足运营服务需求 • 搭建多渠道服务	• 提升用户体验 • 简化事务性工作的复杂度和时间占比	• 提高工作效率 • 夯实基础人力资源管理体系

图 9-8　人才共享服务

应用价值

借助用友人力云，泛华集团实现构建进化性组织、赋能创造价值的人才和激活组织单元的人力资源数字化转型的目标。

激活资源。重塑品牌、口碑，影响人力资源市场。对发展智慧城市的平台企业来说，其人才遍布全国乃至全球，人才聚集的地方就是值得人力资源部门关注的地方。企业的人力资源由员工、创客、合伙人、合作商、加盟商、供应商、客户等组成。将各类人才聚集，形成要素资源，从而实现以业务经营为引导的人力资源业务一体化。

数字协同。通过共享机制打开企业边界，新型的在线工作方式打破了物理空间的限制，网络空间去掉了中心、中介和中层，数据成为企业生存的基础，实现了"跨界＋无界"的共享服务和在线协同，无形变有形，有形变辐射。

智慧发展。大规模定制化服务，客户参与设计与体验。基于客户体验的定制化，用户将成为产品或服务的设计者，小到日用品，大到城市规划、金融服务，客户参与无处不在。贴近业务发展，聚焦高价值的战略性、专业性工作，提升新型定制化服务的价值。

第十章

营销数字化：渠道重塑，体验重构

"

重点提示：

营销体系　渠道体系　运营模式

C2B 体系　产业创新平台

"

近年来，数字技术迅猛发展，推动了电子商务与实体经济的融合，这是一个传统产业与知识经济、虚拟经济和网络经济全面融合的时代。在这个时代，传统产业的生产、流通、销售、融资和支付等体系，都在数字经济的冲击下发生了变革。传统企业面对这种变革，需要以数字化为方向，进行经营理念和业务流程的结构性转型。

10.1　重塑营销体系

　　商业不变的本质就是持续不断地满足客户不断变化的需求。数字时代，营销变革的起点仍然是客户需求。企业应将客户的需求变化作为企业营销策略乃至整个经营战略的核心，借鉴动态沟通、价值链传递和数据决策进行品牌营销、市场推广等方面的设计和执行，完成营销体系的重塑。

10.1.1　重塑营销体系的三大关注点

第一，秉承"客户体验至上"原则

　　新时代环境下的企业经营，与其说是提供产品和服务的过程，不如说是通过与消费者进行沟通来建设品牌的过程，而建设品牌的过程就是打造客户体验的过程。在建设成功品牌的过程中，"客户体验至上"这一原则应该贯穿品牌与消费者沟通的整个链条，提供产品或服务的所有环节都是为了实现打造卓越客户体验这一目标。

第二，向客户兜售参与感

　　让客户参与品牌建设，乃至成为品牌的一部分。目前，创建品牌和经营客户的过程融为一体，只有积极让客户参与品牌建设，将更多的客户转化成品牌的忠实消费者，才能让企业的品牌立于不败之地。可以说，在人与人通过网络联系日益紧密的今天，忠实的消费者已经成为品牌成功不可或缺的一部分。

第三，将客户需求数据作为企业管理的重要资源

基于数据管理企业的经营活动要求企业对客户数据进行定期更新、维护和升级。模型分析和预测的准确度需要不断在企业的营销实践中进行检验。收集市场和消费者反馈的检验数据，更新和修正现有的数据系统和分析模型。针对企业的战略目标和现有资源，基于信息系统建立科学的分析预测模型，从而利用客户的基本信息，以及与购买行为相关的数据形成目标客户画像，精准地识别潜在的目标客户，有针对性地研发产品，提供服务内容、设计营销推广手段、抓住目标客户群，实现精准营销、高效转化。

10.1.2 重塑营销体系的五大关键任务

在构建新营销模式的过程中，准确感知和把握客户的需求变化是关键所在。以客户需求为核心，将客户作为价值链的价值发起者和价值最终传递端，从而以最有效、最快速的方式响应客户需求变化并设计有针对性的营销手段。这要求传统企业对现有的营销模式进行有针对性的改进甚至重塑，使现有的营销手段通过互联网化，尤其是移动互联网化的整合，最终形成以消费者为核心的数字营销新模式，具体包括以下 5 个方面的任务。

任务1：大数据分析定位目标客户群

社会化媒体营销更趋于多元化原则。我们最常接触的微信、微博，以关系或内容为主的社交网站、视频网站、团购网站，都为传统企业进行社会化媒体营销提供了新的渠道。在传统的营销传播中，对媒体提供的客户资源应用大数据挖掘和分析技术可以定位消费人群。而在社会化媒体时代，还需要了解消费群体活跃的栏目、感兴趣的内容、接触媒体的习惯、对消费者有影响力的人（社会化媒体中的每个人都是媒介）、消费者的情绪等多维立体因素。借助大数据分析工具，找到合适的营销渠道，精准锁定活跃的消费人群，是社会化媒体营销成功的基础。

任务2：做好品牌的社会化媒体定位

社会化媒体定位是指品牌在社会化媒体中面对客户的形象，是从传统企业的品牌定位中衍生出来的，是一切社会化媒体营销的前提，也是开启社会化媒体账号前需要详细规划的细则。在定位社会化媒体形象之前，必须先明确传统企业原有的品牌形象，根据品牌定位的受众人群及社会化媒体平台去寻找合适的社会化媒体形象。对受众人群进行详细的分类定位，从细的分类中找到最适合品牌的代表，将品牌客户定位产生的关键词和社会化媒体客户定位产生的关键词结合，形成社会化媒体定位的关键词，这就是品牌的社会化形象。

任务 3：融入社群与消费者建立关系

与传统营销不同，社会化媒体营销人员需要与社区群众进行交流。社会化媒体对营销最大的变革可能在于建立关系，并且是一种长期的互动关系。这里的关系或许和我们传统上理解的关系相似，即熟悉、彼此了解、相互关心等，不同的只是将人与人的简单关系变成商家、品牌与消费群体的复杂关系，这是一种公开而非私密的新型关系。社会化媒体时代让这样的交流成为一种可能：品牌商可以跟进每个消费者；消费者可以直接与品牌商进行沟通交流。关系的维护要靠联系、交流和互动，而且维护也要注重技巧，人与人如此，品牌商与消费者更是如此。

任务 4：内容形式是创意的核心

在社会化媒体营销的过程中，内容是消费者与品牌商沟通的桥梁，也是企业社会化形象形成的基础，因此内容创意是至关重要的。新消费时代到来，媒体营销内容的娱乐性、趣味性变得更加重要，体验式营销、参与式营销的概念也应运而生，因此，内容本身也要尽可能地符合消费者的需求，要更加注重消费者的互动设计，鼓励消费者参与其中。

任务 5：多渠道营销模式整合实施

传统企业进行社会化媒体营销的最终目的是最大限度地吸引并赢得消费者的认同，因此在实施营销策略的过程中，建立多渠道、全面覆盖的营销传播体系和配套渠道是必不可少的部分。多渠道营销体系可以辅助决策、寻找消费者、评估品牌在网络的健康度、指导品牌商与消费者的沟通策略。在传统的营销传播中难以得到的数据在社会化媒体的传播中可以方便地获取。深度应用这些数据，可以促进品牌商与消费者建立更个性化、更准确、更深度的沟通，从而在数字经济时代下通过更全面的覆盖、更及时的传达和更迅速的感知，牢牢掌握消费者的需求动态，在营销推广、品牌建设、需求创造和客户获取等方面抢占市场先机。

案例：统一集团，数字化重塑营销体系

作为消费品龙头企业，统一集团在传统营销中铺渠道、搞营销、做品牌的能力出众，构建了一个由现代销售渠道、传统销售渠道，以及位于娱乐休闲场所、学校、车站等销售点组成的多样化销售渠道。

业务痛点

统一集团基于传统市场环境，通过"大单品"模式匹配市场需求：一方面通过标准化生产实现规模化，从而降低生产成本；另一方面在品牌和渠道上打造优势，这个营销模式使统一集团的经营业绩节节攀升，并在2013年达到历史巅峰。

在 2014 年之后，随着电子商务、线上到线下（O2O）新商业模式的兴起，人们的消费方式升级，消费结构也发生了很大的变化，基于大众市场定位确定的"大单品"营销模式逐步失效。市场竞争更多地从增量市场的竞争走向存量市场的较量，"分层化、小众化、个性化"的市场需求激增。在这种情况下，统一集团要面对的最大的不确定性是新时代市场环境变化带来的消费者需求的快速变化。

应用模式

统一集团准确把握快消品行业未来的营销变革趋势，及时转换营销模式，营销工作由粗放式走向精准化。统一集团改变以往以产品为中心的理念，快速转向准确锁定目标客户、深度挖掘客户需求、高效连接潜在客户，并把客户作为企业的核心资产来运营的数字化营销模式。

统一集团紧密结合实际的市场需求，借助用友营销云平台，构建企业数字化营销平台，走出了一条"整合产业链客户，链接小 B 端，整合大 B 端，实现存量客户数字化、存量业务线上化；通过产品内驱力、渠道扩展力、品类延伸力的三力模型，实现企业的增量管理"新道路，重新构建渠道产业链高效协同、共赢增量的数字化营销新模式，如图 10-1 所示。

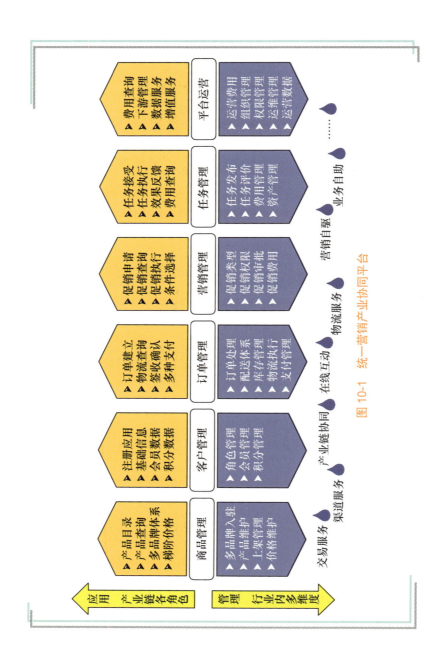

图 10-1 统一营销产业协同平台

> ⊙ 关键要素
>
> 统一集团数字化营销新平台构建了一个由企业所有、企业自控、企业可以灵活操作的数字化营销体系，该平台的定位是"新型渠道管理工具、产业链协同交易平台、生态化融合创新平台"，如图 10-2 所示。

营销升级
新型渠道管理工具
区域定价管理、交易数据增量分析、渠道网络互动营销、品牌宣传与营销推广、大数据精准营销、绩效导向管理

渠道交易
产业链协同交易平台
经销商与终端交易线上化，供应链金融、促销、优化配送时效成本、交易数据分析

创新发展
生态化融合创新平台
经销商业务融合，引入第三方品牌产品，链接消费者购物场景，管理模式输出，增值服务

图 10-2　数字化营销新平台

整合渠道产业链客户、建立连接交互，构建存量交易转化平台。包括统一集团在内的传统的消费品牌企业都有较大体量的存量客户和存量业务，但企业与渠道产业链客户之间没有强连接关系，企业不了解渠道流向与最终的消费情况，营销在很大程度上处于靠感觉的"盲打"状态，这已经不适合当前分层化、小众化的市场特点。企业营销数字化必须先实现产业链客户的数字化，再考虑如何整合渠道产业链客户，重新构建基于互联网化的新生态体系，形成实时在线、可交互、可影响的新

型企业与产业链客户的强关系，实现庞大的存量业务向自建平台转化，构建企业自己的营销大数据资产。

通过大数据精准营销，帮助产业链获取增量。数字化营销平台在实现互联网连接的基础上，通过营销大数据资产管理，实现"千人千面、万人万促"的营销变革，区分不同的客户需求、客户特点、产品销售场景等，实现高度灵活的营销方式。迭代更多的、更丰富的、更容易被客户接受的营销手段，彻底改变了以往盲目营销的局面，帮助企业快速响应市场需求的变化，通过精准营销获取增量。

通过新型的渠道管理工具实现营销升级。数字化营销平台通过连接客户和转化存量交易形成营销大数据，通过增量交易引导企业在渠道上形成产业链共同体，形成生态化的业务管理平台，实现企业渠道管理升级和区域市场价盘体系的管理。数字化营销平台通过分析渠道的动销情况，掌控渠道业务主体的绩效目标，作为新型渠道工具帮助企业实现营销升级。

模式创新实现营销管理的高效率。以往企业营销最大的问题之一是企业营销资源投放效率低。企业的营销投放需要总部、大区、城市经理的分层管理，需要厂家、经销商、终端零售商的配合。在以往的模式下，营销费用层层截留，营销资源严重浪费，最终真正到达终端客户的促销投入大打折扣。数字化营销使整体营销变成总部控制。各种促销方式在总部的统一规划和统筹组织下，通过线上的手段得以实现。极大程度减少了线下的人为干预因素，使整体营销投入直达消费者、直达终端门店。

应用价值

统一集团打造全新的数字化营销模式，以客户为中心，以客户价值为经营目标，把企业存量客户和业务变成企业的数字化资产，解决企业传统营销模式的实际问题，通过资源整合，实现大数据的精准营销，实现真正意义上精准、高效的企业营销。

实现多品牌、多产品分销管理，提高产品分销出样覆盖率，优化产品分销结构，帮助产品开源增效；创新品牌新产品的推广模式，提高铺货效率，实现新产品的精准推广，提高新产品的上市效率。

帮助经销商实现数字化转型，提高货款的回收效率和存货的周转率，帮助经销商实现开源和增量管理；整合经销商各项资源，提高终端管理和服务能力，提高终端客户的满意度，提高经销商的终端覆盖率。

升级传统渠道管理模式，构建营销大数据，解决各层级营销决策的及时性与准确性；提高管理区域市场的价盘与市场秩序的能力；提高渠道营销费用使用的精准率，提高投入产出比。

10.2　重构渠道体系

　　数字时代，消费者多元的购物需求激增，线上零售爆发式增长，传统的线下销售渠道受到消费者消费行为变革和线上数字零售的双重冲击，一种涵盖供应链、营销、产品设计、消费者服务、物流等配套体系的全新商业生态随之成熟，新零售骤然兴起。与传统零售相比，新零售基于消费场景提供丰富的消费体验，更贴近现实，这种场景化的体验模糊了线上与线下的边界，逐步形成了互相依存、互相补充的关系。渠道体系重塑的目标在于线上和线下全渠道的统一布局，重新设计利益分配机制，实现线上和线下协同运营的模式，构建以客户需求为核心的新型渠道营销体系。

　　传统企业到底该如何平衡线上和线下经营，构建全渠道营销？企业需要从重构企业产品体系、重塑企业价值链和运营模式、构建全渠道整合运营能力、建设成长型 IT 技术平台等方面着手改变，如图 10-3 所示。

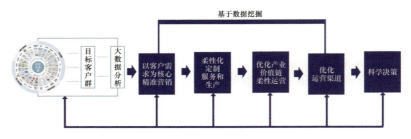

资料来源：用友云数字营销解决方案。

图 10-3　大数据重塑传统企业生产运营活动

重塑企业产品体系。建立以客户需求为导向的产品体系，一切围绕着市场趋势的变化，围绕着客户群的个性化归属，围绕着客户的全生命周期，从经营工业化产品为中心转向以经营满足客户需求的产品为中心，以互联网思维规划产品和服务。

重塑企业价值链和运营模式。借助大数据重塑传统企业生产运营活动，构建全新的营销渠道和利益整合平台，塑造新型的互联网营销模式，建立面向客户、库存、产品、交易的核心服务能力。对企业而言，将大数据应用技术与企业营销管理实践相结合，需要从4个方面打好基础：第一，基于客户的价值导向，针对数据需求，重新设计、优化或梳理企业的制度、流程；第二，加强与外部资源合作，加大上下游产业链相关企业的数据管理合作，在数据收集、分析、共享方面互相协作；第三，遵循循序渐进的发展模式，立足企业业务和当前行业的主要竞争特点，依托现有"小数据"深度挖掘和分析企业自身的数据，从中找出利润增长点，并投入实际运营中；第四，建立失效预警机制，即在现实应用中通过设立一些预警指标，用来衡量某些指标达到一定程度时预警极有可能失效的规律，避免无效的数据分析和无价值的劳动。

构建全渠道整合运营能力。在对价值链上的各个环节应用大数据分析，实现精准管理和决策的基础上，着手整合线上和线下模式，实现全渠道的统一布局，并继续对运营模式进行深层次的转型探索，全面提升企业的客户化运营能力。企业借助这个平台既可以实现企业内部的平台化，又能以此为基础构建多方共赢的产业生态圈，建立一个覆盖线上和线下的全新渠道体系。具体来说，需要从 3 个方面入手：首先，构建全渠道，即传统企业抓紧布局线上渠道资源，而新兴电子商务企业也要布局线下资源；其次，加快移动互联网布局，充分利用智能手机等移动终端，充分利用基于位置的服务（LBS）与社交功能，整合线上和线下渠道，抓住手机购物、社交购物的新经济红利；最后，改造线下渠道，即利用信息技术改善消费者的线下购物体验，同时利用传统渠道加快线上渠道在消费者群体中的渗透速度。

建设成长型 IT 技术平台。多元的客户体验，全流程的业务数据连接与共享，客户需求的快速响应，上游供应链的高效协同，频繁抽取和服务化系统的重构，基础服务能力的搭建，都离不开一个可成长、高度集成的 IT 技术平台。企业可以分为两步来重构 IT 技术平台：第一步，构建统一的集成平台，即打通原有的财务系统、供应链管理系统、客户关系管理系统、物流管理系统等企业运营系统，使其达到以服务客户为中心、以门户为展现、集成各业务系统的企业统一流程管理平台，实现端到端的业务流程，打通企业内外的数据流、信息流和业务流；第二步，平台云化，即通过 IT 平台及业务应用，全面转向云计算模式，借助大数据、分布式计算、机器学习、物联网、人工智能等技术，实现从持续交付到开发自运维，再到微服务架构等技术创新。

案例：雅戈尔搭建智慧营销中台

雅戈尔是全国纺织服装行业的龙头企业，成立以来，主品牌持续保持国内男装领域主导品牌地位，形成了以 YOUNGOR 品牌为主体，MAYOR、Hart Schaffner Marx、HANP、CEO 为延伸的立体化品牌体系。

业务痛点

如今，新的消费形态正在逐渐形成，消费人群年轻化、个性化的特征愈加明显，消费者不再为过多的品牌溢价买单，更愿意为爱好和兴趣买单。面对这一变化，如何精准捕捉消费者的需求，快速满足消费者的个性化定制需求，提供个性化的消费体验，是雅戈尔面临的一个转型挑战。

与此同时，服装行业的渠道变革兴起，传统渠道层级被极度压缩，从工厂到消费者的链条无限缩短，线上和线下销售的界限趋向模糊。多品牌、全品类、"一站式"集合店就可满足多元的购物需求，具备孵化功能的平台型集合店、体验感强的生活方式集合店，呈现出良好的发展势头，这是雅戈尔面临的又一个转型挑战。

应用模式

面对挑战，雅戈尔顺势而为，迅速制定新时期的企业数字化战略，明确了"以智能制造和智慧营销为载体，做中国服装行业工业互联网探索者"的战略目标，并逐级分解为 6 个支撑要素予以推进。第一，产品：强调品牌力。第二，价格：强调竞争力。第三，平台：强调三个中心，即 VIP 服务中心、O2O 体验中心和时尚文化传播中心。第四，快速：即快速反应体系，包括智能制造体系、产销反应体系和智能物流体系。第五，科技：即高科技的营销手段。第六，服务：强调会员的分级精准服务和品牌红利共享。

基于雅戈尔新时期的数字化战略，雅戈尔制定了以智慧营销中台为核心的数字化平台建设计划。

以工具为保障，支撑雅戈尔贯穿"人、财、物"三条主线的业务与管理变革，如图 10-4 所示。

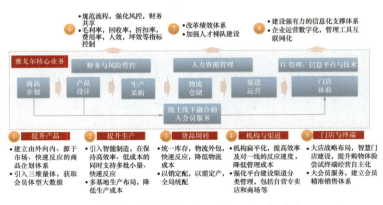

图 10-4　数字营销中台支撑雅戈尔业务与管理变革落地

以工具为保障，赋能到端、管控到端、驱动组织创新与模式创新，如图 10-5 所示。

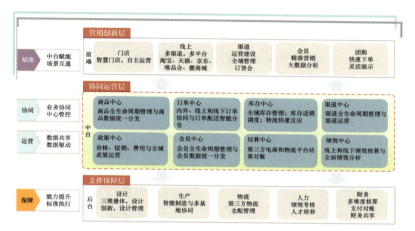

图 10-5　雅戈尔数字营销中台赋能说明

◎ 关键要素

线上和线下订单协同。原有销售体系内订单和会员的分散
管理，无法有效地做到线上和线下订单协同。智慧营销中台整
合了订单和会员的统一管理，可以快速收集多渠道的线上订单，
统一按照预先设定的规则派发，同时在线上和门店业务部门之
间实现业绩拆分，推动线上和线下的紧密协同，为客户营造线
上和线下无缝化、一体化的购物体验。

渠道扁平化。原有的销售体系内层级很多，各分公司经营
的市场政策和库存没有被统一整合管理。智慧营销中台可以支
撑雅戈尔渠道结构扁平化，灵活配置渠道架构和交易关系。同
时，将全局库存管理权限收归到总部，做到全局库存统筹管理，
加快商品流动，减少库存积压，支撑线上和线下订单协同。

商品全生命周期管理。智慧营销中台将统一管理原来分散在多个业务系统中的商品主数据，并实时同步到各个业务系统，实现商品主数据的统一管理。同时，智慧营销中台将商品全生命周期的数据进行汇总，为后续大数据分析提供支撑。

门店全生命周期管理。智慧营销中台将统一管理门店全生命周期，从开店、装修，到经营销售业绩，再到关店进行全过程管理，为市场分析和布局决策提供数据支撑。

新零售与数字营销。雅戈尔智慧营销中台项目一期旨在实现以订单中心和库存中心为核心的中台业务管理，未来会继续延伸到端，实现门店端化系统的新零售改造：一方面，通过人脸识别和个性化服务，提升客户体验；另一方面，通过客流分析、动作识别、沉淀客户行为数据，精准定位细分市场客户群的特征，构建客户画像，为产品企划和精准营销提供数据依据。

业财一体。基于雅戈尔智慧营销中台的结算中心，一方面，实现多财务主体的业务结算，包括电子商务平台对账，门店和所在商城的费用结算，线上和线下业绩的拆分，内部交易结算等业务，在业务运营层面等结算数据计算完成，再传入财务系统进行财务运作执行，提升财务管理的效率和数据的准确性；另一方面，通过集团财务共享，进一步降低各分公司的财务管理成本。

产销协同。基于雅戈尔智慧营销中台，全面涉及订货会管理、样衣管理、团购管理、量体大数据采集等营销环节，实现雅戈尔公司内外部营销全过程的数字化管理。在此基础上，与雅戈尔智能制造系统衔接，实现销售预测与柔性生产的打通，进一步强化产销协同，加快商品流转，降低库存积压，打造雅戈尔在智慧营销和供应链柔性交付方面的核心竞争力。

📊 应用价值

雅戈尔智慧营销中台系统上线后，对推动雅戈尔智慧营销战略落地起到了至关重要的作用，如图10-6所示。

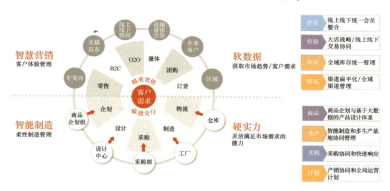

图 10-6　雅戈尔智慧营销中台系统的作用

帮助雅戈尔构建统一的数字化运营指挥中心，将营销体系的核心数据、业务流程和逻辑进行集中的统一管理，为雅戈尔持续开展营销创新和试错奠定了坚实的基础。

实现线上和线下政策协同，订单协同，线上营销平台为线下门店体系导入更多的流量，线下门店为线上营销平台带来更好的客户体验和更高的转化率，促进雅戈尔整体销售业绩的提升。

支撑雅戈尔渠道扁平化和大店战略，为渠道架构调整、全局库存统筹、门店自主化经营提供强大的管理基础。

10.3 优化运营模式

借助互联网思维优化企业运营模式，其根本在于全面导入互联网思维，借助（移动）互联网、大数据、云计算等重新审视市场、客户、产品、价值链乃至整个商业生态，通过基于互联网运营流程的渠道设计和组织重塑，进一步整合现有渠道、调整运营模式、优化组织架构，打造营销、渠道和运营模式的全面数字化和统一运作、相互支撑、互利共存、高效协同的全价值链运营模式，实现渠道体系和运营模式的数字化转型和颠覆式创新，如图10-7所示。

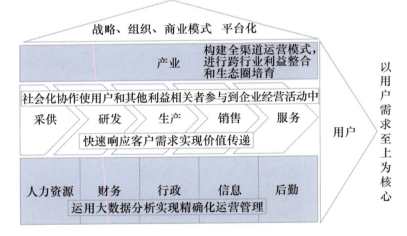

资料来源：和君咨询。

图 10-7　传统价值链的数字化整合

如今，我们正处于 VUCA 时代 [1]，无法回避甚至无法预测的数字化挑战给组织带来更多的管控风险，如果企业缺乏适应这些挑战所必需的灵活性和想象力，不能及时调整方向，没有及时适应新的环境，就会因为错误的假设而迷失，因为错误的航标而被这个新经济时代所淘汰。

数字时代要求企业匹配具备互联网化、平台化的数字化组织架构：第一，要具备互联网的结点能力，根据业务实际构建结点化的组织形态，而不是层级的组织形态，充分发挥结点化组织的自我管理能力；第二，要承认和尊重人的价值，保障收益；第三，不断按业务实际的变化去优化结点化的组织形态，动态地去适应市场的变化。

案例：飞鹤乳业借助互联网思维优化运营

飞鹤乳业是中国成立最早的奶粉企业之一，一直专注于针对中国人的体质研制奶粉，引领行业开创多种提升中国宝宝体质的奶粉生产技术、配方与工艺。

业务痛点

现阶段如何满足消费者对奶粉品质及奶质的新鲜度日益提升的需求？如何抓住宏观政策下的发展机遇？如何面对国际品牌的竞争压力？这些都是中国乳品企业普遍关注的议题。

基于当下市场的竞争现状，飞鹤乳业提出了基于多元化、

1 VUCA时代，即"不稳定（Volatile）""不确定（Uncertain）""复杂（Complex）"和"模糊（Ambiguous）"。

更适合、更新鲜的整体数字化战略，从产品研发、产业布局、营销推广、产销协同等多个维度同步提升，提高飞鹤乳业的行业竞争力，如图 10-8 所示。

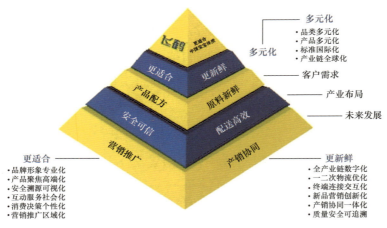

图 10-8　飞鹤乳业整体数字化策划方案

产品新鲜度诉求。 从原奶产出到奶粉加工，原奶物流的时间严格控制在两小时内；所有婴幼儿奶粉在生产后 28 天内抵达消费者手中。这需要合理地计划与控制原奶物流、产品流通，并形成全程的可视化，为消费者、商业伙伴、监管机构提供全面的追溯服务。

营销管理诉求。 销售目标与营销费用精细化管理，提升营销团队对经销商的支持效率；激发团队的经营意识，建立更加完善的经销商服务体系，支撑渠道营销效益提升，进一步服务好经销商。

内部业务协同诉求。以效率提升与供需平衡为目标，促进市场营销、生产安排、原料采购、储运物流、售后服务等各项业务的全面融合与高效协同，实现产业链条的效益最大化。

模式创新诉求。积极尝试云仓模式，提升渠道体系中的物流周转，提升经销商的资金利用，在保证产品新鲜度的基础上，实现营销生态的良性发展。

集团管控诉求。建立能够快速响应市场需求，组织内部供应能力的运营体系，在满足企业管理、战略落地、风险控制和成本集约的整体要求下，为各层管理、业务人员提供管理工具，全面客观地反映企业运营的整体绩效，帮助飞鹤乳业实现高质量、高效率的持续发展。

应用模式

以全渠道营销为源头，供应链支撑为保障，生产制造与质量追溯为基础，财务管理为督导，建立飞鹤乳业统一的数字化营销平台，涵盖营销、计划、采购、储运、物流、生产、财务、人力、质量、资产等多业务领域。

关键要素

创新的数字营销管理平台。实现渠道交易协同和渠道管理的精度深耕，覆盖终端门店日常业务的开展，并贯彻落实营销团队的区域市场经营活动，全面支撑终端门店面向消费者的营销服务，如图10-9所示。

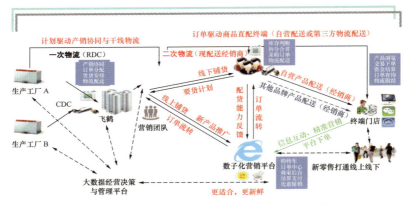

图 10-9　飞鹤乳业创新的数字化营销管理平台

高效的制造协同平台。以市场实际需求与需求预测为目标，以渠道供应链管理为基础，以生产基地产能为支撑，实现产销协同的集中计划体系。在生产执行层面，与生产现场的西门子 MES 高度集成，强化制造执行的过程管控，建立精细成本核算体系，如图 10-10 所示。

可视的物流供应平台。以 28 天产品新鲜度为目标，实现流通环节的整体物流优化，通过建立云仓二次物流的管理模式，面向预测与订单合理安排物流，实现供应链网络的全程追溯和可视化。

柔性的采购资源整合平台。建立以 28 天新鲜度为基础的高效供应体系，通过与外部供应商的全面业务协同、强化基于食品安全与产品品质的原料品质管理与批次追踪，建立核心的物资国际化采购业务及全面的风险控制体系。

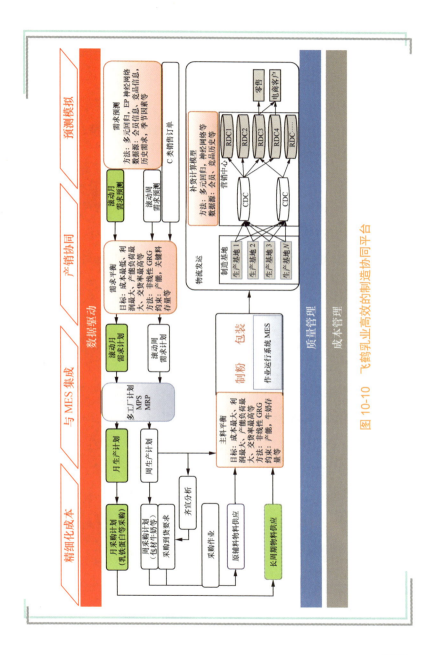

图 10-10　飞鹤乳业高效的制造协同平台

卓越的集团化管理运营平台。优化建立符合战略目标的组织架构体系，以此为框架支撑集团"财、资、税"一体化管理及合理的税务筹划，建立以营销费用为核心的费用预算体系支撑，建立财务管理与业务推进的一体化体系，实现精益运营，支撑飞鹤乳业的多级决策体系。

应用价值

基于全通路的营销生态建设，在现有渠道营销的存量业务中，通过营销政策与营销费用的精准投放，提升面向终端门店的营销服务能力，通过云仓模式，加速渠道的周转率与门店服务的覆盖率，实现新的业务增长点。

基于食品安全与品质保障的产品全生命周期管理，实现从奶牛养殖、原奶生产、奶粉加工、渠道流通、消费者消费的全程物料追溯。

基于敏捷供应链的作业效率提升，以全面满足消费者28天新鲜度的良好体验为宗旨，实现外部渠道供应链与内部生产物流供应体系的有效支撑，实现从生产完工到门店陈列"$N+15$"到"$N+10$"的优化。

基于业务协同的数据分析与预测，通过企业生态数据的深度挖掘，实现对预算执行、财务管控、人力共享、计划预测和渠道供应链等多个业务领域的数据应用与共享。

10.4　搭建 C2B 体系

如今，营销渠道中信息和价值不再是从企业端到客户端的单向流动，应用大数据技术，通过企业内部平台化整合、社会化跨界价值传递等方式重塑企业的传统价值链，借助数字技术重新赋能传统价值链中的优势环节，深度洞察并满足消费者的需求变化，以客户需求驱动升级企业内部管理结构和营销模式，打造实时精准、低成本、可控的柔性生产经营方式，从而形成完整的以客户导向为核心的 C2B 运营体系，实现灵活经营、精确管理、精准营销，使其成为企业新的核心竞争力和发展机遇。

构建 C2B 运营体系，首先，要求企业将传统客户渠道调整为供需双方信息、资源共享的通道，将客户角色转变为参与者角色，深度整合跨行业信息与资源，及时准确地响应客户需求，以客户为主导反转企业经营管理和运营模式。其次，要求企业应用大数据思维、平台思维、社会化思维等对企业的传统价值传递环节进行优化升级，进一步整合跨行业信息、资源和利益。最后，要求企业借助大数据等技术，挖掘消费者需求，根据客户需求柔性化定制产品和服务，调整营销组合，建立以客户需求为导向的产品开发及营销体系，全面洞察客户需求并牢牢把控消费者。以客户需求为主的反转营销价值链说明如图 10-11 所示。

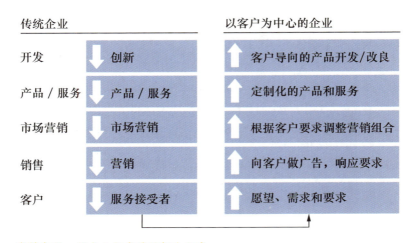

资料来源：用友云数字营销解决方案。

图 10-11　以客户需求为主的反转营销价值链说明

案例：曲美家居打造营销中台，适配家居行业 C2B 新模式

曲美家居是 A 股上市企业，中国领先的集设计、生产、销售于一体的大型家具集团，秉承"曲美现代家具欧洲原创设计"的品牌理念，曲美家居为客户提供全屋定制、老房改造等绿色环保的空间解决方案。

业务痛点

为迎接消费升级的大趋势，曲美家居推出线下（实体店）和线上（网店）有机融合的"双店"经营（O2O）模式，实现"以客户为中心"的厂家、商家、消费者一体化。消费者既可以在云设计平台在线挑选、搭配家具、设计室内布局，又可以在线下门店接受设计师团队一对一的量身设计服务，还可以通过线下扫描二维码的方式获取全方位的产品信息等，享受线上和线下资源互通、信息互联、相互增值的便捷服务，从而提升曲美家居品牌的差异化竞争力。与此同时，曲美家居"独立店"开始与京东商城合作，不仅基于生活场景设计家具体验，还融入咖啡馆、亲子阅读区、VR 体验区等多种业态，打造跨界综合体。

然而，日益增长的业务发展与信息化建设产生了很大的分歧，曲美家居已有的 IT 系统既不能支持前端业务模式的变化，也不能支持企业组织架构的调整。如何保留既有的系统开发内容（如财务、供应链、移动 CRM、OA 等），又逐步融合数字营销的业务需求，连接并重构经营前端和生产后端系统，这也是曲美家居建设新数字营销平台亟须解决的问题。

应用模式

曲美家居借助用友营销云，构建曲美 5.0 战略数字营销平台，如图 10-12 所示。平台以营销中台为连接，打破曲美家居的各自独立系统集成的连接方式，实现解构渠道管理关系；重新定义基于协同、管控的业务管理架构与 IT 架构；构建面向未来的网状交易、服务关系，满足企业走向社会化组织的业务协同需求。

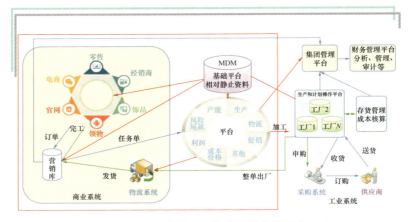

图 10-12　曲美 5.0 战略数字营销平台

◎ 关键要素

　　曲美家居营销中台立足从业务中台扩展到前端应用重构，打造微服务化的业务聚合体、能力聚合体，以满足未来业务的发展需求，构建"统一主数据管理平台，数据驱动管理""运营协同平台，连接消费者、经营消费者，实现流量、商机、需求的全局掌控""商家工作台，支撑商家管理精细化和运营能力，提高厂商协同效率，服务消费者""中台承载与业财一体化，驱动内部市场化运营，推进全面绩效考核管理"四大应用场景，实现营销中台与业财一体化、商家一体化、服务一体化、物流一体化、制造一体化、客户一体化的目标。曲美营销体系说明如图 10-13 所示。

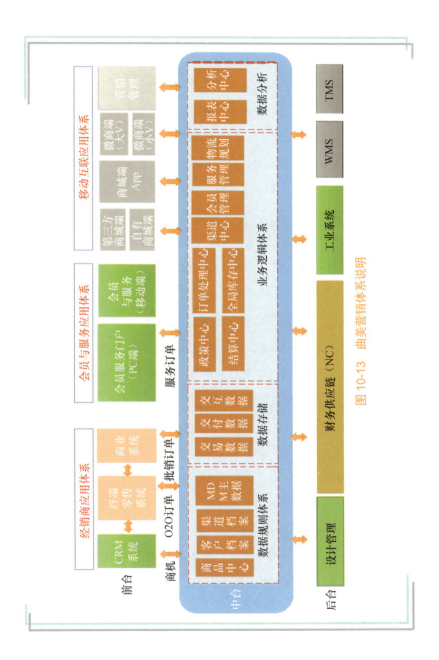

图 10-13　曲美营销体系说明

应用价值

统一主数据管理平台。 重新梳理主数据，重新定义数据格式与编码规范，建立主数据管理规范；推广主数据管理，完成多系统间的集成工作，实现多种形式数据，归集多个渠道数据；重新梳理主数据管理流程，确定主数据入口、维护方式及维护人员，制定数据分发和共享策略；根据全新的主数据管理规范清洗、整理现有 IT 系统中的基础数据。

运营协同平台实现流量、商机、需求的全局掌控。 连接消费者、厂商、供应链，打造"交易"为主的高效协同平台；自动化、智能化赋能终端，提升终端业务的交易能力和基本的服务能力；与后台 ERP、多商家平台紧密整合，多平台一体化衔接应用，无缝实现财务业务一体化，便于管理层及时掌控全局。

商家工作台支撑商家管理精细化和运营能力。 构建消费者行为模型与数字化全生命周期的客户画像；赋能商家，提升营销运营能力和知识服务能力；提高厂商的协同效率，服务消费者。

中台承载与业财一体化，驱动内部市场化运营，推进全面绩效考核管理。 第一，实现财务业务一体化，包括零售、批发、电子商务等全渠道销售与财务核算一体化；报价、生产、采购、成本与财务核算一体化；采集从需求来源、汇总、验收入库、领用、生产与财务核算一体化；各业务系统、法人核算、事业部核算一体化；销量执行与人力薪酬、绩效与财务业务一体化。第二，实现面向阿米巴管理模式的内部市场化运营，包括利润中心之间内部提供产品 / 服务，按照公司内部规定的转移价格结算；细化内部责任中心管理，支持管理者及时准确地掌握责任中心的运营成果；支持货币金额和非货币业务量核算。第三，实现全面绩效管理，从"绩效核算"到"绩效管理"，实现全过程透明化管理；以绩效目标为导向、以人为中心、以成果为标准，提供及时有效的辅导反馈，客观公正地评价员工与部门的绩效水平。

10.5　构建产业创新平台

　　未来商业竞争不再只是企业与企业之间的竞争，而是平台与平台之间的竞争，甚至是生态圈与生态圈之间的竞争。传统企业应该在企业内部平台化和构建全渠道价值链的基础上，借助跨界思维整合全行业上下游乃至其他相关行业的运营模式和价值链传递，从而构建完整、闭合的新型数字化商业生态圈，构建以核心业务为中心的相互促进、相互关联发展的"互联网 +"产业的创新生态系统。

　　这种全新的商业生态对全新的营销模式、生产运营模式、价值链传输模式、生态圈运作模式企业所面临的外界环境进行有机的整合和全面把控，最终形成了以客户需求为核心、各个环节相衔接、相联系，共同运作、共同调整的新经济时代商业闭环 4D 营销整合模型，如图 10-14 所示，从而构建了传统企业的新营销模式乃至新商业模式。

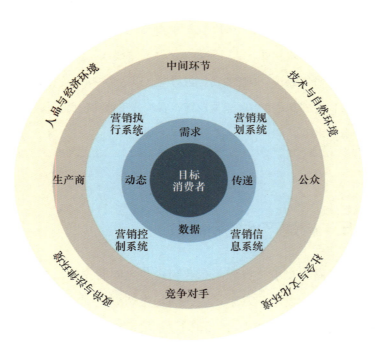

资料来源：用友云数字营销解决方案。

图 10-14　4D 营销整合模型

案例：脉链集团，"互联网＋"五金工具产业创新模式

脉链集团是一家专注服务于工具连锁、品牌、制造、研发一体化的五金工具集团。脉链集团秉承"链接世界，让生活更美好"的理念，致力于向消费者、终端、经销商及制造商提供

以三通平台为核心的专业化企业服务，打造一个开放共享的数字化、社会化的国际工具产业互联网平台。

业务痛点

近年来，五金工具行业的市场虽然已被越来越多的人所认识并重视，但是目前整个工具产业的发展的确存在瓶颈，产业链中的所有环节都处于白热化的竞争态势，只能依靠质量、价格和货款等传统手段竞争来求生存。

与此同时，国内工具产业的产品、服务、设计尚无标准。生产、营销、批发、零售等产业链各环节发展粗放，缺少服务于制造工厂、经销代理、终端门店等产业链各环节的综合企业。产品繁多、配件繁多、维修小作坊是目前中国工具维修体系的现状。

在"互联网＋"背景下，打造一个全新的"互联网＋"五金产业的新商业生态，对深耕五金工具行业的脉链集团而言，既是机遇，又是挑战。

应用模式

脉链集团搭建了 F2B2b2c 的工具产业互联网平台，提供统一模式、统一品牌、统一产品，打通海内外，打通线上和线下，打通城乡，打破外贸乏力、内销死拼的艰难现状，既服务于行业大公司，也服务于上百万中小企业和终端门店，助力整个产业提高交易效率，降低交易成本。

⊙ 关键要素

脉链工具产业互联网平台的初衷是通过消费者思维，协同零售商、经销商和工厂为消费者提供服务，从而实现以下 4 个方面的提升。

"服务＋维修"体系。实现线上和线下融合，统一产品，为工厂、经销商、门店提供专业服务，建立全球维修体系，解决消费者的痛点。

打通线上和线下。实现线上打通数据，线下打通服务，帮助国内厂家走出去，帮助国外厂家走进来。

开放平台。通过大数据、云计算等技术，统一提炼产品、优化服务、精准研发、建立维修保障体系和人才培训机制。将平台开放给社会化合作伙伴，赋能伙伴共同成长。

产业互联网。在"产、学、研"基地，融合线上和线下数据、大数据分析、AI、人才培训、员工手机虚拟店等技术，真正实现产业互联网。

📈 应用价值

脉链工具产业互联网平台可以沉淀行业数据，实现商品品类销售预测与分析、全渠道消费需求预测、渠道商机、价值挖掘。为上游工厂提供产品销售、维修数据分析，协助工厂产品升级优化。为经销商优选产品，减少呆滞库存，提高资金流转速度。为门店提供线上商城，门店零售系统。促进传统门店转型，打破购销时空限制，达到 24 小时服务客户的目的。

互联网的发展极大地消除了企业和消费者之间的信息不对称。传统的渠道体系连到网上后，可能会导致线上和线下的无界限竞争，价格曲线被拉平，价格走低，竞争激烈，企业的生产无限接近成本线，这让传统企业从原先的拼速度、拼价格的阶段，进化到以客户需求为中心，拼服务质量、拼服务专业性的阶段。

在这样的背景下，企业要想生存，必须借助互联网思维，重构营销价值链，升级企业自身的运营能力，从原来掌控制造、产品、渠道和市场的环节，进化到掌控消费者；通过专业化服务，满足消费者的个性化需求，改变自身的生产体系，进行柔性化生产，才可能获取利润，实现消费者、商家、生产商的共赢。

如今，很多领先的企业早已开始探索数字时代的营销变革路径，并已积累了一定的经验。我们发现，大多数企业的数字化营销转型都在遵循这样的路径，如图 10-15 所示。

资料来源：用友云数字营销解决方案。

图 10-15　企业数字化营销变革路径

第一步，通过社会化渠道管控和企业运营能力的强化，重塑营销体系，使企业初步具备全渠道的销售能力。

第二步，通过线上和线下业务协同和运营模式的优化，整

合价值传递，实现营销模式的"互联网 +"转型。

第三步，围绕消费者的需求，以消费者为核心整合营销渠道，同时，对企业内部的各个价值链的传输环节和运营管理模式进行优化，从而实现对消费终端的有效掌控，进一步扩张市场规模。

第四步，在企业内部重塑全新的贴合消费者需求变化的柔性生产模式，以消费者为主导确定经营战略方向和管理生产经营活动，建立企业内部乃至行业间的 C2B 柔性生产模式。

第五步，着力于整合升级运营管理模式，借助互联网思维实现企业运营的平台化和跨界利益整合，形成与企业核心业务相互依托、共生共赢的利益生态圈，从而全面实现企业的数字化转型。

第十一章

生产数字化：工业互联，智能制造

> **重点提示：**
>
> 网络化协同　个性化定制　服务型制造

　　如今，工业互联网应运而生，智能工厂、网络协同设计与制造、大规模个性化定制、服务型制造等新的生产方式快速涌现，成为新一轮工业革命换道超车的重要驱动力。传统制造企业转型，一般从 3 个层面基于工业互联网平台推进：第一个层面是内通（ERP + 数字工厂），实现生产效率的提升；第二个层面是外联，个性化定制的柔性制造、网络化协同制造、设计制造一体化等，实现价值链延伸；第三个层面是构建产业生态，把产业链生态中协作企业的产品、客户、供应商、业务流程、信息、数据全部联通起来，实现向平台化运营的商业创新与业务转型。不同的企业可以根据企业的不同现状，从不同层面发力，实现升级转型。

11.1　数字化管理

数字化管理聚焦工业企业数据开发利用程度低、管理决策效率低等问题，基于工业互联网平台应用打通业务流程、管理系统和供应链数据，通过全链条数据贯通与智能分析，实现组织架构优化、动态精准服务、辅助管理决策等管理模式创新，从而提升企业经营管理能力。

数字化管理有以下 3 个重要意义。

一是有利于推动数据从附属产物向生产要素转变。在传统生产过程中，受收集、存储、传输、分析等能力限制，数据始终作为企业业务流程的附属产物存在，其价值一直无法被深入挖掘。随着信息技术的飞速发展，识别、计量与管理海量数据的算法、算力不断完善，数据的价值被充分释放，逐渐成为企业重要的生产要素。企业可以基于平台开展数字化管理，打通研发、生产、管理、服务等环节，实现设备、车间、物流等数据的泛在采集，推动全生命周期、全要素、全产业链、全价值链的有效连接，打造状态感知、实时分析、科学决策、精准执行的数据流动闭环，辅助企业进行智能决策，显著提升企业感知、预测、防范的风险能力。

二是有利于推动管理从业务驱动向数据驱动转变。传统的管理模式基于业务驱动，依赖个人经验，节点间信息分享不畅，分析的过程和结果往往难以有效复用，无法满足数字经济时代企业经营管理快速迭代创新的需要。数字化管理从业务的数字化监测、分析、模拟和计划入手，通过数据挖掘分析，结合虚拟仿真、VR/AR 等技术，打造真实映射物理世界的数字孪生世界，持续将业务流程标准化、精细化、可视化，实现员工、业务的集中管控和资源的统筹配置，提升企业的关键资源管理能力。

三是有利于推动组织从刚性架构向液态架构转变。传统企业组织架构多为科层制，通过对权力的分级配置保证决策的可靠性、员工控制力和业务的稳定性。然而，对外界变化不敏感、机构设置逐渐冗杂、沟通交流烦琐等使刚性架构难以适应当今商业运营的需要。数字化管理以数据流带动人才流、资金流、技术流自由流动，降低人才、资金、知识等在部门间流转的门槛限制，形成合作性强、流动性强、主动性强的液态架构，打造全员共治、自组织、自主适应的组织形态，既增强了协同创新的意愿与效果，也有利于激发组织和个体的创新和创造活力，从而提升企业的整体创新实践能力。

四川恒鼎实业有限公司创建于 2000 年 5 月 8 日，该公司依托中国西南地区资源优势，以生产煤炭、焦炭为主业，在我国西南地区拥有现代化的煤焦生产基地。恒鼎公司作为中国中小焦煤资源的整合者，在攀枝花地区原有的焦煤资源基础上，利用上市募集的近 50 亿港币陆续收购了贵州六盘水市的大量优质焦煤矿。恒鼎公司与攀钢集团、武钢、韶钢、广钢、柳钢、昆钢等国内大型企业建立了产、供、销、运的战略合作伙伴关系。

一直以来，我国煤炭企业"重投入、轻管理"、生产方式落后、管理效率低下、信息化程度不高。企业内部的组织结构分工繁杂，部门众多，机构重叠，职能部门之间缺乏整体协调性。虽然近年来有所改观，但仍然暴露出煤矿安全事故频发、管理效率低下、内耗现象严重等突出问题，严重制约了煤炭企业乃至整个煤炭行业的发展。加强煤炭行业信息化建设，已是大势所趋。

恒鼎公司经过近几年的快速发展，在内部管理、经营管理、安全生产等领域规划建设了相应的业务管理系统，积累了大量的数据。当前需要从跨业务、跨部门、跨系统的视角对公司内部系统数据进行治理，了解恒鼎公司总体运营态势，分析企业经营管理关键运行指标，从而辅助公司管理者决策。通过构建基于大数据的监测管控和决策支撑体系，提升内部管理、生产管理、采销管理、资产管理等领域的智能感知和精准管控能力。

平台建设将形成恒鼎公司统一的大数据资源管理服务能力，对内支撑 IT 管理部门统一管理数据资产，支持 IT 管理部门对数据服务能力和平台本身进行管控。一方面，平台通过各类数据的深度融合和关联分析，实现恒鼎公司总体态势实时呈现，及时掌握全域态势，了解企业各类运行指征，对企业运行过程中的异常情况及潜在风险发出预警，并快速响应；另一方面，平台实现了基于数据分析的决策辅助，有效支撑企业运行管理和领导决策。平台基于各主要系统的对接，通过数据汇聚融合促进业务协同，为规划建设新的业务系统提供公共数据与服务支撑能力。同时，平台的建设为外部具有数据服务需求的机构提供了数据共享与交互能力。

平台通过大数据技术，对数据进行采集、计算、存储、加工，同时统一标准和口径。大数据平台把数据统一后，会形成标准数据，再进行存储，形成大数据资产层，进而为恒鼎公司提供高效的数据服务。这些服务与企业经营管理的业务有较强的关联性，是独有的且能复用的；是业务和数据的沉淀，不仅能降低重复建设、减少烟囱式协作的成本，也是差异化竞争的优势所在。构建全域数据的能力共享中心，提供数据采集、存储、融合、治理、服务、应用等全链路"一站式"服务，构建面向业务应用的数据智能服务平台。针对结构化数据构建数据资源标准层的建设，通过一组数据工具对所有汇入数据进行融合和治理，通过平台的算法对数据进行深度加工，并向上层的应用支撑平台提供各类数据服务。数据资源平台主要包括临时增量表、基础全量层、数据融合层（明细层）、主题层和可选的专题层。针对视频流、实时结构化数据、日志数据等建立实时数据存储和计算能力，通过实时数据总线进行结构化、非结构化数据的接入，实时处理完成后，通过实时数据总线对外输出。

恒鼎公司 5G 全感知平台在各部门数据汇聚融合的基础上，运用大数据分析和大数据可视化手段，完整、深入地呈现恒鼎公司运行状态，构建科学的指标体系和分析模型，准确、及时地进行预警和预判，为恒鼎公司经营管理提供决策分析，为恒鼎公司经营管理的科学高效决策、协同管理与联动指挥打下基础，全面实现恒鼎公司经营状态的综合展示，打造煤矿生产企业的"数字大脑"。

一是构建企业大数据平台。负责采集、汇聚、有机组合恒鼎公司数据治理领域的全量数据，实现将企业经营管理领域的各类数据进行汇聚共享，构建恒鼎公司业务领域综合数据资源体系。

二是展示企业运行态势。在恒鼎公司数据治理信息整合与共享的基础上，将来自恒鼎公司各分公司、各部门的各类信息，以最有效的方式进行可视化呈现，为公司整体运营提供数据支撑和信息服务。

11.2　平台化设计

平台化设计依托工业互联网平台，汇聚人员、算法、模型、任务等设计资源，实现高水平高效率的轻量化设计、并行设计、敏捷设计、交互设计和基于模型的设计，变革传统设计方式，提升研发质量和效率。

平台化设计有以下 3 个重要意义。

一是有利于实现客户从旁观者向参与者转变。部分传统制造企业缺少仿真设计、数字孪生等软件工具，产品的设计评价、装配校核、功能测试环节多基于实物而非数字化模型，由于存在研发周期长、环境要求高、技术上手难等问题，客户很难全程参与产品的研发设计。在平台化设计模式中，企业借助工业互联网平台开展交互设计，将客户需求可视化、模块化，以仿真软件上"拖拉拽"的形式替代原有实物加工，降低操作难度，减少投入时间，让客户深度参与产品的设计流程，满足客户个性化定制需求。

二是有利于推动企业从研发环节独立向全流程一体化转变。传统制造企业产品设计往往涵盖研发、生产、售后等多个环节，由于受到研发数据流通、研发侧重点不同等多种因素的影响，设计协同性不够，存在环节间脱节的现象，因此试错成本高，研发效率低，产品质量无法保证。在平台化设计模式中，一方面，企业研发设计环节的模型可与生产、测试、销售、运维等多个环节共用，明确各环节设计需求，实现对产品的结构、外观、功能、性能、寿命等要素进行一体化设计，减少时间和资本投入，保障产品质量。另一方面，企业研发设计所需要的数据从生产、服务等多渠道反馈，推动产品全生命周期的信息共享，实现研发设计过程中数据的流转、集成和贯通，从而提高产品设计质量和研发效率。

三是有利于推动模式从实验为主向虚拟仿真转变。传统制造业的研发模式基于实物反复测试，需要企业投入大量资金、设备、人员、时间等成本，导致中小企业研发门槛高、难度大，产业整体创新效率和产品服务丰富度受限。平台化设计模式基于工业互联网平台在赛博空间构建现实物理环境、产品或系统模型的映射，实时反映真实系统的运行状态，实现在虚拟空间对产品模型进行修改、测试、验证和分析，大幅减少迭代过程中物理样机的制造次数，节约了时间，帮助企业以更少的成本和更快的速度将产品推向市场。

中国商飞是实施国家大型飞机重大专项中大型客机项目的主体，也是统筹干线飞机和支线飞机发展、实现我国民用飞机产业化的主要载体，主要从事民用飞机及相关产品的科研、生产、试验试飞，从事民用飞机销售、租赁和运营等相关业务。中国商飞按照现代企业制度组建和运营，以"研、产、服"融合的工程主线，推进基于模型的系统工程，构建基于网络的、知识驱动的开放式研发数字仿真平台，打造面向民用飞机全产业链的数字化协同仿真环境，推进民用飞机智能制造的应用和高效客户服务，全力打造更加安全、经济、舒适、环保的商用飞机。

商用飞机的产品复杂度极高，涉及复杂装配与集成制造、大尺寸机体部件、百万级零部件等特点，产品复杂度远超其他行业产品。民用飞机研制全产业链涉及的数据源、专用软件数量巨大，包含上千款工具软件，覆盖空气动力学、材料学、微电子等专业领域，由于设计集成过程的复杂性和对飞机产品质量管控的要求，亟须针对产品结构和工业机理开展仿真，建立基础理论模型、部件模型及仿真模型，促进数据更加及时、准确、完整地汇入更加精准、科学、多元的模型中，推动多类主体基于数字仿真进行网状、并发、实时的协同研发设计。

商飞遵循数据模型化、流程集成化、技术架构平台化，借鉴民用飞机行业标杆实践。研发数字平台包括数字化工具集和工程应用系统，通过综合运用研发流程管理、工程资源管理、CAX 集成等技术，实现数字化专业工具、异构应用系统的集成和数据整合，实现跨组织、多项目、多专业的协同以及研发知识的积累、重用和工程数据的统一管理，从而提高研发工作的规范性、协同研制的效率，提升企业在系统工程、"研、产、服"一体化等方面的核心能力。基于模型的研发应用，补充各专业 CAX 工具和需求工程工具，开展基于统一建模的多学科联合仿真分析优化和建造前的性能仿真，实现基于结构化定义的需求工程，包括需求开发（捕获、分析、设计、验证、确认）和需求管理（配置、变更、人员岗位等）；开展基于 SysML、Modelica、CAD/CAE 标准与技术的模型关联局部试点应用，推进模型的连续传递和持续验证；基于模型定义的设计、制造、维修和运行一体化协同。补充完善三维模型标注信息，实现基于模型的设计、总装集成（工艺、工装）、服务设计一体化的并行工程，提高多组织、多专业的并行协同设计能力；仿真试验一体化管理、数字试飞、虚拟飞机。基于数字样机和仿真建模，开展重点试验的虚拟试验验证，降低试验风险；通过物理试验对仿真试验模型进行标定，逐步以虚拟试验替代部分物理试验。

中国商飞正在利用新一代信息技术，以工业互联网平台为载体，数字仿真软件为媒介，着力解决研发设计、生产制造、供应链管理、运维服务等关键环节的问题，突破数字仿真核心能力，发挥其在民用飞机全生命周期的潜在效能，推动产业整体数字化转型，并取得阶段性成效。依托飞机全生命周期数字集成平台，整合优化核心流程与数据规范，实现基于模型的产品数据完整性定义和基于模型的协同研制，扩充完善专业工具软件。实现跨部门、跨地域、跨专业研发工程师协同研发设计，有效提升在线机理模型解析能力，加强航空建模软件开发的自主性。通过各项数字仿真解决方案实施，以上海、北京、成都三地为基础构建中国商飞公司 5G 虚拟企业专网，建设云网一

体化的 5G 协同制造操作系统云平台基础架构，开展基于 5G 的
数字化设计仿真场景应用。在此基础上，推动建立"5G ＋ 工
业互联网 ＋ 智能制造"技术体系，在沉淀工业知识，开发工业
软件、工业 App 的基础上，推动形成民用飞机制造行业全生命
周期数字仿真整体解决方案，从而不断提升企业设计、研发和
运维效率。

11.3　智能化制造

智能化制造聚焦传统工艺技术落后、生产效率低和管控能
力弱等问题，通过对制造过程数字化改造，推动设备、系统与
平台等之间数据互联互通，实现对生产制造过程的动态感知、
实时分析与科学决策，提升生产效率和产品质量，提高资源能
源利用率与生产安全水平，实现数据驱动的智能化生产。

智能化制造有以下 3 个重要意义。

一是有利于实现设备智能化。 企业传统信息化架构是机
器、PLC/DCS、SCADA、MES、ERP/ 物料需求计划（MRP）
五级架构，主要解决工业生产自动化问题，不对设备运行状态
进行实时分析和处理，也不具有实时反馈功能。而工业互联网
平台架构有边缘层、IaaS 层、PaaS 层、SaaS 层，机器设备可
以通过调用工业机理模型实现对设备运行状态的实时现场分析

和决策，推动传统工业物联技术从边缘控制向边缘计算演进。

二是有利于实现生产柔性化。传统生产线是专线专用的自动化生产线，适用于大批量、少品种订单，对多品种、小批量订单来说，存在交货周期不稳定且偏长的问题。基于工业互联网全面感知、动态交互的特性，在生产线上密布传感器，对生产线上每个加工配件自动识别，数据传输到工业互联网各个分析节点，调用工业机理模型，确定每个产品的生产路线和工序，结合调度策略动态实现混线生产，提升生产线的敏捷性和精准性。

三是有利于实现优化动态化。传统工业生产优化过程使企业通过分析上一周期的生产运转的情况，得出优化方案，从而对下一周期的生产进行调整优化。通常情况下，离散型制造行业以周、天为优化周期，流程型制造行业以批次为优化周期。工业互联网平台作为连接人、机、料、法、环等全生产要素的重要载体，全流程贯通的数据流可以完整、实时、动态地反映现实生产全过程，通过调用工业机理模型可以实时分析工业生产的运转情况，实时对生产进行调整优化，实现动态交互的生产过程优化。

山东胜通钢帘线有限公司（以下简称"山东胜通"）成立于2003年10月，是一家专业生产子午线轮胎用钢帘线、胎圈钢丝，以及胶管钢丝、缆型胎圈等高端金属制品研发、制造的现代化企业，为上市公司山东大业股份有限公司的全资子公司，已通过 ISO9001、ISO14001、ISO45001、IATF16949 体系认证，下辖 3 个分厂，其中钢帘线年规划生产能力 26 万吨，胎圈钢丝 5 万吨。

传统的钢帘线生产过程中，生产现场的管理、工艺点的监控、物料的移转全部通过人力完成，生产数据的反馈呈现滞后性，即在出现产品质量波动的结果后才能对工艺点进行追溯与调整，这造成了大量的物料浪费，严重影响了产品质量的稳定性。此外，在生产过程中，物料的移转也通过人工实现，劳动者对原材料、半成品反复搬运移转，重复进行低价值劳动，在增加劳动者工作强度的同时，造成了人力资源的浪费。

山东胜通高精特种钢丝智能化生产基地项目通过建立工业级通信网络，实现了中央显示控制系统、数据采集系统、二维码系统、能源管理系统、设备管理系统、自动化物流移转和分拣系统、智能立体仓库、ERP、自动发货系统、供应链管理、产品生命周期管理（PLM）系统、自动化实验室系统、统计过程控制系统网络互通、信息共享，形成智能化生产与网络相结合的生产制造系统。每个车间的设备通过网络连接，车间之间通过光纤通信连接，实现所有的设备信息、生产信息、产品信息、员工信息接入企业大型核心数据库，供各信息系统分析使用，为生产制造提供支撑。车间内部工业无线网络覆盖率达100%，员工可实时查看与管理数据。

通过各信息化管理系统集成，实时数据平台与过程控制、生产管理系统实现互通。建立车间级的工业通信网络，系统、装备、零部件及人员之间实现信息互联互通，大幅提高了生产效率，缩短了产品的生产周期，实现精益化生产，进一步降低产品的不良率，提高能源的利用率。

在智能化数字工厂中，山东胜通通过建立自动化数据采集分析系统，利用计算机软件系统替代人工录入，将数据实时传递给指挥中心，真正实现了质量控制的全面性、及时性。通过建立MES，总管整个车间生产，对生产现场进行全方位、准确的控制，降低成本，提高效率。同时，将MES与ERP系统进行融合，对企业现有的人力、物力、财力等资源进行整合优化，提高公司的资源利用率和效益。通过车间内部的工业网络布局，确保数据传输的稳定性和保密性。

通过信息系统对物资仓储、生产过程、质检发货、能源使用、设备维护等方面的规范管理，减少了物资库存周转天数，缩短了物资采购周期和成品出货时间。同时，设备、能源、生产记录、质检的工作效率得到大幅提升，例如，1盘成品帘线的追溯时间从之前的1天缩短为1分钟，追溯效率提高99.7%，追溯数据的保存时间至少可达十年之久。此外，信息系统替代了人工填写标签及记录，减少了员工的工作强度，避免人为填写错误，节省了很多标签及记录表单的费用。

11.4 网络化协同

11.4.1 网络化协同设计

制造业企业在产品研发及制造过程中存在大量的企业间的协同工作。在产品生命周期过程中存在全方位的数据交换，产品从策划、概要设计、详细设计、样件生产到定型的整个研发过程，是一个研发设计制造社会化大协同的过程。社会化研发协同如图 11-1 所示。

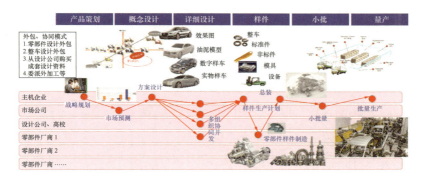

资料来源：用友工业互联网与智能制造解决方案。

图 11-1 社会化研发协同

如今，这种社会化协同模式已成常态，组织间的协同往往通过邮件、电话、即时通信（例如微信、QQ）、网盘等方式进行，项目沟通效率低下，沟通过程难以追溯，产品的数据传输无法保证高效、安全、准确。在协同设计的过程中，由于设计师操作失误，设计图纸在修改后未被及时发出，时有造成合作双方经济损失的情况；合作双方通过网盘来共享研发、设计资料，造成资料泄露，这样的案例屡见不鲜。

数字技术的发展，让研发设计的社会化协同问题迎刃而解。现在，越来越多的企业采用"云＋端"的混合云模式来解决网络化协同设计的难题。一方面，企业内部的研发协同通过 PLM 和 ERP 集成，实施设计制造一体化；另一方面，通过云端的协同服务与内部 IT 系统的连接与适配，同步实现企业供应商、客户、伙伴的产品数据和研发业务的协同。这样既不改变企业现有的管理体系及 IT 架构，也能有效保证企业研发数据安全，还能通过云设计平台（公有云）实现社会化、网络化的研发设计协同。

在社会化、网络化协同研发设计中，基于项目管理的研发设计业务协同和产品数据协同是两个关键部分。

研发设计业务协同。PLM 中的项目任务通过云设计平台分发给上下游协同研发的组织或个人，参与协同开发的组织或个人通过云设计平台接收任务、执行任务、提交任务。任务及提交物通过云设计平台自动返回到企业 PLM，从而实现社会化的研发项目协同；变更和审批也是以任务的形式发给相关者，执行提交，统一纳入企业 PLM。

产品数据协同。企业上下游之间需要进行数据交互时，可以直接通过内部 PLM 向云设计平台发送文档和物料，也可接收"云设计平台"发送的数据，实现上下游间数据协同分发，并通过随机生成的二维码在线验证数据的有效性。同时，文件数据并不存放在云设计平台，而是按照组织已有的管理模式进行保护。

云设计平台是一个公共研发设计协同平台，在云端架起产业链上各企业间项目协同和数据协同的桥梁，在云端开启产品研发的社会化协作模式，实现产品数据及研发业务之间的共享及协作，消灭企业之间的协同鸿沟，加速产品的研发设计。

案例：山东华滋社会化协同研发模式

山东华滋自动化技术股份有限公司是从事精密设备研发和生产的高科技企业，是一家专业设备和自动化生产线一体化解决方案提供商。目前，公司的圆刀机已成为模切行业的领先者，已经形成设备、技术、配套、服务等一体化系统产业链，为客户提供精准、专业的服务。

业务痛点

为了提高产品数据及研发管理过程的信息化管理水平，华滋在 2018 年正式采用用友 PLM 作为产品数据生命周期的管理平台，应用了包括文档管理、Auto CAD 集成、Solidworks 集成、物料管理、设计物料清单（BOM）管理、项目管理等模块，解决了企业内部产品数据管理的困境，实现了边设计边生产的一体化应用。

华滋的产品复杂度高，参与的供应商、外协企业等协作伙伴近百家，而且在产品全生命周期中，特别是在研发生产过程中，供应商参与紧密。在研发设计早期，供应商就要参与器件选型和样品提供，但是外部伙伴、供应商却游离于系统之外，它们无法直接实时获取所需的产品数据，无法与华滋一起高效协同。

为了解决这个问题，企业可以选择为外部企业建设 VPN 专线，购买更多的 PLM 站点。然而，这一举措将大幅提升企业的 IT 投入，并非理想的解决方案。

应用模式

山东华滋引入用友制造云设计服务，采用"PLM＋设计"服务的一体化方案，覆盖华滋内外相关部门、组织，实现产品数据的全面无缝扭转。设计服务应用架构如图 11-2 所示。企业内部业务通过用友 PLM 已有功能进行运转；外部沟通协作则通过 PLM 将数据及业务要求通过用友云设计平台进行分发，协作企业可以在公网的条件下，通过移动设备、计算机等直接获取分发的数据并给予反馈。

关键要素

用友制造云设计服务帮助山东华滋在云端连接产业链上的主机厂、供应商、施工方及第三方合作伙伴，架起社会化研发的桥梁，并通过与本地各管理系统和云端各云产品的整合应用，实现研发过程中的产品数据协同和研发项目协同。设计服务功能结构如图 11-3 所示。

"云＋端"的协同

与 PLM 的协同：实现"云＋端"的协同，以企业内部的 PLM

系统为后台，云设计服务为前台，实现企业间内部的系统是产品
数据和设计研发业务的管控中心，而设计服务提供的是云端的协
同、适配、同步服务，实现企业与产业链上下游之间的协同。

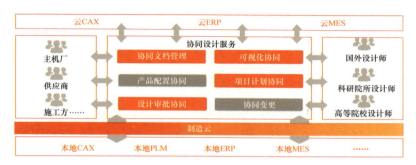

图 11-2　设计服务应用架构

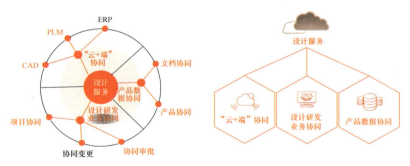

图 11-3　设计服务功能结构

与 CAD 的协同：对 CAD 文档进行轻量化处理并在云端实现
在线浏览。

产品研发业务协同

产业链协同关系的建立和管理：产业链上的上下游企业（主

机企业与供应商之间，供应商与其他供应商之间）建立协同关系，形成协作和数据分享，以及数据安全的机制是协同能达成的基础。

产品开发项目协同：实践证明项目管理是跨组织协同研发的唯一有效方法。通过云端项目管理和流程管理对设计开发过程中各个阶段、各个活动进行控制，从而实现对新产品开发过程的全面控制，以规范企业的业务规则，这是企业提升管理水平的根本所在。针对企业的实际情况，建立工作流程管理，这也是建立业务协同的机制，在约定的流程下完成多组织的协同开发。

在项目 PLM 中，华滋分解任务并通过设计服务在云端分发给研发协同的供应商、第三方协同开发的伙伴。协作方再通过设计服务在云端提交任务并将设计成果一起提交到华滋的 PLM 中统一管控。

产品数据协同

文档协同：企业上下游之间需要数据交互时，通过设计服务实现在产业链上建立协作关系的多组织间、文件的协同往来、浏览与圈阅、查询、归档及发放，实现文件的全过程跟踪以保证产品图与文件的一致性与有效性。

产品结构与配置：以 BOM 为核心，在统一的数据支撑下，实现物料及零部件的分发，并按产品零部件对数据成套归集与分发。

设计服务不存放文件数据，按照组织已有的管理模式进行保护，云端只处理适配、协同与同步。在设计服务隔离内部系统与协作方的同时又建立链接，保证数据安全的同时实现研发的社会化协同。

应用价值

"设计云 + PLM"一体化，使华滋可以在 PLM 中实现一键发放，将文档、物料通过用友制造云设计服务发放到关联企业、组织。外部单位无须登录 PLM，不占用 PLM 站点，无须架设 VPN。通过浏览器即可获取下发数据，简单高效。

用友制造云设计服务不存储 PLM 端推送的文件，仅存储文档链接信息，并且由于 PLM 对下发文档的权限控制及有效期设定，同时将外部人员的工作纳入内部 PLM 系统中进行监控、考核，实时发现任务风险，并进行管控，从而最大限度地保证企业数据的安全。

11.4.2 网络化协同制造

网络化协同制造模式将是未来主要的制造模式，异地协同设计制造技术是提高企业在全球市场竞争力的重要保障。网络化协同制造是指利用互联网、大数据和各种集成技术将串行工作变为并行工程，打破时间、空间的约束，将企业产品设计、制造、运行、维护、管理等环节紧密连接，实现产品全生命周期内资源的充分利用，从而得到更高的经济效益。

现代制造企业协同制造模式，一般分为多组织内部协同、产业链协同和社会化协同。

多组织内部协同。 在制造业向着大型、精密、数控、全自动趋势不断靠拢的背景下，企业实现多组织的纵向管控，横向集成，覆盖业务全链条、产品全生命周期及产品交付全过程的业务协同，整合公司内部各分/子公司的资源，由传统的"数据孤岛"转为信息化协同管理，采集各个环节的数据并输入到全生命周期数据库形成总知识库。通过信息技术、自动化技术、现代管理技术与制造技术相结合，构建面向企业的网络化协同制造系统，实现企业间的协同和各个环节资源的共享。如图11-4所示，集团企业通过多组织物料需求计划将生产任务分配到相应的制造部门及制造单元，进行作业计划调度、物料配送等，发挥集团规模优势，一切活动需要围绕客户的需求变更，如设计的修改、工艺的修改、上下游物料的供应、仓储物流、设备的运行状态等建立动态协调机制，以便快速响应市场与资源的动态变化，实现集团一体化运营。

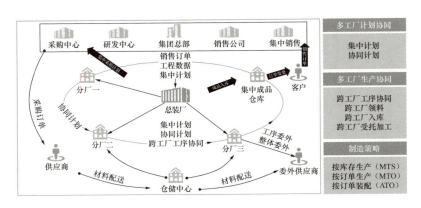

资料来源：用友工业互联网平台及智能制造解决方案。

图11-4　集团企业的计划与制造协同场景

产业链协同。现在的企业已经不再局限于企业本身独立的运作，消费者手中的产品可能需要经过多家企业的生产才能完成。企业的产品可能是直接上市的消费品，也可能是其他企业的原材料或半成品，而企业自身用到的零部件、半成品或原材料又可能是其他企业的产品。总之，每家企业和其他企业都可能存在相互依存、合作或竞争的关系。所以，现在的企业不但需要构建内部多工厂之间的网络协同，还需要构建包括产业链上下游企业之间的网络协作：一方面消费者或下游企业可以通过网络化协同共同参与产品的设计和研发，介入产品的设计生产过程，满足个性化定制需求；另一方面，原材料、人员、设备等生产资源通过网络化协同进行合理配置，工厂组织柔性、适应性强的生产加工过程，使产品的制造周期大幅缩短。通过供应链上各个环节的大数据采集和分析，消费者数据、企业业务数据、供应商数据被融合到供应链体系中，使供应链能持续保持改进和优化，从而帮助制造企业实现对消费者的敏捷响应，实施差异化市场营销，满足消费者的差异化市场需求。

社会化协同。网络化、数字化、社交化、移动化相互融合产生的互联经济，正在促使个人、企业、市场、社会之间的联系日益广泛和紧密，在整个社会协作网络中，资源极其庞大，企业间的协作不仅仅跨上下游，跨专业、跨领域的社会化大协同也已经成为一种趋势和潮流。产品从原料、生产到上市，不仅是上下游生产业务的协同，还涉及社会化物流、外部研发设计、专业实验检测、金融服务、电子商务等多专业、多领域的大配套、大协作。

网络化协同制造实现路径

咨询机构 ARC 早在 2000 年曾针对新的生产制造模式推出用工程、生产制造、供应链 3 个维度描述的协同制造模型（CMM），CMM 利用信息技术和网络技术，把产品研发流程、企业管理流程与生产产业链流程有机结合，形成一个协同制造流程，从而使制造管理、产品设计、产品服务生命周期和供应链管理、客户关系管理有机地融合在一个完整的企业与市场闭环系统中，使企业的价值链从单一的制造环节向上游设计与研发环节延伸，企业的管理链也从上游向下游生产制造控制环节拓展，形成一个集成工程、生产制造、供应链和企业管理的网络化协同制造系统。ARC 的 CMM 如图 11-5 所示。

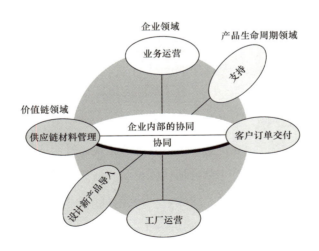

资料来源：用友工业互联网平台及智能制造解决方案。

图 11-5　ARC 的 CMM

在营销前端，通过互联网技术将消费者与企业连接，企业向消费者提供可自由组合的标准化模块，消费者直接参与企业的设计、生产环节。企业利用大数据和数据挖掘技术，将海量客户需求及市场反馈数据进行比对、分析，对制造方式及工艺提出建设性指导意见，为产品的更新换代提供数据支撑。

在生产后端，企业拥有多个生产基地、工厂，生产管理复杂性高，面临诸多挑战。例如，集团领导如何随时了解各工厂的生产情况？多工厂之间存在上下游配套生产关系时计划该如何协同？企业有紧急订单，计划人员该如何快速调整，合理安排生产？生产过程中异常订单无法按时完成，如何在各工厂间重新调派任务？因此，对一家拥有多工厂的制造企业来说，工厂之间采用协同制造模式是企业在发展过程中越来越迫切的需求，协同平台应从产供销协同、多工厂计划协同、物料协同 3 个方面来保证企业内部各个部门的协调性。

产供销协同

营销中心集中销售、分销组织调拨要货、生产工厂自己销售；计划中心集中计划；采购中心集中采购，仓储中心集中收货或工厂自己收货。产供销协同流程如图 11-6 所示。

多工厂计划协同

多工厂计划协同，包含集中计划、集中排产；集中计划、工厂排产；工厂计划、工厂排产 3 种模式，详述如下。

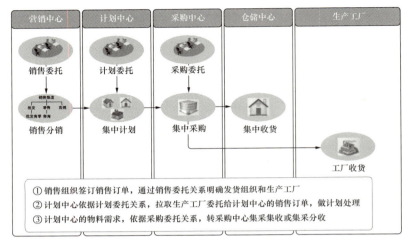

①销售组织签订销售订单，通过销售委托关系明确发货组织和生产工厂
②计划中心依据计划委托关系，拉取生产工厂委托给计划中心的销售订单，做计划处理
③计划中心的物料需求，依据采购委托关系，转采购中心集采集收或集采分收

资料来源：用友工业互联网平台及智能制造解决方案。

图 11-6　产供销协同流程

　　集中计划、集中排产。计划中心根据营销中心、分销组织和工厂的订货需求集中进行产品的生产计划和排程；计划中心给各生产工厂下达生产订单；计划中心集中对大宗原料或战略物料做计划，给采购中心下达采购任务。生产工厂按生产订单生产。

　　集中计划、工厂排产。计划中心根据营销中心、分销组织和工厂的订货需求集中进行产品的生产计划；计划中心给各生产工厂下达生产计划；计划中心集中对大宗原料或战略物料做计划，给采购中心下达采购任务。生产工厂自己做物料需求计划和排程。

　　工厂计划、工厂排产。生产工厂根据营销中心、分销组织和工厂的订货需求进行产品的生产计划；生产工厂自己排产并做物料需求计划，下达采购任务。此模式下又分为多工厂上下游协同生产和多工厂并行生产两种模式。

物料协同

物料协同形式包括跨组织领、备料，跨组织入库，跨组织交接等模式。

案例：网络化协同制造，助推万和新电气弯道超车

广东万和新电气股份有限公司是 A 股上市公司，成立于 1993 年 8 月，已发展成国内热水器、厨房电器、热水系统专业制造的先进企业，是工业和信息化部公布的第三批制造业单项冠军培育企业，其消毒碗柜、燃气灶、吸油烟机、电热水器的市场占有率均处于行业前列，万和燃气热水器和燃气炉具的出口量连续多年在行业同类产品中名列前茅。

业务痛点

作为我国集团制造企业的代表，万和新电气采用典型的多地点、多工厂、多法人、多事业部的业务管理模式。

内部网络化协作关系复杂，效率低下。 万和集团内部各分 / 子公司之间业务协作频繁且紧密，国际营销中心和国内营销中心统一对外接单，不同的公司或工厂生产，总装公司或配件公司之间也存在往来关系，各事业部与营销中心、各分公司、工

厂之间存在业务关系，相互之间已经成为典型的网状业务协作关系。但由于原有信息系统的局限性，万和新电气集团内部多组织之间依然存在大量的信息孤岛。

传统的对外协作模式，供应链周期长，市场需求响应慢。万和新电气不仅内部协作关系复杂，而且还与 460 多家经销商、600 多家供应商、20 多家物流承运商之间业务往来频繁。然而，万和新电气与上下游企业之间的信息交互采用电话等传统方式，不仅效率低，而且时常出现信息错漏，严重影响产品准时交付。在竞争日益激烈的市场环境下，难以快速响应市场需求，竞争力受到严重制约。

应用模式

2011 年，万和新电气基于用友 U9 打造万和新电气企业互联网化、数字化平台。借助"U9 ＋互联网"，实现内部 6 家法人公司、7 个生产基地、5 个事业部间各项业务全面协同，实现与 460 家经销商、600 家供应商、20 多家物流承运商的业务大协同，实现内外部供应链协同到网络化协同制造，如图 11-7 所示。

关键要素

万和新电气内部多法人、多事业部间网络化业务协同。借助多组织企业互联网应用平台，万和新电气集团将所有组织纳入一个平台进行管理，彻底消除组织内部信息孤岛，各部门、各工厂数据完全共享，减少了重复录入的工作量。通过信息流的全过程管控，形成管理闭环，跨区域、跨组织数据自动稽核和检查，内部交易结算数据自动生成，自动对账，减少了人工对账的工作量。通过系统的跨组织业务审批流程，提升了审批效率，让集团管控落到了实处，实现跨组织业务协同与业务轨迹追溯。

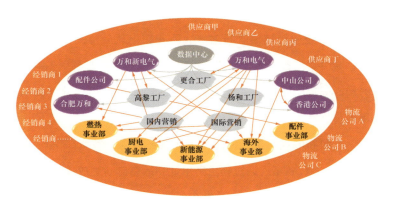

图 11-7　万和新电气基于 U9 实现网络化协同制造

以万和国际（香港）有限公司（以下简称"香港公司"）与中山万和电气有限公司（以下简称"中山公司"）之间的业务协同为例：香港公司接客户订单，中山公司负责组织生产。在未使用 U9 ERP 之前，原来的系统不支持多组织之间的业务协同，香港公司和中山公司之间就像存在一面物理上完全隔断的"墙"，香港公司和中山公司需要分别设计一个账本，把每个业务环节的信息完整地记录下来，需要 15 个大环节或节点。而使用 U9 ERP 后，香港公司和中山公司之间信息完全互通，省去了多个环节，而且关键环节的信息都是跨组织自动生成的。

万和新电气与经销商的网络化业务协同。借助"U9+互联网"，万和新电气实现了与经销商的信息共享。区域月度计划可直接下发给经销商，经销商的月度计划也可直接上传到万和营销中心，并可基于经销商门户直接下单，通知万和出货，经销商在系统中可随时进行对账。万和新电气既提高了沟通效率，减少了沟通成本，提高了经销商的满意度，又有更多的精力和时间用于服务终端客户，有效促进了万和新电气市场占有率的整体提升。

万和新电气与供应商的网络化业务协同。借助 U9 的供应商门户，万和各工厂通过物资需求计划运算自动生成采购计划，采购计划审核确认后，自动发布到供应商门户网站上，供应商可以随时查看万和下达的采购订单，供应商可以在系统里直接确定能否接受订单，并快速把意见反馈给万和，实现万和与供应商之间双向的互联互通、信息共享。同时，通过供应商门户，万和还可以给每个供应商定向发布整改通知单、来料不合格通知单、现场审厂报告、处罚通知及供应商综合评价等信息。

万和新电气与社会化物流承运商的网络化业务协同。万和不仅内部工厂遍及多个地方，经销商更是分布在全国各个地方。

为了将生产出来的产品以最快的速度交付给经销商，满足客户需求，万和新电气还与 20 多家物流承运商建立了紧密的业务协作关系。

万和新电气各地工厂在给各地经销商发货时，通过"U9+互联网"，自动向物流承运商发送派车任务单。物流承运商收到派车任务单，结合系统提供的仓库位置、体积大小等信息快速派车并同时反馈万和工厂备货，物流公司车辆到厂完成装货和发货，系统自动计算运费，并发送给物流公司进行运费结算与对账，实现万和新电气与社会化物流承运商的业务协同，极大地减少了双方的沟通时间，降低了沟通成本，缩短了万和对经销商的货物交付时间，提高了万和对市场响应的及时率，提升了终端客户的满意度。

应用价值

内外部供应链协同效率大幅提升。万和新电气的销售收入在快速增长的同时，非生产人员、财务人员逐年减少，计划编制效率比原来整体提升 70% 以上。

业务处理效率取得极大提升。万和新电气在实现精细化成本核算的同时，核算效率也有明显提升。例如，万和新电气多达 59 列 40 行共 2360 个数据栏目的合并利润表，之前通过人工统计，每个月需要 12 个人花费约 5 天时间加班加点才能完成，现在通过大数据工具，自动从系统中抓取数据，只需要 2 分钟即可完成。

11.5 个性化定制

大规模个性化定制是相对于传统的大批量生产模式而产生的新生产方式。大规模定制是根据每个客户的特殊要求以大批量生产的效率提供定制产品的一种生产模式。大规模定制把"大批量"与"定制"这两个看似矛盾的生产模式有机地结合在一起，实现了客户的个性化需求和大批量生产的有机结合，从而满足小批量、多品种的市场需求。它是一种集企业、客户、供应商为一体，在系统整体优化思想的指导下，充分利用企业各种已有的资源，在标准化技术、现代设计方法学、信息技术和先进制造技术等的支撑下，根据客户的个性化需求，以大批量生产的低成本、高质量和高效率提供定制产品和服务的生产方式。

如何才能以低成本、高质量、快周期交付客户个性化需求的产品？企业必须具备以下 3 项能力：大规模个性化需求获取能力；面向大规模定制的敏捷开发能力；面向大规模定制的柔性制造能力。

第一，有效实施大规模定制，必须准确地获取客户需求。随着互联网的普及，以及电子商务、在线产品配置系统的应用，企业可以快速创建获取客户需求的平台。行业不同，需求获取的要求不同：服装、家具等行业要求参数化配置，例如，定制服装需要测量客户的身高、腰围、臀围等参数，然后根据体型缝制服装、交付客户；汽车、家电、计算机等行业则要求模块化选配，根据客户选配情况进行生产或组装。

第二，要有面向大规模定制的敏捷开发能力。客户个性化需求会增加产品的多样性及复杂性，但为了提高生产效率，必须从设计端归纳总结，根据相似性原理进行模块化、标准化、参数化设计，这样才能有效规避制造过程的复杂性，从而提高生产效率。模块化设计是在对产品进行功能分析的基础上，划分并设计出一系列通用的功能模块，然后根据客户的要求，选择和组合不同的模块，从而生成具有不同功能、性能或规格的产品。模块化设计把产品的多样化与零部件的标准有效地结合起来。在参数化设计系统中，设计人员根据工程关系和几何关系来指定设计要求。要满足这些设计要求，不仅需要考虑尺寸或工程参数的初始值，而且要在每次改变这些设计参数时来维护这些基本关系，即将参数分为两类：一类为各种尺寸值，称为可变参数；另一类为几何元素间的各种连续几何信息，称为不变参数。参数化设计的本质是在可变参数的作用下，系统能够自动维护所有的不变参数。

第三，要有面向大规模定制的柔性制造能力。传统大规模生产设备，一条生产线或一个加工中心只能加工某一种规格型号的产品，换产成本极高。柔性制造系统是由若干数控设备、物料运贮装置和计算机控制系统组成的，并能根据制造任务和生产品种变化而迅速进行调整的自动化制造系统。这种生产制造系统能够在较少的人为干预下，生产同一系列的不同产品。

构建支持大规模定制的 IT 平台

大规模定制要求客户在提出产品需求的同时，企业能够快速做出响应，这就必须构建一个高效协同和连接客户、供应商、企业的 IT 平台。

构建消费者选配模型。如今，互联网营销已经成为企业直面最终消费者的主要渠道。企业可以选择通过京东、淘宝等电子商务平台连接消费者，也可以自己建立网上营销平台，如图 11-8 所示。但无论采用何种方式，企业必须构建自己的选配模型。首先，确定可供客户选择的子件或配件，每个子件或配件的颜色、尺寸等参数的可选范围，以及每个零部件的工艺选择。其次，建立不同选项及参数对应的价格计算模型。最后，建立交期计算模型。交期计算要与工厂生产能力及在产订单所占用的能力匹配。

支持大规模定制的 IT 平台。企业接单之后想要按单生产需要建设一个支持按单生产模式的柔性生产平台。借助这个平台实现前端业务系统、后端 ERP 系统和 MES 的全面集成。

ERP 系统从主生产计划到物料需求计划再到生产订单要支持按单跟踪。首先，主生产计划要明确所对应的销售订单，确认对应的生产日期能否满足客户交期。其次，根据物料需求计划所生成的采购建议及生产建议能明确地对应销售订单。对采购件而言，从采购订单到采购到货、检验、入库都能明确该采购件是为哪个销售订单准备的，生产领用时也可以做到防漏防错。对于制造件，尤其是复杂产品要支持逐层按单追踪（直至不需要按单跟踪的公用件）。生产的进度信息及完工情况可以反馈到营销平台对应的销售订单。

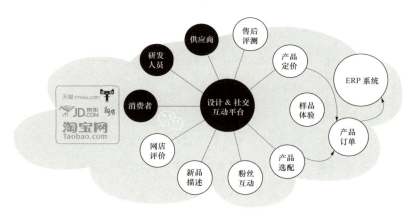

资料来源：用友工业互联网平台及智能制造解决方案。

图 11-8　互联网营销场景

　　MES 明细排程及上线顺序计划要支持单件按单跟踪。也就是说，生产线上流动的每件产品都能根据生产序列号追踪到该件产品是为哪个客户的哪个订单生产的。在生产物料配送及装配过程中要核对所安装子件的颜色及尺寸是否与客户选配的一致。

　　总之，支持大规模定制的 IT 平台是大规模个性化定制的有力保障。有了这样的平台，才能真正打通客户、企业、供应商之间的连接，才能打通从选配接单到物料采购、生产制造、物流配送的全流程业务，从而高效、快速地响应客户需求。

案例：临工集团，探索大规模个性化定制

　　临工集团是中国工程机械核心制造企业、中国工程机械行业四大集团之一。临工集团济南重机有限公司（以下简称"临工重机"）是临工集团的全资子公司，主要聚焦四大产业领域：矿用车及矿山运输辅助设备、钻机及井下装运设备、高空作业机械及关键零部件。

业务痛点

　　临工重机是典型的按单制造类企业，需要根据客户订单的个性化需求进行大规模定制生产，临工重机业务特点如图11-9所示。在销售环节，按单销售、按单选配，需要根据客户的个性化需求进行个性化定制；在生产环节，按单制造、按单跟踪、按单变更；采购环节，以集中采购为主，需要与供应商协同、进行供应商管理库存（VMI）管理；在财务环节，业务财务一体化，需要实现单车成本核算。

　　临工重机原有的信息系统已经使用多年，面对新形势下的大规模定制难以满足客户的个性化定制需求，已不能继续支撑临工重机的快速发展，这主要表现为以下3个方面。

　　信息孤岛严重，定制选配困难。LDP(Landed Duty Paid，有担保的第三国转运）营销、思普 PLM 和 ERP 3 套 IT 系统相互脱节，不能实现销售、设计、制造一体化，无法进行个性化选配，严重影响产品的准时交付，订单履约率不高，市场竞争

力受限。同时，原系统为实现利润中心管理，建立了 3 个账套，但 3 个账套间信息不能共享、数据不能统一、业务不能协同，不能快速适应市场变化和客户的定制化需求。

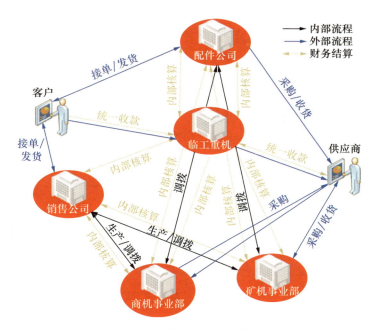

图 11-9　临工重机业务特点

难以有效跟踪，定制变更困难。原系统不支持单台计划、单台备料、单台配送，因此不能单台跟踪，也不能进行单台变更，不同台套经常搞混，给生产带来较大的困扰。

业务财务脱节，财务核算困难。原系统业务、财务脱节，不能实现财务、业务一体化，成本核算困难，不能核算到单台成本，难以给客户提供低成本、高质量的定制产品和服务，也难以支持多个事业部之间的内部交易与核算，不能满足企业精细化管理的需要。

应用模式

临工重机将用友精智工业互联网平台作为管理信息化升级的统一平台，利用信息化手段，开启了大规模个性化定制、数字化转型的新征程，如图 11-10 所示。

个性化定制、准时化交付、精益化生产、智能化制造。 以客户为中心，以市场为导向，快速捕捉客户的个性化需求，实现销售、设计、制造一体化，对产品的销售、设计、计划、生产、物资采购进行全面管理，及时掌控计划的执行情况，提高计划的精准度，提高订单的履行率，降低库存积压。

一体化平台。 全面整合，打造企业的信息化平台，搭建统一的、高度集成的信息化应用平台，建立统一的业务流程，整合业务数据，提高工作效率，提升公司整体的管理水平和核心竞争力。

标准化数据。 实现集团基础数据的统一管理，提高基础数据标准化与数据应用规范化，降低管理成本，提高工作效率。

财务业务一体化、单台成本核算、阿米巴考核。 打通跨核算组织的财务和业务的信息通道，将业务信息及时反映到财务上，实现单台成本核算，降低产品成本，精细成本核算，实现利润中心（经营体）责任核算的阿米巴管理要求，真正实现业务驱动财务、财务监控业务的高效应用。

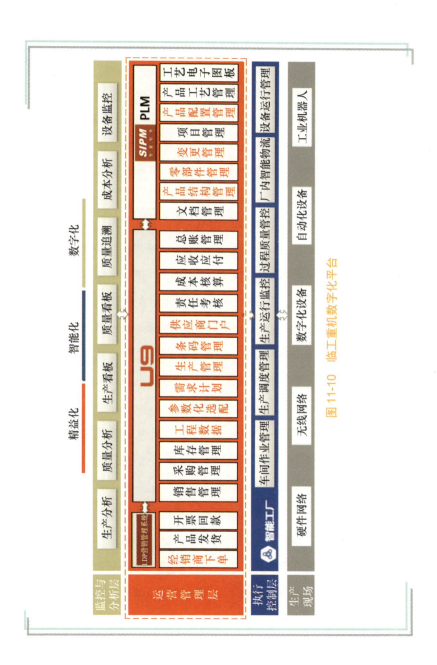

图 11-10 临工重机数字化平台

关键要素

　　根据临工重机信息化总体规划蓝图，以用友精智工业互联网平台为依托，通过与临工集团总部的 LDP 营销系统、思普 PLM 系统的无缝集成，初步实现了根据客户的定制化需求进行个性化生产、准时化交付的数字化转型，U9 ERP 系统应用流程如图 11-11 所示。

　　搭建超级 BOM、设计制造一体化。与思普 PLM 系统无缝集成，规范、及时、准确、高效；通过思普 PLM 系统搭建结构化、模块化 BOM，与 U9 ERP 系统无缝集成，形成超级 BOM。超级 BOM 可根据客户订单的个性化需求进行快速选配，满足客户的定制化需要。当思普 PLM 系统的物料和超级 BOM 发生变更时，同步更新 ERP 系统的物料和超级 BOM。同时，临工重机敏捷的研发设计管理提升了研发速度，使可靠性试验周期大大缩短，使产品定制成为可能。

　　准确快速响应客户个性化需求。与 LDP 营销管理系统无缝集成，高效、方便，实现了营销、服务、生产、财务的无缝对接和实时协同；经销商根据客户的个性化要求在临工总部的 LDP 营销系统下单，形成 LDP 销售订单并生成配置号，再生成 ERP 销售订单，技术中心根据客户的定制化要求进行技术评估。

　　参数化选配、个性化定制。将根据 LDP 营销系统生成的 U9 销售订单和思普 PLM 传递到 ERP 系统的超级 BOM，按客户定制要求进行选配，LDP 营销系统如图 11-12 所示。

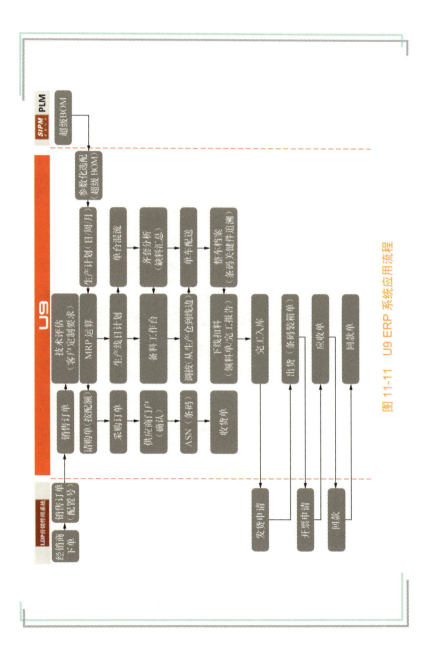

图 11-11 U9 ERP 系统应用流程

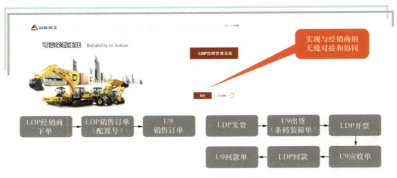

图 11-12　LDP 营销系统

柔性化生产、准时化交付。 大规模定制的极端情况是每种产品的批量唯一，临工重机把大规模定制做到了极致，实现了单台管理，即根据销售订单的参数化选配结果，通过 MRP 运算，生成生产线日计划，拆分成单台，有效跟踪单台完成情况，通过齐套分析及时掌握缺件情况，确保装配的需要，提高了订单履约率。根据选配结果组织生产，进行单台计划、单台备料、单台变更，管理更精细；实行单车配送、准时化生产、关键件追溯，确保了订单的交付期和质量。

全程条码管理。 从原材料到零部件到成品，全程高效、快捷、准确地实现条码管理，也实现质量的可追溯，为客户提供高质量的定制产品和服务。

实现与供应商三大网上协同。 通过供应商门户网站，与供应商在计划、供货 / 收货、对账 3 个方面有效协同，快捷、方便、实时，保证采购件的供应，满足定制产品的齐套和生产装配的需要。

单车成本核算、阿米巴考核。 通过单台管理、单台配送，实现了单车成本核算，并通过阿米巴考核进行经营体的精细化管控，为向客户提供低成本、高质量的定制产品和服务打下了坚实的基础，也使临工重机开展大规模定制成为可能。

精益化生产、智能化制造。 为了做好大规模定制，临工重机在精益化方面做了很多尝试和努力：以人岗匹配为基础、以财务管控为中心、以战略落地为根本、以精益企业为目标，通过精益生产、精益研发、精益管理，打造精益企业，并规划二期上线智能工厂，实现精益化、智能化、数字化。

📈 应用价值

临工重机新系统上线运行后，有力推动了企业的数字化转型，取得了明显的效果，提高了企业快速响应市场的能力和核心竞争力，临工重机主要的量化指标如下：关键业务流程 100% 清晰；ERP 运行结果准确率超过 95%；系统主数据准期率超过 99%；按时交货率提升 20% 以上；库存周转率提升超过 10%；库存冲销减少 10% 以上；标准化管理标准发布计划 100%。

11.6　服务化延伸

如今，装备制造业的市场竞争越来越激烈，厂商提供的产品从设计、功能、用途等方面逐步趋于同质化，价格战愈演愈烈，产品利润越来越低，单纯以产品功能和价格优势已无法占据领先的市场地位。同时，数字技术迅猛发展，各类装备技术水平全面提升，设备的专业化、智能化水平越来越高，客户对装备产品的要求也越来越高，在设备选型的过程中，除了关注设备的品质与价格，还关注设备供给厂商提供的后续服务，以及设备在运维过程中的全生命周期管理及全生命周期成本，单纯依靠企业自建维修与售后服务团队的模式已经无法满足客户的需求，装备制造型企业的售后服务保障正面临新的考验。基于此，越来越多的装备制造型企业开始向服务型制造企业转型。

向服务型制造企业转型，首先，可以提升厂商在客户方的声誉和印象，增强客户黏性，占据市场地位，有效加强与客户的协同和沟通，满足可持续经营的需要。其次，在为客户开展售后服务的过程中，可深入了解不同类型的产品在不同客户环境下的使用情况和技术状态，并基于设备故障、不同工况下产品的运行状况等数据，进行更好的工艺革新，以便研发和制造出更好、更适合客户的产品。最后，在售后服务体系运作的过程中，随着服务团队人员能力的不断提升和服务体系的不断健全，往往能扩大设备运维服务业务，从单纯进行厂商自身产品的运维服务转化到对同行业其他设备的运维服务，以便实现增值服务更大的效益产出。

向服务型制造企业转型，打造优化的售后服务体系，提升大型装备制造企业的增值效益，最重要的是基于数字互联信息共享的思维，建立连接包括企业、客户、售后服务工程师在内的信息化云平台，实现售后服务体系的专业化、智能化，打造企业多方面的数据共享能力。

案例：双良锅炉服务型制造转型

双良节能系统股份有限公司成立于 1982 年，地处经济繁荣的长江三角洲地区，是从事设备研发、设计、制造及售后服务的大型企业集团，是装备制造行业的典型代表。多年来，公司专注"节能、节水、环保"领域的技术创新和业务拓展，在全球 50 多个国家和地区建立了完善的营销服务体系，已为超过 30000 家客户提供了卓越的产品和全生命周期的服务支持。

业务痛点

近年来，公司整体业务飞速增长，各类设计及制造项目依次展开，积累了大量的客户资源。因此，构建一套行之有效的售后服务体系将成为双良节能实现转型升级、占据更大市场主导地位的有效驱动力。

双良节能从全面提升客户满意度的运营理念入手，开始思考借助物联网及信息化工具，构建支撑企业售后服务运营，承载双良节能管理层、客户方及服务工程师间的服务平台。双良节能希望利用服务平台实现对交付产品的过程质量、进度控制、客服体验过程的满意控制；利用服务平台实现企业与客户方的有效信息交互，实现客户需求的实时有效挖掘、及时响应，努力提升客户满意度；利用服务平台及时发现客户的问题并针对相关问题进行第一时间的响应；利用服务平台承载客户方设备的全生命周期管理，实现预测性维修和主动维护；利用服务平台实现对客户提供技术支持的人员管理，包括规划、培训、质量评价等。

应用模式

双良节能借助用友资产云着力建设服务平台，本着"全面提升客户满意度，同步优化提升管理效率"的原则和理念，全面围绕双良节能现有的售后服务业务活动及集团总部对各级人员的考核规定，利用先进的信息技术实现对现有售后服务运营业务的有效支撑。双良节能服务平台如图 11-13 所示。

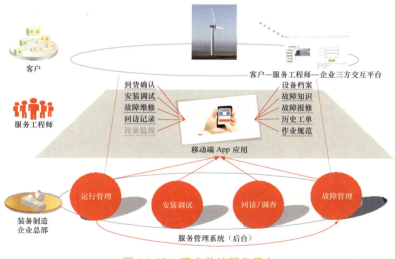

客户

服务工程师

客户—服务工程师—企业三方交互平台

到货确认
安装调试
故障维修
回访记录
设备监视

设备档案
故障知识
故障报修
历史工单
作业规范

移动端 App 应用

装备制造
企业总部

运行管理　安装调试　回访/调查　故障管理

服务管理系统（后台）

图 11-13　双良节能服务平台

以该平台为依托，全面整合设备远程监控平台、移动应用平台等互联网应用，全面承载及构建双良节能与客户间的协同通路，实时获取双良节能产品在客户方的运行状态、运行数据，并依托实时运行监控、轻量化故障报修等形式，实时采集设备的故障信息，为各类设备客户提供更高效的远程诊断，并提供及时的上门维修服务。同时，利用此系统平台，支撑对客户维修服务的全程数据承载，包含派单、维修过程跟踪、维修备件耗用、维修结算等业务环节，实现服务体系的闭环管理。

◎ 关键要素

系统平台的售后服务全过程管理，包括产品到货安装、调试前巡查、设备安装调试、设备验收、客户回访、定期巡查、维保过程管理、维修过程管理、备件销售等；通过移动应用技术及设备互联技术，对各类装备产品进行远程实时监控，可及时发现、及时登记、及时处理设备故障，总部与现场服务工程师以系统为纽带进行数据交互和业务协同，从而保障业务顺畅处理；满足不同部门的业务需求，打通服务经营与财务之间的协同，全面覆盖各类维修成本的核算、维保合同应收等业务。

系统平台支撑总部对一线人员的行为监控及考核，管理人员可及时进行人员的调度和派工，并通过可视化的方式监督人员的日常工作情况；承载对各类数据的统计分析，包括人员工作量统计、故障统计、维保合同执行情况统计等。轻量化数据编辑平台与售后服务管理系统数据的实时同步，将客户反馈的问题纳入系统设计架构，构建与客户实时沟通的桥梁。

　　建设双良服务监控平台，并集成友空间、ESM、400呼叫中心等现有系统，以及服务监控平台，实现对售出产品在线状态的监测和异常预警，接收并及时响应第三方的服务请求。

📊应用价值

　　客户黏性：对售出的产品（客户设备资产）进行全面监测、诊断、维保，提升经营附加值。

　　及时响应：监督服务人员服务响应及服务质量，客户可对其进行直接评价。

　　专业知识：对客户进行管理输出，包括专家会诊、维保知识、检测设备运行数据等。

　　提升品质：通过对产品和数据进行运行检测、分析，有针对性地改善后续产品的质量，提升市场竞争力。

　　多方收益：及时应对客户方提报的维保需求并提供专家诊断，给企业或服务商带来服务收益，提供安全、稳定、可靠的设备运行，减少停工带来的损失。

第十二章

采购数字化：科技赋能，智慧采购

66
重点提示：

采购业务　采购流程　采购资源
99

　　智慧采购，结合物联网、云计算、大数据、人工智能等新一代信息技术，构建社会化采购交易网络，覆盖需求预测、智能寻源、采购过程自动化、供应商社会级评价及智能优化，让采购效率大幅提高、采购决策更科学精准、采购总成本更低。新一代的采购业务依托网络连接、商业协同等工具和应用，整合全球供应链，共享全球资源，逐步建立智慧采购的新生态。未来的企业要么通过数字化采购融入采购新生态、营建生态体系，要么被新生态淘汰。

12.1　采购业务进化

数字时代，企业采购如何应对机遇与挑战，进行创新？结合数百家大型企业集团采购服务的实践，以及对采购数字化发展趋势的洞察，招采业务的数字化、智能化及采购业务正在向产业链延伸，是企业采购创新的方向。

12.1.1　采购流程进化：招采业务全程数字化

在传统的采购模式下，企业采购流程非常复杂，包括采购申请、信息查询发布、招标、投标、评标、商务洽谈、签约结算、物流配送交割、供应商准入评估等环节，这些环节需要全部手工操作，这不仅增加了时间成本和人力成本，而且效率低下，采购人员大部分的时间和精力被耗在具体的事务工作中。

要将采购过程全程线上化，首先要将采购业务全流程数字化。企业招采全程数字化如图 12-1 所示。在线上完成整个采购业务流程，既可以提高采购效率，又可以节省采购成本。以电子招标为例：首先，线上采购文件结构固化，减少了招标文件手工编制过程中的失误；其次，线上采购简化了不必要的程序，例如准备纸质文件、组织供应商参加开标等，电子采购系统能够实现不同业务流程的无缝对接，把业务人员从烦琐的事务性工作中彻底解放出来，使其侧重于招标过程的管理与监督，让开标过程更加便捷高效；最后，招标采购从初始项目立项到最终招标结果发布，再到签订合同，整个过程采用互联网信息技术，实行电子标书、网络开评标、电子合同等网络化、无纸化操作，从而节省了大量传统招标投标过程中的差旅、纸张等有形成本。

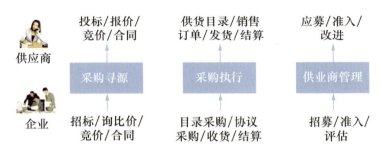

资料来源：用友采购云服务解决方案。

图 12-1　企业招采全程数字化

采购业务数字化的第二步是实现采购交易对象的网络化、数字化。传统的供应链是一个个以单个核心企业为中心的供应商关系管理／供应链管理（SRM/SCM）系统。各个系统隶属于不同的核心企业，彼此并不关联，属于线性交易关系，因此形成了大的信息孤岛。在多个企业的 SRM/SCM 系统中同时出现的某个供应商，当其出现供应风险时，必须登录不同的 SRM/SCM 系统推送相关消息，无法实现实时协同。然而，企业采购进入数字化采购阶段，供需关系打破原有的以单个企业为核心的封闭式的交易网络，逐步演变为互联互通、及时协同的网状形式。采购商群体与供应商群体通过采购交易网络连接，每个采购商或供应商的任何变化都可以实时地反馈给其他交易伙伴，供应链进入实时响应与协同时代。

　　采购业务数字化的第三步是采购服务的数字化与共享化。 即打通供应链管理系统、ERP 等内部系统、企业对企业（B2B）平台及第三方业务服务平台等，实现采购服务的数字化与共享化，如图 12-2 所示。这时，采购业务不再"一揽子"都在单一采购企业内完成，每个业务环节均可以通过寻找该业务环节的专业服务公司完成。采购企业无须建设与配制所有环节的专业队伍和配套设施，可以按需购买服务，节约投入。对服务商而言，专业服务市场活跃，专业性可得到进一步提升，双方相互促进、良性发展。当前发展较为成熟的供应链服务包括招标代理服务、第三方物流服务、仓储服务、委外加工服务，正在兴起的供应链服务包括验厂验资服务、线上支付服务、供应链金融服务，有待发展的供应链服务包括法律服务、质检及考评相关服务等。

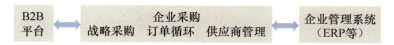

资料来源：用友采购云服务解决方案。

图 12-2　采购全程数字化连接企业内部和外部

案例：澳洋集团——全程数字化采购转型

　　澳洋集团是一家跨地区、多元化的大型民营集团企业，产业涉足毛纺服装、化学纤维、金属物流、医药健康、高端制造、养老地产、绿色生态、文化创意、金融投资、电子商务等领域。

🔊 业务痛点

　　作为一个业务多元化的集团，澳洋集团各业务板块在发展初期，把效率摆在第一位，管控放在其次。因此，各业务板块逐渐自成体系（在组织、流程、制度、标准化等方面）。对 IT 架构而言，各板块信息化建设同样自成体系，形成了信息孤岛。对采购业务而言，澳洋集团存在的问题有：采购职能分散，大量的采购管理和决策职能沉放在基层企业；采购业务集中度不够，标准化体系及流程待完善；采购执行过程中的审批环节多、流程长；内部异构系统多，业务财务集成度不高，互联网及供应商的资源共享性不足。

　　随着集团业务规模的扩大，经营风险也随之变大。集团希望下属公司各业务板块的经营活动能完全透明，以便集团能随时掌握各板块动态的经营情况，保证经营的合规性，并在第一时间掌控可能存在的经营风险。

☁️ 应用模式

　　数字澳洋的战略目标是通过建设数字化运营平台来支撑集团的多元化、平台化的发展战略，向下属公司提供财务、资金、费用报账、主数据、供应商管理、招标采购、超市化互联网采购等共享服务，将管控与服务一体化。基于澳洋整个平台的建设目标，建设集团范围内统一的经营管理平台，各板块在统一的平台上开展自己的业务，虽然集团不对具体的经营业务进行干涉，但各板块的业务对集团是完全透明的。数字澳洋招采平台框架如图 12-3 所示。

⊚ 关键要素

供应商统一管理。 建立澳洋集团统一的供应商管理平台，实现供应商管理"五统一"：统一注册、统一准入、统一管理、统一评价、统一共享。供应商通过登录澳洋官网申请注册成为澳洋供应商，进入供应商工作台提交证照、资质文件，平台统一调用天眼查等进行审核，审核通过后则成为澳洋准入的供应商。

采购寻源与采购协同。 整个澳洋的寻源到支付系统实施秉承先易后难的原则，采购寻源与采购协同的系统建设围绕"三上线"展开，即物资需求提报上线（全集团物资需求提报计划合理性审批过程在统一采购平台上完成，确定采购方式并公布采购策略），招标比价上线（招标立项、招标文件在线、线上公告或邀请供应商、供应商在线上报名投标、在线开标、在线评标、在线定标），供应商协同上线（合作供应商线上申请注册开户、查看相应招标比价公告、查看确认订单、发货通知、查看签收入库、在线对账、支付）。

间接物资互联网采购。 澳洋内部采购商城上线了 400 余种商品，这些商品可以根据电子商务 / 线下供应商的价格协议变动，随时进行上 / 下架审核，确保最优价格，而且供应商在内部采购商城可以进行多货源的在线比价，选择心仪商品。

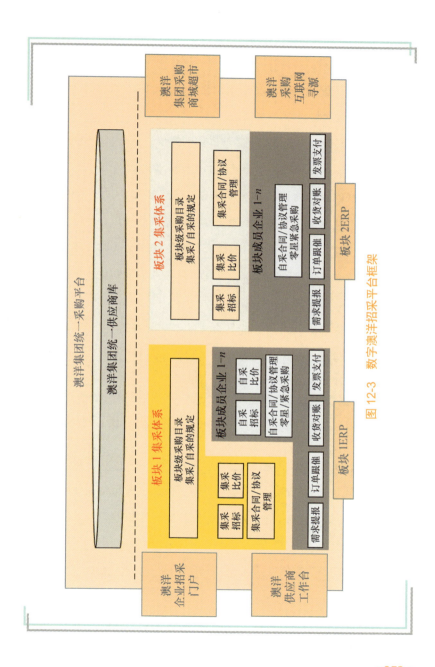

图 12-3　数字澳洋招采平台框架

澳洋集团统一采购平台

澳洋集团统一供应商库

板块 1 集采体系

板块级采购目录
集采/自采的规定

集采招标　集采比价
集采合同/协议管理

板块成员企业 1-n

自采招标　自采比价
自采合同/协议管理
零星紧急采购

需求提报　订单跟催　收货对账　发票支付

板块 1ERP

板块 2 集采体系

板块级采购目录
集采/自采的规定

集采招标　集采比价
集采合同/协议管理

板块成员企业 1-n

自采合同/协议管理
零星紧急采购

需求提报　订单跟催　收货对账　发票支付

板块 2ERP

澳洋集团采购商城超市

澳洋采购互联网寻源

澳洋企业招采门户

澳洋供应商工作台

📈 应用价值

供应商管理方面。澳洋集团建立统一的供应商准入标准，供应商数量大幅减少。

供应商评价方面。实现了澳洋集团对供应商全员实时反馈、动态扣分、一处违规、处处受限的透明化管理。

互联网采购方面。搭建澳洋"电子超市"，从办公劳保用品的标准化入手，对接4家电子商务，减少办公用品库存资金占用达80%，采购效率提升90%，实现了互联网采购五化，即采购目录共享化、采购流程标准化、采购业务集约化、采购过程透明化、采购事务效率化。

招采方面。首批试点成员企业的"三上线"，实现了集团范围内采购业务的"看得见、管得住、审得清"，平均招采效率提升43%，平均招采成本降低20%。

12.1.2 采购组织进化：产业链采购服务平台

目前，大型集团企业纷纷成立物资公司，针对采购业务进行集中采购、采管分离、采购分离的改革，从而将采购部门从原有体系中独立出来，由成本中心转变为利润中心，由原来企业内部供货转变为采购优势项目对外销售。一般来讲，物资公司的发展经历了采购贸易、供应链管理、采购B2B平台3个阶段。

第一阶段：采购贸易。贸易公司为集团下属分/子公司开展集中采购，可降低采购成本，集中仓储与物流、共享资源。这样做一方面可以增强供应商的黏性，另一方面可以提高对供应商的议价能力。

第二阶段：供应链管理。 供应链管理公司从贸易进化到供应链管理，进一步拓展服务，为客户提供仓储、物流、VMI、质保甚至维修安装等"一站式"供应链全程服务，同时提高了业务的透明度和集团的整体流程效率。

第三阶段：采购 B2B 平台。 经过前两个阶段的发展，供应链管理能力快速提升，对内继续满足物资采购供应链管理，同时实施跨企业对外服务，将行业的优势和成果共享给上下游企业，形成以龙头企业为核心的产业链采购共享服务平台。

12.1.3　采购职能进化：从采购业务执行到采购服务共享

随着企业采购逐步转向战略采购，采购组织的职能从过去仅围着订单转以满足采购需求，逐步转为以供应商为中心的战略采购管理。工作重心转移到对采购内容、采购供应渠道、采购市场等专业知识的管控与共享，以及对企业内部的设计、研发、生产等多部门与外部供应商的多方业务协同。

数字时代，采购组织的专业度不断提高，需要有效利用自身的专业领域知识，向企业内外部提供采购服务。同时，组织职能由采购执行向战略管控、采购共享服务进化。集团型企业采购共享服务、行业平台采购共享服务、产业链生态增值服务是典型的进化方向。

集团型企业采购共享服务。集团型企业整合集团的采购组织、采购流程、采购职能，形成统一的采购服务平台，通过企业内部商城等共享服务模式向集团成员单位提供统一的采购服务。就企业内部商城来讲，采购组织统一收录商城商品目录，成员单位在商品目录范围内自采。采购组织职能由传统的采购职能转变为企业内部商城的商品运营职能。而加价购、服务费率、共赢分润等模式都可以被设计为利润中心的盈利点。

行业平台采购共享服务。行业龙头企业的采购组织在满足自身企业采购业务的前提下，将通过行业级采购平台向同行业企业提供面向专业细分市场的采购服务。服务内容大到采购外包服务、招投标服务、专业市场电子商务服务，小到行业采购指数、评标专家共享服务等。在这种情况下，企业采购组织转变为以提供采购服务为核心的利润中心，逐步演变为采购服务公司、供应链服务公司、专业的 B2B 电子商务平台。

产业链生态增值服务。在行业平台共享的基础上，为平台上的供应商、采购商提供更专业的增值服务，例如订货、应收贷等供应链金融服务、第三方物流服务、社会化信息服务、依托平台交易的大数据分析服务等。

案例：大唐集团——产业链延伸

大唐集团是 2002 年 12 月 29 日在原国家电力公司部分企事业单位的基础上组建而成的特大型能源企业。

〰️ 业务痛点

　　大唐集团原有招标平台已实现电子招标投标管理，但随着管理要求的提高，需要进一步完善，实现更精细化的管理，实现深度挖掘业务数据，辅助采购决策。现阶段，电子商务平台仅作为长期协调物资的执行载体，并未与上游供应商数据开展集成联动。行业上下游采购商、供应商在原有平台无法实现资源共享与业务增值，大唐集团希望依托新平台实现产业链业务模式的创新与升级。

☁️ 应用模式

　　第一步，搭建电子商务平台，实现业务全流程电子化、零散采购网络化、长协业务超市化、集中采购计划统一管理、供应商和专家统一平台管理。

　　第二步，实现从采购管理向供应链管理的转变，配合供应链中各实体的业务需求，整合上下游供应商资源，与金融、物流等企业合作，使物流、信息流、资金流有机融合。

　　第三步，实现与买方、卖方、各类服务方开放共享、互联互通，提供全面的社会化增值服务和公共采购服务，吸引各级供应商及投资人加盟，最终达到供应链采购业务的全覆盖。产业链延伸采购共享服务平台如图 12-4 所示。

资料来源：用友采购云服务解决方案。

图 12-4　产业链延伸采购共享服务平台

◎ 关键要素

电子商务平台。针对电力行业的小额采购、数量巨大、金额小、频次高等采购特点，搭建电子商务平台，整合线上线下供应商资源，引入第三方电子商务平台，以互联网采购交互模式简化流程、提高效率、实现阳光采购，并面向大唐集团以外的企业开放。

招投标平台。招采工作从计划安排、招标文件提报，到招标公告发布、供应商下载标书、投标报价，再到评标专家抽取、网上开标、评标、出具评标报告、结果公示，各业务环节全部在平台上完成，实现了招投标全流程电子化，实现了"全程管控、永久追溯"。

服务平台。平台对外提供招标服务、资源共享，为电力行业企业提供增值业务服务。同时平台还引入物流、仓储、金融等第三方服务资源，提供"一站式"平台，打造电力行业内的专业市场，提高流通效率，促进整个行业有序发展。

📈 应用价值

平台通过规模效应，不断向社会化应用升级，服务于整个电力行业的供应链生态，得到了行业内采购方与各级供应商的认可，逐步成为业内知名的供应链共享服务平台。

以大唐集团集中采购为基础，在促进更多交易机会的同时，提供优惠政策、货款保障、在线融资、广告推广等增值服务，扩大平台在电力行业的影响力，吸引优质的供应商、采购商（集团外的电力企业，尤其是地方电力企业）加盟，打造具有电力行业特点的供应链采购生态圈。

12.2 采购流程加速

12.2.1 智能连接打通信息孤岛

借助云计算，私有云与公有云之间实现服务连接，使企业ERP 内部流程与其他业务服务等企业外部流程实现顺畅的双向连接。公有云之间的服务连接使物流服务、企业认证、供应链金融等社会化服务实现互联互通。基于云计算的实时交互与连接，大幅降低供应链延迟，使供应链的敏捷反应速度提升到前所未有的高度。如今，打通一个个以单个核心企业为中心的 SRM/SCM 传统采购信息孤岛，全面对接 ERP、SCM、电子商务平台，打造一个类消费互联网的一体化共享采购网络，实现交易对象、交易服务的网络化，实现多采购商、多供应商网状的连接与互通。

12.2.2 智能共享构建高效协同网络

从传统采购来看，降低采购成本的基本策略方法主要聚焦在采购环节，一般通过集中采购批量、竞争性采购等方式压低供应商的利润水平来获得。随着数字经济的发展，采购降本有了新的思路。一是借助自动化采购执行技术匹配采购策略；二是从降低传统的采购成本到降低采购供应链总成本，采购部门应用数字化采购工具，提升采购人员的专业技能，与需求单位及相关设计、生产、技术、工程、机动设备等部门高度协作，与供应商进一步深度协同、加强合作。

12.2.3　数据驱动采购智能优化

如果采购部门无法有效利用海量数据分析供应商、定价、市场和众多其他因素，则很难做出最优的商业决策。数字化采购体系的核心是借助人工智能技术，收集采购活动的相关数据，包括价格、供应商风险信息等第三方行业、市场数据，并进行全面的分析，从而引导采购部门做出最佳的采购决策。

大数据与人工智能技术的发展，改变了传统的工作模式与业务流程，基于人工智能、机器学习、大数据分析的采购智能优化，是数字采购的核心特征之一。未来，人工智能会具有采购事务处理能力，自动化、智能化地推进采购流程；人工智能会成为采购知识顾问，通过自我学习，获取采购相关知识，并为采购工作者提供咨询服务；人工智能会成为供求市场趋势预测顾问、风险预测顾问，通过不断优化的数据模型，计算并预测市场、供需变化趋势，预测供应风险。

数据驱动的企业采购将更加智能化，在采购执行的过程中实现流程的自动化。采购需求不再需要人为提报，系统会自动预测采购需求；需求处理不再需要人工分配，系统会自动识别并基于机器学习智能推荐采购模式；采购寻源会自动匹配供应商，自动获得报价，对市场价趋势进行智能预测；基于"风控＋评价"体系，智能推荐中标供应商并附带智能分析报告；基于事件驱动的供应商绩效评估，用自动化标签智能辅助采购决策者优化供应体系。数字化采购中典型的智能寻源场景如图 12-5 所示。

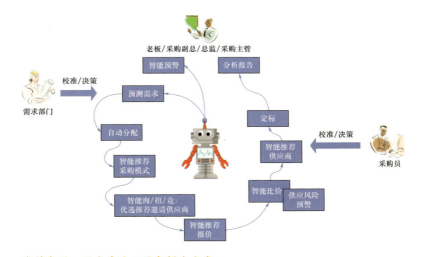

资料来源：用友采购云服务解决方案。

图 12-5　数字化采购中典型的智能寻源场景

案例：心连心化肥

心连心集团总部位于河南新乡，作为中国化肥行业领军企业及中国单体规模最大的尿素企业，心连心集团拥有新乡、新疆两大生产基地。

业务痛点

为了支撑企业的战略发展，心连心集团对采购业务提出了具体的要求：第一，需要建立智能、统一的供应商数据库；第二，基于移动应用、智能应用等加速采购协作与采购决策；第三，希望能够在线上寻找优秀的供应商，公开询比价，扩大供应商的开发渠道，通过线上采购执行过程管理，提高与供应商之间的协作效率。

应用模式

新的采购业务通过规范采购需求提报过程，提高需求传递、识别、整理的效率；需求在采购平台进行统一管理，规避需求遗漏问题。通过流程、数据规范化加速驱动自动化采购的实现。集中采购平台，实现心连心集团与供应商的线上统一询报价过程管理，通过平台的连接与协同，降低心连心集团与供应商的沟通成本；采购过程全部在线上进行管理，与供应商之间达成数据、消息、信息共享，提高与供应商之间的协作效率；在供应商门户网站可以公开询价、发布招标信息、公布中标结果，协同内外部供应商资源。

关键要素

自助式采购。集中的超市目录化采购将寻源过程前置，缩减了采购过程中的烦琐步骤。自助式下单交易，实现工厂车间的需求人员自行下单，减少错买率；自行跟踪发货情况，减少采购员的工作量。将高频次的采购执行任务下放到车间，由需求人员自主发起、自行跟踪，解放采购中心的生产力，使采购人员有更多的精力去关注战略采购。

供应商管理分析。交易过程全程数字化，为供应商评价体系提供有力的数据支撑；通过自动打分，建立智能供应商评价体系，促进供应商体系持续优化。

采购全流程协同。采购订单、到货、对账、开票业务与供应商线上高效协同。通过线上统一招投标，实现招标采购公平公正公开；通过充分竞价，降低采购成本。

📈 应用价值

通过构建集团采购共享平台，实现集团总部统一监管、关键节点控制。资源共享，形成从价格、走势、采购量到采购额的统一数据决策体系，提高信息流通效率。同时发挥集中采购优势，大幅提高企业采购议价空间。借助多元化企业财务与采购共享中心建设，获取更多的供应商资源；搭建心连心集团供应商门户，吸引更多优质的供应商。

互联网和电子商务的发展改变了传统的商业思维与交易模式，实现网络交易的透明化、公开化、便利性、实时性，传统采购开始变革。如今，客户习惯与供应商实时在线交易，实时互动，高度协作。例如，通过门户网站，以简单明了的方式呈现相关信息（例如以图片化的目录导航方式浏览采购目录）。客户希望系统能够以智能化的方式提供采购建议，而不是迫使他们手动搜索数据库；客户希望所有的管控和合规都嵌入业务模型，不会成为采购过程中的障碍。

近几年，各类行业和综合性互联网电子商务平台快速发展，已经聚集了海量、专业的供应商资源、商品资源，积累了基于交易的供应商评价信息，这让企业看到新供应商开发的新途径。融合互联网电子商务平台、接入全球的供应商资源、实现全网全球范围寻源已经成为主要的采购模式之一。

案例：上海城投水务集团

上海城投水务集团的员工超过10000人，有6个职能部门和4个专业管理中心，以及原水、制水、供水、浦东威立雅、排水、污水、项目公司、南方水中心8家核心企业和5家投资或受托管理企业。

业务痛点

上海城投水务集团由原水、制水、供水等多家公司合并而成，每年有数千万元的办公及劳保防护用品采购，采购物料重复，每家公司需要投入专业的采购人员负责此事。之前通过京东、史泰博进行办公用品采购，在电子商务网站采购后，再到业务系统手工补录订单，极不方便，工作量大出错概率高；供应商由集团统一管理，线下手工处理工作量大，供应商资料整理、上传、到期预警依赖人工，管理难度大；同时，现阶段上海城投水务集团的招标过程基本在线下处理，不符合国家对国有企业的监管要求。

🌧️应用模式

上海城投水务集团借助用友采购云将分散采购变为集中采购、集中管控，实现"电子商务＋企业"自有供应商的模式，商品上架可视。新的采购模式既能解决企业的采购需求，对接电子商务或供应商的物流，支持全国范围的物流配送，又能实现企业采购的价格透明化、采购流程的在线化。上海城投采购平台应用框架如图12-6所示。

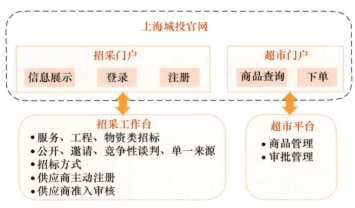

图 12-6　上海城投采购平台应用框架

◎关键要素

企业采购超市。新采购平台接入了史泰博、京东等电子商务资源，将原来分散、零星的采购形成规模化集中采购，全员办公用品、线上采购交易，低成本实现了C类物资的集中采购。同时，将外部的电子商务平台与企业内部的ERP连接起来，业务端与核算端高度集成，打通 ERP，连接供应商，减少采购人员的事务性工作，优化岗位，降低采购总成本。

建立招投标平台、供应商统一管理。 招采门户可以完成供应商的注册、审核，进行工程、服务、物资的公开招标，帮助企业实现以下目标：采购全流程在线管理，采购过程更加阳光透明；对接电子商务，支持更广泛的供应商投标，扩大企业的供应商资源；快速发布招标需求，多渠道实现和供应商的沟通互动，招标管理工作更加简单高效。

在线评分、供应商考核。 平台的招投标功能具有完善的评标专家库和考核体系，实现专家在线评分及供应商考核，进而真实地评估供应商，实现招标过程的公平、公正、公开。

📈 应用价值

上海城投水务集团通过云采超市实现了 150 多家分支机构的办公用品自助集中采购，采购需求呈现规模化，取消了行政采购库存，从而享受电子商务专属价，采购成本降低 15% 左右。各分支机构按需自主采购，全程透明，对预算进行了良好的控制，简化了企业的管理和采购流程，实现有控制的全员自助采购。

12.3　采购资源社会化共享

全球经济一体化的趋势使企业的采购范围变得越来越广泛，越来越多的集团性企业跨国进行采购，采购全球化已成为企业采购的重要发展趋势之一。这一趋势要求在数字化采购中，资源不再封闭在以某一家采购企业为核心的私有交易网络中，而是逐步实现全球资源共享。全球资源共享是企业数字采购转型的核心特征，将最大限度地激发采购交易网络的活跃度，为采购双方营造和谐的交易环境。

12.3.1　静态资源社会化共享

静态资源社会化共享主要指商品、供应商、服务、知识库等资源的共享。

商品：数字采购交易网络通过连接社会化电子商务平台，可获得海量级标准物资商品资源，例如办公用品、福利劳保等。

供应商：数字采购交易网络将供应商聚到统一的平台，平台可以外接行业或综合电子商务平台上的海量专业供应商资源。

服务：基于真实交易的应收账款保理服务、供应链物流、仓储、第三方支付服务、法务、验资认证等。

知识库：数字采购交易网络整合各业务模板资源，包括招投标模板、供应商验厂模型、供应商评价指标和评价模型、供应商资质文件、电子合同模板等。

12.3.2　动态资源社会化共享

动态资源社会化共享主要指动态评价、风险评估、价值指数、行业动态等资源共享。

动态评价：基于动态交易网络的全网供应商评价信息。

风险评估：基于实际交易数据、舆情分析的交易风险分析。

价值指数：包括商品价格、大宗物资期货价格、汇率行情等。

行业动态：包括行业趋势、行业排名等。

12.3.3　社会化采购服务平台

大型集团企业物资采购服务化过程，也是供应商资源聚集、议价能力提升、招标采购专家、物资专家、供应商评价专家资源聚集的过程。当物资公司的专家和供应资源积累到一定程度时，物资公司将不再局限于为集团成员企业和供应链合作伙伴提供采购服务，而是将行业采购方面的优势能力共享给社会，吸引社会上的其他企业入驻其建立的 B2B 行业交易平台，做大客户群体，做大交易品种和规模，逐步发展成社会化采购共享平台。该平台最大的特征就是社会化，即不再以某个核心企业为中心，而是一个"开放、公平、自由"的独立的第三方采购服务共享平台。社会化采购服务平台典型架构如图 12-7 所示。

"去中心化"。打破了以单个企业为核心的供应链仅连接上下游交易伙伴造成的供应资源有限的掣肘，也打破了其他采购企业入驻平台对平台公正性和商业风险的担心，吸引了更多的采购商入驻。其他采购企业入驻后，每个头部采购商将带来数千家供应商，而这些供应商极有可能也是采购商，于是网络化平台形成了以多角色、大规模、实时的社会化协同的方式进行采购业务的优势：无须通过中心，只需要点对点即可实时连接；无须切换采购供应角色，只需要随业务自动转换角色；不必担

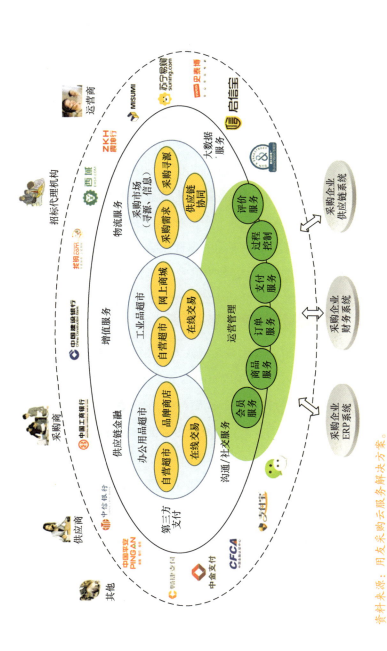

图 12-7　社会化采购服务平台典型架构

资料来源：用友采购云服务解决方案。

心中心节点的效率，便可大规模协同。在这个网络中，新的分工和协作模式形成了社会级的采购生态。

社会化。核心企业把采购服务和采购资源通过平台共享给其他采购商，这些采购商可以以极低的成本享受更低的价格、更可靠的供应资源、更优质的采购服务。例如，江西有上万家企业入驻采购云服务平台，打破了企业间的信息壁垒，所有企业通过互联网连接在一起，实现供需匹配最大化、最优化，统一共享招投标、询比价、超市化采购服务，平台统一对接电子商务资源及更多的供应链服务资源。企业不需要自建采购平台就可以享受到平台引入的优质低价的商品、更多的供应商资源、更多的采购服务。

案例：鞍钢集团采购业务数字化创新

鞍钢集团于 2010 年由鞍山钢铁集团公司和攀钢集团有限公司联合重组而成。鞍山钢铁集团公司是新中国成立后第一家恢复建设的大型钢铁联合企业和最早建成的钢铁生产基地，为我国经济建设和钢铁事业的发展做出了巨大的贡献，被誉为"新中国钢铁工业的摇篮"。攀钢集团有限公司是世界上最大的产钒企业之一，是我国最大的钛原料和重要的钛白粉生产基地之一。

业务痛点

激活采购增长放缓。鞍钢招标有限公司以往的服务对象都是集团内部的成员单位，招标公司的业务量随着集团的发展水涨船高。近年来，钢铁行业起伏不定，集团层面的业务量增长放缓，"靠天吃饭"仅能维持"温饱"，这让招标公司切实感受到了自身业务范围的局限性。同时，封闭分散的经营模式未能充分发挥鞍钢集团庞大的供应商资源，优质供应商淹没在供应商库中，难以发挥其"产业升级帮手"的作用。采购活动日渐稳定，供应商管理尾大不掉，过去的"铁饭碗"优势已经变成制约招标公司发展的枷锁和鞍钢集团降本增效的障碍，重新激活采购活动、寻找新的效益增长点迫在眉睫。

突破采购信息化滞后。在信息化方面，招标公司以往建成的电子招投标平台虽然服务于日常的招标采购业务，但随着集团的招标采购业务不断拓展，新型业务模式持续创新，原来的招投标平台基础架构薄弱、扩展性差等问题日益突出，已严重影响招标公司的业务发展与数字化转型。

应对精细化管理来袭。在供应商管理方面，粗放的管理模式持续多年，各级公司各管一摊。从表面上看，鞍钢集团拥有大量的供应商，但由于管理分散、标准不一，供应商数量庞大但质量不高，"优质"供应商无法充分发挥作用，"劣质"供应商退出机制模糊，开始出现"劣币驱逐良币"的苗头。管理成本居高不下，不能有效调动供应商的积极性，降本增效更是难上加难。

🌧️应用模式

针对采购业务的挑战与痛点，鞍钢招标公司整合优化各类采购需求和管理要求，结合当前的实际和未来的发展趋势，用活、用足政策，以招标公司为窗口，制定采购业务数字化平台建设计划，涵盖供应商管理、电子商务平台和招采平台建设三大板块；同时融合当前最新的理念、技术与商业思维，向招采业务的社会化服务平台转型，面向行业输出鞍钢集团的资源优势和集群优势，打造社会化、数字化的商业生态圈。鞍钢招标公司在扩展营利模式的同时，也激活了内部的经营活动，可谓一举两得。

◎ 关键要素

社会化运营重塑采购。 在供应商管理平台的建设过程中，引入社会化运营思维，重塑传统采购模式，整合以往封闭分散的供应商资源，打破只对内提供采购服务的业务模式，在总结鞍钢各子企业供应商管理经验的基础上，集团通过广泛深入调研、前瞻性思考策划、广泛性适用共享、标准化差异兼容，坚持以领先开放、集成延展和量化智能等要求，开展平台建设工作，建设"客商共享平台"，以实现全集团资源共享的最大化。

值采平台提供超市化采购服务。 鞍钢值采平台是鞍钢打造的互联网超市采购平台，标准化商品和社会化运营是鞍钢值采平台最大的特点之一。集团依托自身的体量和管理优势，引入国内专业的垂直电子商务平台，遴选出集团内优质协议供应商，面向集团及社会企业提供超市化自助采购服务，主要为办公、劳保、礼品及标准工业品提供"一键下单，'好货'上门"服务，帮助企业实现简单、快捷、透明、高效的零采规模化、集采个性化。

自建 IaaS＋用友云 PaaS 模式。随着微服务的不断拓展，招投标、电子发票、互联网金融、供应链物流等完备的产业链支撑服务相继对外开放，逐步打造高效率、高效益运作，面向钢铁行业的第三方行业集群生态圈，盘活并运行鞍钢集团所积累的资源，扩展营利模式。

📈 应用价值

鞍钢客商共享平台主要围绕供应商注册、分类分级、资格认证、过程监控、评价考核、分析改进 6 个流程要素，实现供应商信息共享和管理的系统化、完整化、数字化，为提高采购工作水平提供强力支撑。客商共享平台实现了鞍钢集团统一的企业型供应商和客户，以及非企业型供应商和客户等共计 12 个标准和业务流程，设置了可差异选用的供应商分级标准和业务流程、供应商资格认证标准和业务流程，初步完成了鞍钢集团供应商在招标采购、合同履行、使用效果等方面的评价标准和业务流程设计工作，并且依据子企业的供应商数据建立了鞍钢集团供应商库。

鞍钢值采平台已上线 4000 多个品类、百万种商品，上线 8 个月，实现每月千万元的交易额。初期运营数据测算：采购周期缩短约 20%，成本降低约 10%。随着值采平台产品范围和客户范围的扩大，以及招标公司持续有效的运营，相信鞍钢值采平台的价值会越来越大。

第十三章

财务数字化：智能财务，实时会计

> 重点提示：
>
> 财务共享　智能财务　实时会计

　　新兴的互联网大数据和智能技术正推动着世界的互联互通，互联网与产业经济的深度融合催生了共享经济。以互联、共享、平台化为特征的企业数字化转型将重塑企业未来的管理，财务变革与创新迎来了重要的机遇期，财务转型的大路径是由传统的财务核算及财务管控向财务业务的共享化、数字化、智能化转型。

13.1 财务转型始于共享

自 IT 技术问世以来，财务信息化领域经历了电算化记账、算账 1.0 时代和 ERP 业财一体及三算合一 2.0 时代。如今，数据已成为新经济的新动能，企业的所有业务过程都将数据化，而现行财务信息系统在数据的粒度、宽度、广度、深度方面都非常有限，已经不能满足互联网环境下财务管理的需要，财务转型即将进入 3.0 时代。财务管理要完成数字化转型，从而实现财务管理从传统的核算型财务走向业务型财务和战略型财务，而共享服务模式将成为财务转型 3.0 时代的起点。

财务共享服务是一个集团型企业对其各级财务组织进行职能重构的方式，主要发生在核算、结算等交易处理类财务活动领域。通过人员集约的组织手段、标准规范的流程手段、系统集成的技术手段，集团型企业将批量大、差异小、程式性强、不太影响顾客体验的财务活动从各单位抽离，转移到财务共享服务中心运作，以达到规模效应、降低运作成本。

近年来，财务共享服务在国内已进入快速发展阶段。子公司数量多、分布广的大型企业、企业集团应当探索利用信息技术促进会计工作的集中，逐步建立财务共享服务中心。2014年 11 月，财政部印发的《关于全面推进管理会计体系建设指导意见》指出：鼓励企业充分利用专业化分工和信息技术优势，建立财务共享中心。2022 年 3 月，国务院国有资产监督管理委员会印发《关于中央企业加快建设世界一流财务管理体系的指导意见》，明确要"积极探索依托财务共享实现财务数字化转型的有效路径，推进共享模式、流程和技术创新，从核算共享向多领域共享延伸，从财务集中处理向企业数据中心演进，不断提高共享效率、拓展共享边界。"

体系重构实现规范化。我国企业集团化的数量和规模在短时期内迅速增长，企业的资源扩张和财富积累异常迅猛，市场还没有来得及构建起完善的管理体系和有效的财务管控模式。虽然集团管控体系建设实践已经积累了许多成功的经验和管控模式，但面对今天的经济转型和全面的互联网化浪潮，还是需要通过体系重构推动转型，构建互联网大数据平台化体系，满足数字经济条件下的财务管理体系。

标准化、流程化、信息化、共享化。建立统一的基础数据标准，为大量的交易性业务、多单元相同性业务等建立统一的财务核算流程，实现标准统一、流程统一。运用信息化手段将会计核算、交易结算等流程固化于财务共享平台。

财务数据处理工厂化。财务的核心工作是加工处理数量巨大的经济活动数据，输出大量的财务数据报告，支持企业经营和管理决策，数字时代的一切业务都是数据，财务数据加工能力成为瓶颈，需要通过对传统的财务组织变革、业务流程优化来实现能力的大幅提升，财务数据加工处理的工厂化是一种趋势。对大量如费用报销、应付账款、总账、应收账款、资金结算、财务报告等工作集中通过"会计工厂"进行规模处理，共享服务中心就是"会计工厂"模式的业务组织。

在这一轮财务转型中，通过建立企业财务共享服务中心，推动财务的组织架构、标准规范、数据基础、系统架构等基础设施建设，为企业全面建立适应数字化环境的财务管理体系和管理会计的应用奠定重要的基础。通过把大量标准化程度高、业务量大、高度重复的事务性工作剥离出来交由共享服务中心进行工厂化处理，释放了财务资源，使从业者有精力转向业务财务、战略财务工作。通过加强财务的事前决策和业绩控制，全面推动企业的管理会计体系建设，从而整体提升财务对经营管理和战略决策的支持能力。

13.2 财务业务重新定义

在构建财务共享服务中心的同时，需要根据财务共享服务中心的定位来重新设计财务业务，其主要工作内容包括确定集团财务运营管理模式、设计集团财务组织架构、设计财务共享服务管控架构等。

13.2.1 确定集团财务运营管理模式

一般而言，集团财务的运营管理模式分为会计集中核算模式和财务共享服务模式。

会计集中核算模式是企业在按照业务线的管理中，为实现"横向到边，纵向到底"的管理思路而建立的财务集中管理模式。"横向到边"是指企业按照全业务线管理，即生产、销售、采购、财务、人力、信息等；"纵向到底"是指企业按照全层级管理，即业务管理线条一直延伸到分公司或子公司的最末级。这种财务运营管理模式是 ERP 时代的经典模式，但随着数字时代的到来，这种财务运营管理模式已经过时。

财务共享服务模式则是企业在互联网、移动应用等技术的驱动下，将财务职能管理中事务性、重复性、可标准化的操作类业务分离出来，整合到一个新的业务单元，即财务共享服务中心，进行规模化"工厂式"处理，为整个集团提供统一、标准、高效的专业服务，将企业财务管理人员从事务性的工作中解放出来，让其有限的时间和精力专注于支持核心业务的运营，以提高公司的整体运行效率和效益。

财务共享服务模式促使集团财务运营管理呈现"三支柱"模式，即战略财务、业务财务和共享财务，三者的各自定位和职能如图 13-1 所示。

支柱 1：战略财务

战略财务定位于财务管控，是财务共享服务建设的推动者，其职能主要体现在以下 9 点。

战略规划：制定全集团财务战略，负责推进财务战略落地。

流程管理：负责财务制度、标准和流程建设，确保全集团统一执行。

税务管理：负责税务筹划、税务关系管理。

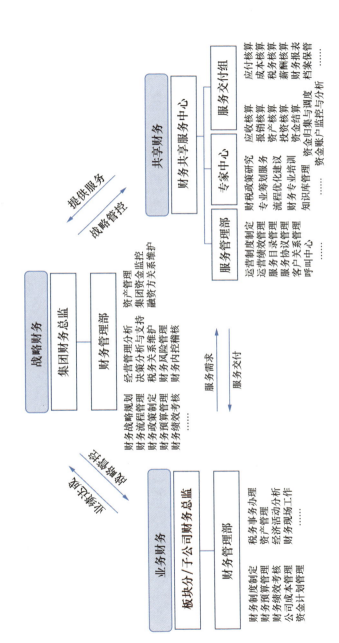

图 13-1　财务共享服务运营管理模式

资料来源：用友云财务共享解决方案。

预算管理：制定预算策略，下达预算指标，考核与分析预算。

资产管理：负责公司资产管理，确保账实相符。

成本管理：负责公司成本管理，降低公司成本费用，提高公司经济效益。

资金管理：负责监控资金运营情况，确保资金平衡和高效运行。

经营分析：负责集团经营管理分析，支持投资决策与财务分析，审核年度、月度各单位经营分析报告。

监督与考核：负责财务内控制度建立，进行财务内部审计监察，完成财务绩效考核。

支柱2：业务财务

业务财务定位于业务支持，是财务共享服务建设的助推者，其职责是在集团统一的财务策略、制度、标准和流程的基础上，结合板块的业务特点，开展以下7项工作。

制度管理：依据集团制度，制定分公司制度并组织分公司执行。

预算管理：财务、资金预算编制、预算上报、预算分解、预算控制、预算分析、考核等。

成本管理：结合业务特点，制定科学合理的成本核算办法，进行成本核算归集，不断优化成本。

资产管理：依据集团资产管理制度和要求，开展分/子公司资产管理工作。

税务管理：依据集团税务管理要求，完成分/子公司的月度和年度税务申报工作。

业务经营支持服务：按照"事前算赢、事中监控和事后分析"的原则，对本单位的经营活动进行事前财务分析，确保经营活动的经济性，贴近跟踪业务进展，确保业务按计划进行，对完成的经营事项进行事后分析。

公司部门经济指标考核与分析：建立公司的经济指标考核体系和制度，对各经营部门进行经济指标考核与分析。

支柱 3：共享财务

共享财务定位为专业服务，是财务共享服务建设的执行者，其职责是在集团统一的财务策略、制度、标准和流程的基础上，结合财务共享服务定位，开展以下 5 项工作。

财务核算报表：完成应付核算、应收核算、费用报销核算、资产核算、成本核算、总账核算、单体报表及集团合并报表出具工作。

资金管理：规划集团资金管理模式，制定统一账户、结算、筹融资、外汇等管理制度，进行资金账户监控、资金统筹规划与调度、资金风险管理等。

资金结算：集中完成各类资金收付结算和重空资金票据管理工作，完成银行对账，出具资金余额调节表。

专家支持：财务会计政策解读、培训，知识库管理，外部服务商对接与管理，流程与信息系统优化建议，税务筹划建议，税务优惠政策研究与建议。

服务管理：制定中心运营制度，运营日常管理，运营绩效管理，呼叫中心运维，客户关系管理，客户满意度管理，服务

数字领航 换道超车
数字化转型实践探索（第2版）

水平协议管理等。

财务共享服务与传统的集中式管理模式（会计中心）是有本质区别的：区别一在于财务共享中心的独立性；区别二在于财务共享中心具有更加专业的服务管理体系。财务管理运营模式的区别如图 13-2 所示。

	会计集中核算	财务共享服务
职能	管理职能，总部职能部室	服务职能，独立的服务机构
管控	高层管理人员设定管理与控制政策	共享服务客户指导委员会制定服务政策
问责	对集团负责-纵向导向	同时对集团及企业负责-纵向及横向导向
地点	通常在集团总部	位于价值最大化的区域
客户关注度	集团决定提供的服务	集团、企业和共享中心共同决定服务要求
服务导向	标准化服务，所有企业使用相同标准	标准化服务，但根据服务方需求做调整
文化	以管控为导向，关注管理目标的达成	以服务为导向，关注客户满意度
绩效监督	不易绩效，考核主体为集团，无内生动力	易于绩效，监督主体为客户，内生动力
服务类员工	被视为企业管理人员	被视为企业内部的专业骨干和操作高手
收费	不收费，多走分摊的形式	根据实际提供业务量向服务对象收费

资料来源：用友云财务共享解决方案。

图 13-2　财务管理运营模式的区别

13.2.2　设计集团财务组织架构

在共享服务模式下，财务共享服务中心的组织架构设计，一般有会计集中核算优化模式、财务共享服务利润中心模式、财务共享向财务公司发展模式、财务共享向多功能共享公司发展模式 4 种方案。

方案一：会计集中核算优化模式

会计集中核算模式下的集团财务组织架构为集团层面财务总监、财务总监助理下设财务管理部和会计核算中心，分/子公司财务总监下设财务管理部。会计核算中心定位为总部职能部室，是成本中心。

方案二：财务共享服务利润中心模式

财务共享服务利润中心模式下的集团财务组织架构为集团层面财务总监、财务总监助理下设财务管理部和财务共享服务中心，分/子公司财务总监下设财务管理部。财务共享服务中心定位为总部职能部室，是利润中心。

方案三：财务共享向财务公司发展模式

财务共享向财务公司发展模式下的集团财务组织架构为财务公司在成立之前，集团层面财务总监、财务总监助理下设财务管理部和财务共享服务中心，分/子公司财务总监下设财务管理部。财务公司成立之后，方向一是财务共享服务中心的核算、结算和报表业务成立新的财务共享服务公司，资金管理业务成立财务公司；方向二是财务共享服务中心的业务整理成立财务公司，财务公司除了提供金融服务，还提供核算和报表业务，这种模式是可行的，但实施的企业不多。

方案四：财务共享向多功能共享公司发展模式

财务共享向多功能共享公司发展模式下的集团财务组织架构为在多功能共享公司成立之前，集团层面财务总监、财务总监助理下设财务管理部，分/子公司层面分/子公司财务总监下设财务管理部，财务共享服务成立财务共享服务公司。财务共享服务中心定位为专业公司；多功能共享公司成立之后，财务共享服务作为多功能共享服务公司的一类服务交付业务，与其他职能业务平行并存。

集团财务组织架构模式比较分析如图 13-3 所示。

	方案一 会计集中核算	方案二 集团利润中心	方案三 财务公司	方案四 共享服务公司
管理模式	层级管理	层级管理	先层级后扁平	扁平管理
集团类型	非上市或整体上市	非上市或整体上市	多上市公司并存	多上市公司并存
组织形式	集团职能部室	集团职能部室	先集团职能部室后公司	独立公司
组织级别	集团部门经理级	集团部门副总监级	先集团部门副总监级后板块高管级	集团板块高管级
组织性质	成本中心	利润中心	先利润中心后子公司	子公司
上市公司独立保障	无	弱	强	完全保障
集团管控	最强	强	较强	较强
先进程度	差	较好	好	最好
建设难度	无	小	较大	大

资料来源：用友云财务共享解决方案。

图 13-3　集团财务组织架构模式比较分析

13.2.3　设计财务共享服务管控架构

财务共享服务管控是提供监管和管控的流程，管控内容包括制定财务共享中心战略方向、确保财务共享中心运营效率、定义决策内容（例如共享范围、服务组合、运营模式等）、管理端到端的流程、解决问题和争议等。

　　财务共享服务管控架构一般呈金字塔形，共有3个层级，如图13-4所示。最高层级为财务共享客户指导委员会，其次是财务职能管理委员会，最后是共享管理层。从管控人员的构成看，财务共享客户指导委员会一般由集团主管领导、集团财务总监、总监助理、集团人事、信息、审计等相关部门负责人、分/子公司总经理、分/子公司财务总监或财务负责人、财务共享中心总经理组成；财务职能管理委员会一般由集团财务部经理和分/子公司财务部经理组成。

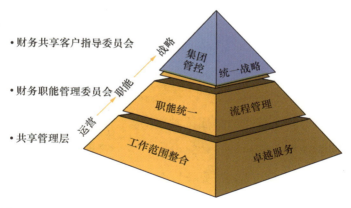

图13-4　财务共享服务管控架构

13.3　财务共享，IT 重构

财务共享中心构建后，企业 ERP、CRM 等 IT 系统部署是无法支撑共享服务中心的业务运行的，因此需要重构传统IT，构建新一代企业的数字化管理平台。财务共享系统的整体技术架构一般由前端、后台、平台和外围集成 4 个部分组成，如图 13-5 所示。前端是基于角色的多终端接入方式，通过门户方式进行集中展现；后台是共享服务和业务处理的核心，所有前端发起的服务请求都会传递到后台的任务处理中心或服务内容中对应的 ERP 系统进行业务处理；平台即企业基础应用平台，为财务共享服务系统的权限、流程等提供基础服务；外围是集成业务系统，各集成业务系统的业务请求通过接口传递到报账前端进行处理，处理完毕后可将支付信息提交至资金系统。

在财务共享系统的整体技术架构中，后台是核心部分，主要由财务共享系统、财务核算系统、资金管理系统、影像管理系统、电子档案系统、预算管理系统等构成。

财务共享系统。支持报账人在报账平台录入业务单据或在前端业务系统发起业务请求，将报账信息通过系统传递给领导和财务人员审核，支持在线审批，提高信息传递的时效性、安全性和规范性。

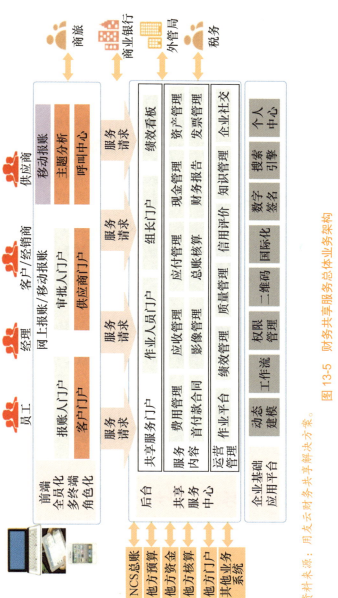

图 13-5　财务共享服务总体业务架构

资料来源：用友云财务共享解决方案。

财务核算系统。财务人员进行记账凭证编制、自动生成财务信息、月末记账、过账、生成报表的系统平台，替代原始的手工做账。

资金管理系统。包括账户管理、资金计划管理、银企直连、资金监控、资金计划、资金结算、票据管理等功能，通过建立财务系统与银行系统之间的平滑对接，实现在封闭通道中进行支付数据的交付，加强支付的安全性，减少人工干预。

影像管理系统。将纸质单据扫描生成电子影像替代纸质单据作为流转的要素，以信息系统承载业务处理流程，以系统工作流程替代传统的纸质流程，影像管理系统在财务共享服务应用中解决了票据实物流转中原始凭证调阅、业务处理分工和效率低下的问题。

电子档案系统。将与财务相关的所有纸质档案和电子档案纳入系统管理，按照档案类别进行归集，档案的归档、借阅等都在系统内有迹可查。

预算管理系统。支持全面预算管理，对预算发起、预算编制、预算执行、预算分析等方面进行系统管理和监控。

13.4　智能财务，实时会计

财务管理转型从总体上来说，始于共享服务，转型的方向将全面走向业财融合，以业务、财务为基础，使财务会计、管理会计，甚至税务会计等全面走向融合统一。

事项会计重新定义数字企业智能财务

数字化正席卷所有的行业和领域，对财务技术来说不一定是颠覆性创新，但重构是必然的。事项会计将重新定义数字企业的智能财务，在此基础上重构财务数据处理体系，并在业财融合的基础上统一财务会计、经营会计、集团会计及税务会计等，形成财务大数据系统。

在事项会计法下，基于业务财务的大数据事项库，实时采集企业原有的业务和交易数据，企业财务基于不同的核算目的、核算主体，采用不同的核算方法，可以同时进行财务会计、管理会计、税务会计、社会会计的实时核算。基于一笔业务交易数据，自动实时计算多套数据，既满足按法人公司为会计主体，以不同的会计准则要求进行的财务会计核算，又满足按内部责任主体/阿米巴进行实时考核核算等的管理会计核算，还满足按纳税主体以税种和计税基础的自动核算与一键报税的税务会计核算，以及面向社会主体的社会责任的相关数据的社会会计核算。基于交易的事项会计体系如图13-6所示。

资料来源：用友云财务共享解决方案。

图13-6　基于交易的事项会计体系

业务财务：连接交易的智能化实时会计

传统会计将会计核算与业务系统分离，其局限性主要体现在以下 3 个方面。

第一，计量单位以单一的货币单位事后财务信息为主，不能提供管理决策所需要的多维的、非财务的、预测性信息。

第二，财务信息汇总程度太高，不能满足多层次决策者的个性化、多样化需要。

第三，非财务人员难以理解，信息效用受到极大的限制。

为解决这些问题，1969 年美国著名会计学家乔治 · 索特提出了"事项法"会计全面揭示财务信息。这里，"事项"是指可用会计数据来表现其特性的具体活动、交易和事件。也有学者将"事项"定义为"交易"，就是基于交易的会计。

事项法提出后的几十年间，由于事项法自身技术处理上的难点和当时会计环境的不成熟，以及受技术发展条件的局限，并未引起很大反响。例如，事项法要求多重计量属性，一般有 5 种：历史成本、现行成本、现行市价、可实现净值和公允价值。其中，只有历史成本容易取得，另外几种计量难以操作。如今，多重计量成为管理决策中的关键需求，例如，对资产的计价采用成本与可变现净值（或市价）孰低计价，采用公允价值对衍生金融工具进行计量，在阿米巴经营会计中使用市价进行资产和损益计算等。

事项法要求的多重计量已成为企业管理的普遍需求。连接交易的智能化实时会计将成为构筑业务财务乃至整个财务管理大数据平台的基础。事项会计的核心是强调以"经济事项"即"交易"为基本单位来采集数据，为会计核算和业务信息确定统一的数据采集对象，因此这成为业务财务核算的基础模型。

如今，"交易"过程的经济事项已经能够被交易平台、物联网设施实时记录下来；"连接"通过物联网、互联网可以将事项数据传递到"数据仓库"；"共享"基于交易的经济事项蕴藏着极其丰富的数据资源，汇集在财务大数据平台，成为各业务单位和各级管理者的共享资源。

基于大智移云的智能财务服务

进入数字时代，大数据、人工智能、移动互联网、云计算等新技术的出现，为财务的数据处理技术创新提供了一个巨大的发展空间，互联网、物联网连接的是业务和应用，这种连接将数字空间与物理世界融为一体，将业务端和财务端融为一体。

基于大智移云的智能财务系统极大地突破了传统财务领域的空间，系统将收集与处理集成业务信息与财务信息，以满足决策者管理整个企业活动的需要，业务财务系统不仅能提供传统的财务信息，还能提供其他的业务信息，以支持企业日常经营运转、分析决策、控制和预测的需要，并且可以收集、存储业务事件的原始数据，支持多种信息的输出要求，使会计人员的控制手段变得更为直观。

　　基于大智移云的智能财务系统，与业务活动同步生成业务财务信息，实现业务流与信息流完全同步。基于新技术、新理论、新模式开发的财务云服务平台，将为企业财务带来四大变革，重新定义企业财务服务。

　　变革一，业务财务。基于事项库实现业财深度实时融合，将财务融入业务的每个环节，实现事前、事中的服务与管控。

　　变革二，数字财务。基于事项库大数据中心和实时的核算数据，财务人员可以进行数据挖掘、数据建模和数据分析，有效、及时地服务业务决策。

　　变革三，智能财务。通过人工智能技术提升财务作业的自动化、智能化程度，提高整体平台的准确性和效率。

　　变革四，综合财务。财务会计向管理会计、税务会计、社会会计转型，构建综合类大会计体系，服务更多的会计信息使用者。

　　新一代财务云服务平台将为企业提供实时会计、智能财务，帮助企业在数字时代创新发展，创造财务新价值。

案例：鞍钢集团财务共享服务体系建设

业务痛点

　　企业发展与战略转型需要财务管理变革。集团围绕"保生存、求发展"的工作基调，全面推进"四项重点工作"。企业战略调整必然涉及单元企业的新建和重组，涉及财务组织体系的搭建。构建财务共享平台既可实现共性业务整合、核算标准统一、操作流程统一和财务人员的一体化管理，也可快速复制财务核算流程，在新建或重组单元企业时搭建精干高效的财务机构，有效降低建设成本，更好地满足集团公司战略调整的需要。

建设企业内部经营管理平台，使经营风险受控。 在集团公司差异化管控体系确立后，差异化管控既要对子企业充分授权，又要做好授权后的系统监控工作。子企业按照业务授权开展生产经营，在财务共享平台上反映财务状况、资金状况，集团公司通过财务共享平台可以监控子企业的运营情况。构建财务共享平台既可以实现业务操作环节公开、透明，也可以及时反映运营风险，便于集团及时管控。

构建财务共享平台，支撑集团公司运营决策。 集团公司的核心业务支撑平台包括采购、销售、审计、人力资源等，全集团所有单位基本实现了信息化网络覆盖。集团公司需要对各业务及整个经营情况实现全面的资金运营、投入产出及价值管理，建立统一的财务共享平台，实现集团财务管理，为集团公司的经营决策提供支撑。

构建财务共享平台，完善集团财务管理体系。 集团现有财务人员大多从事繁重的重复性会计核算工作，难以有更多的时间和精力关注企业的生产运营及财务管理工作。构建财务共享平台，既可以实现集团内部同质化业务的重组、核算和管理的专业化分工，提高财务核算与管理工作的效率和质量，推动财务管理的转型升级，又可以推动财务部门从基础财务向财务管理和战略财务转变，未来将逐渐形成战略财务、共享财务、业务财务有机结合的管理模式。

应用模式

鞍钢集团构建财务共享服务中心，整合财务资源，使财务工作由过去的"分级管理、分开核算"转变为"分级管理、集中核算"，通过财务共享服务改变财务会计职能管理模式，通过建立"端到端"的业务流程实现财务核算流程和业务流程的协同处理；财务共享服务通过集中标准、专业高效的核算服务，为企业财务价值管理提供高质量的分析依据，通过专家共享服务为企业价值管理能力的提升提供支持。

财务共享中心优化了财务资源，实现了财务信息的集中处理，节省了财务运营成本，提高了财务工作效率；规范和优化了财务业务流程，提高了会计处理的标准化、规范化程度，提升了财务管理水平；提高了财务管控执行力，从而实现了财务的精细化和专业化管理。

加强集团财务管控力度，通过业务标准集成控制，将差旅费标准、业务招待费标准、会议费标准等预置于系统中，实现业务统一标准、集成控制。费用报支事中控制，费用报支业务按明细费用预算项目、多维度控制，杜绝预算外的费用支出。对业务运营过程进行控制，付款申请按明细预算控制，杜绝无计划付款，实现资金运营过程的预算控制。严格控制合同的执行额度，避免超合同额度付款。对资金结算风险进行控制，付款结算按日资金计划控制，杜绝超支付款的情形。

◎ 关键要素

目标定位比较清晰。通过对标准化的财务核算业务进行整合，提高集团内部的资源利用效率、加强集中管控力度。通过建设财务共享服务中心，改变了原来集团财务管理与核算兼顾的职能。通过建设财务共享服务体系，现有职能转变为战略财务、共享财务、业务财务的"三支柱"模式。战略财务专注于集团公司的资金集中管理、资本运作、税费筹划、会计政策等集团层面的管理职能；共享财务专注于会计核算服务、共享平台的规则制定和功能完善、平台运营等财务共享层面的职能；业务财务专注于子企业预算管理、成本计划、资金计划、经济效益分析等管理职能。以财务共享平台建设为契机，加快上述3个层面职能的重构和完善，促进财务管理、会计核算向专业化方向发展。特别是在集团层面，要突出战略财务管理职能，更加注重预算管控、资金运营管理、运营分析与财务管理工作，为集团公司决策当好参谋助手。

以组织职能设计为基础。对集团公司下属九大行业领域的业务现状进行分析，以确定共享服务中心的建设目标，划定财务共享服务中心、战略财务及业务财务的职能范围。

以业务流程设计为主线。财务共享服务业务流程覆盖应收、

应付、费用、资产、资金、税务、总账及主数据八大领域，共
计大流程集 31 个。

信息化解决方案

借助用友 iuap 平台，集成各类异构的前端业务系统，以财务
共享平台、移动平台为依托，实现鞍钢财务共享核算、资金、费用、
应付、应收、总账的全业务共享，构建中央账务仓，实现集团财
务管理一本账。财务共享服务业务解决方案，如图 13-7 所示。

业务与技术分离。基于平台开发应用时只需关注业务，基
础技术包括事务、安全、并发、缓存、日志、引擎等，均由平
台提供，业务开发人员只需关注应用实现。

企业私有云技术。iuap 平台包括提供大型企业需要的私有
云平台，包括开发、部署、管理、运维等云平台工具，支持管
理软件实现私有云运营模式。

开放、标准与跨平台。从硬件体系、服务器、操作系统、
数据库、中间件、编程语言、传输协议、客户端等层面支持行
业标准和跨多个平台。

支持国际化与本地化。基于平台开发的 NC 产品支持国际
化应用和本地化应用开发。包括 UI 控件、VAT 税、多语言、多
账簿、多时区、多地点、多数据格式等，支持按照客户、供应商、
客户等所在国家和地区的本地化应用协同；企业信息化统一应用
平台。提供支持 NC 产品的客户化开发、应用集成、个性化配置、
部署、测试、运维等应用全生命周期管理的统一信息化平台。

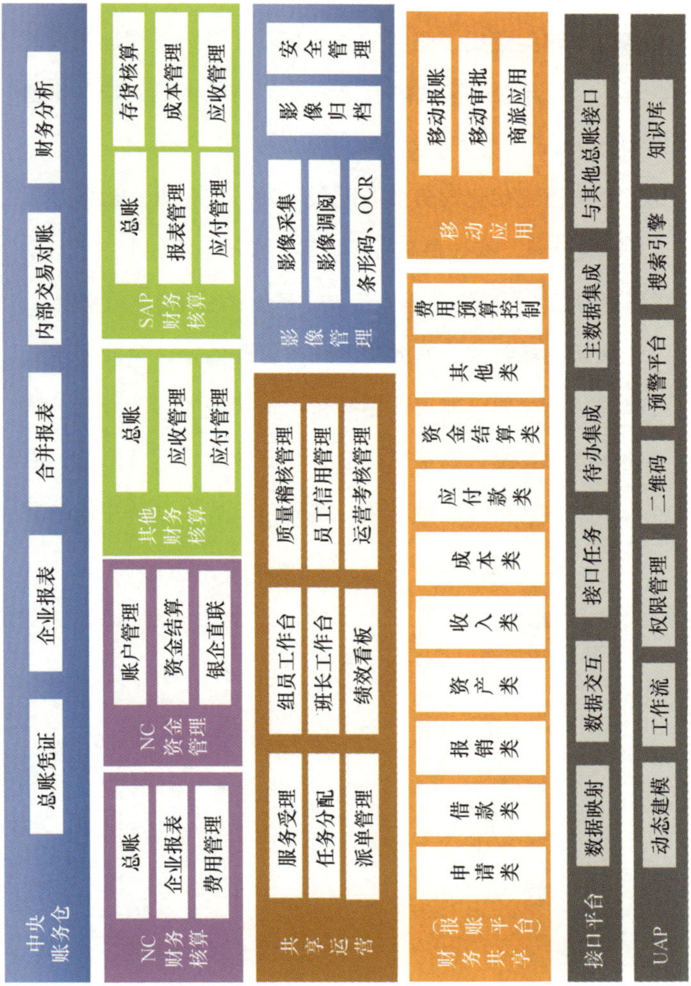

中央账务仓： 总账凭证　内部交易对账　合并报表　企业报表　财务分析

NC财务核算： 总账　企业报表　费用管理

存货核算　成本管理　应收管理

其他财务核算

SAP财务核算： 总账　报表管理　应付管理

NC资金管理： 账户管理　资金结算　银企直联

总账　应收管理　应付管理

共享运营： 服务受理　任务分配　派单管理

组员工作台　班长工作台　绩效看板

质量稽核管理　员工信用管理　运营考核管理

影像管理： 影像采集　影像调阅　条形码、OCR

影像归档　安全管理

财务共享平台： 申请类　报销类　借款类　资产类　收入类　成本类　应付款类　资金结算类　其他类

费用预算控制

移动应用： 移动报账　移动审批　商旅应用

与其他账务接口：主数据集成　待办集成　接口任务　数据交互

知识库　搜索引擎

接口平台： 二维码　预警平台　权限管理　工作流　数据交互

UAP： 动态建模　数据映射

图 13-7　财务共享服务业务解决方案

应用价值

通过财务共享项目建设，促进了集团财务管理的转型升级。

财务管理转型迈出了坚实的第一步。 促进财务管理由传统的"集分权"混合管理模式向追求企业价值最大化的成熟价值管理转型升级。

通过业务重组优化财务资源配置。 通过集中财务操作性职能实现规模化运作，有效提高核算效率，降低运营成本。精细财务管理职责分工，平衡有限财务资源，充分发掘财务人员潜能。

强化集团财务管控、有效提升财务管理效率。 全面完善业务流程操作规范、管理制度、组织架构保障等内容，降低一线信息传递失真率，提升财务管控能力，有效降低运营风险。通过流程、平台的规范化、标准化、统一化，提升财务工作的管理效率。

第十四章

商业模式数字化：
产业互联，生态共创

> 重点提示：
>
> 　产品数字化创新　　服务数字化创新
>
> 　社会化商业创新

数字经济时代，产业环境、消费者需求发生了巨大的变化。一方面，消费者不再满足于单一的产品功能，而是希望通过简单、极致的交互，从极小的接触点上获得一揽子的个性化解决方案。另一方面，产业环境变化较快，产业边界逐渐模糊，跨界合作与价值共创成为潮流。越来越多的企业开始借助新一代的数字技术，运用社会化思维和策略，积极推进产品与服务数字化的持续业务创新，着手建设社会化商业生态平台，改变企业与内外部利益相关方的互动形式，与生态伙伴一起共同创造价值。

14.1　产品数字化创新

消费互联网的蓬勃发展，重构了消费者的购物场景，极大地提升了消费者的消费体验。信息获取途径的丰富促使消费者的选择变得多样化，消费升级使消费者产生了更多的诉求，消费者必然从产品购买体验向产品使用体验升级延伸。

消费互联网对购买场景的重构也正在潜移默化地影响着企业端客户的体验需求。企业端客户的关注重点也从单纯追求性价比向要求产品的智能化、数字化转变。无疑，产品使用体验在企业端和消费端客户面前，比产品购买体验更为重要。而在产品使用体验的提升上，实现产品与客户的连接和交互是关键场景之一。

近年来，很多品牌制造厂商在尝试做一件事情，即对产品生产商、渠道经销商、终端用户这种传统的传递渠道进行压缩，从而直达终端用户。这种直达的价值不仅在于压缩渠道成本，更在于直接连接用户，以获得无损的用户连接、用户交互。而实际情况是部分行业只能减少渠道层级，还不能去掉渠道。而另一部分行业虽然能消除中间渠道，但只实现用户连接是不够的。实现用户连接，用户可以直接反馈使用体验和诉求，但这是主观描述，用户体验还是要来自产品本身。产品状态、运行环境等还需要确认和探索。产品→用户→厂商三级传递通路，明显不如产品→厂商、产品→用户、用户→厂商三角连接完美。

随着新技术的成熟发展及应用，形成更成熟→更多应用→更低成本→更多应用的良性循环，使产品数字化变得越来越可行、越来越普及。厂商对产品的数字化改造将重构用户交互场景、产品运维场景，将显著提升客户体验、优化产品设计、洞察市场先机、增强客户黏性。

产品数字化实现可以从连接产品与客户、连接产品与厂商两条路径规划落地。连接产品与客户的关键是从过去仅提供操作界面到提供交互界面，实现自动化、智能化。连接产品与厂商的关键是实现产品关键状态（如工况、参数、故障等）与厂商授权的直接交互。

产品数字化概念并不新鲜，B2C 领域的家电很早就已经在做基于智能芯片的部分数字化尝试。例如，冰箱通过数字中控台实现交互，一方面反馈冰箱状态，另一方面提供操作界面，代替手感受冷藏室的温度，人工旋钮调低温度。重要的工业设备，除提供数字化交互界面以外，还能直连厂商，如西门子的高端机床。产品数字化之所以成为现在和未来产品设计的必选项，是因为新技术的发展使很多产品数字化的设想成为可能并降低了成本。

14.1.1　基于连接客户的产品数字化

在数字技术高速发展的时代，客户对产品提出了数字化、网络化、智能化的普遍需求。产品操控便捷，能根据客户的个性化需求自定义和反馈这些终端客户的基本诉求，对不同技能、不同认知水准的用户提供相似的使用体验，尽量淡化用户的认知差异、技能差异、专业差异等，使用户获得类似的产品体验和应用价值。

案例：罗氏诊断利用物联网实现医疗诊断产品设备的数字化

罗氏是全球制药和诊断领域的大型企业，致力于通过推动科学进步，改善人类生活。罗氏集团结合制药和诊断两大业务的独特优势使其成为个体化医疗的先行者，旨在通过个体化医疗为每位患者提供具有针对性的治疗方案。目前，全球有 70% 的医疗决策是基于体外诊断信息做出的。罗氏诊断作为全球体外诊断的领军企业，致力于开发和提供从疾病的预防、早期发现到诊断、治疗监测和预测评估全过程的医学检测产品及服务。

业务痛点

近年来，各大医院和各级医疗机构，检测标本量迅速增长，对体外诊断医疗设备的需求日趋旺盛。由于医疗行业的特点，用户对诊断设备有近乎苛刻的要求，设备要做到高可用、高效率、低损耗、少宕机等；同时，高端诊疗设备价值不菲，因此设备维护保养的专业性很强。罗氏诊断不仅要提供服务，还要主动提高售后服务的质量，包括向客户提供培训、传播信息、解决问题、帮助客户预防设备故障。在"互联网 +"时代，传统行业纷纷开始数字化转型。罗氏诊断对新技术带来的变革更为敏捷和主动。罗氏诊断希望通过先进的数字化手段打造满足客户发展需求的产品和解决方案。

⊕ 应用模式

为解决上述问题，罗氏诊断选择数字技术创新。罗氏委托长期优选出来的供应商雷钜寻找合适的物联网技术平台进行方案开发。雷钜通过多方面的评估，包括从架构的完整性、开发的快捷性、数据的安全性等综合考虑，最终选择了 Azure IoT Suite 和 IoT Hub 的物联网平台。基于智能云 Azure IoT 的物联网平台，打造全新的解决方案，实现了产品服务的数字化转型，为大众的健康事业做出贡献。Azure IoT 系统如图 14-1 所示。

◎ 关键要素

罗氏诊断通过 Azure IoT Suite 和 IoT Hub 连接并追踪诊断设备，收集设备数据进行定位，并有效设定报警和安全的电子围栏，构建高效的物联网智能管理平台，最终实现根据设备的反馈信息，了解设备的使用率、耗材剩余量等，自动制订相应的预防性维保计划，精准补充耗材，确保设备的连续高效运转。

罗氏诊断通过对每个设备进行身份验证，提升 IoT 解决方案的安全性，为每个连接的设备设置标识和凭据，并保持云到设备和设备到云之间消息的保密性；同时，选择性地撤销特定设备的访问权限，以保持系统的完整性。

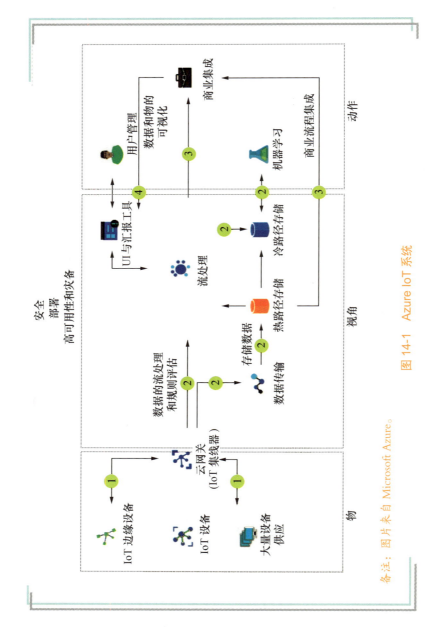

图 14-1 Azure IoT 系统

备注：图片来自 Microsoft Azure。

罗氏诊断通过数字化产品的设备管理，大规模管理 IoT 设备。借助 Azure IoT 的设备管理功能，管理员可在云端大规模地远程维护、更新和管理 IoT 设备，免除了自定义设备管理解决方案的开发和维护任务，无须再花费资源去维护全球资产，从而节省了时间成本和资金成本。同时，在 Azure IoT Suite 和 IoT Hub 对诊断设备相关数据进行收集传输和整合后，罗氏诊断进一步利用 Power BI 对相关数据进行展现，为客户提供清晰明了的报表。

应用价值

罗氏诊断通过先进的物联网平台技术，实现了对设备运行的追踪和监控，能够实时了解企业产品设备的使用率、耗材剩余量等重要信息，加强了固定资产设备的监管，实现了智能和及时的耗材管理。

罗氏诊断可提前预测设备可能出现的故障点，通过主动服务，减少设备的宕机时间，确保产品设备的正常运转，降低产品设备的损耗，提高设备的可用性。

罗氏集团基于物联网平台收集到的产品设备数据，利用 Power BI 进行可视化的数据分析，为超负荷或低效率运转的客户推荐更高性能的产品或组合方案，促进用户和罗氏集团业务共同发展，实现双赢。

14.1.2　基于连接厂商的产品数字化

渠道扁平化取代不了产品生产商对掌握终端用户产品使用即时体验的迫切需求。对厂商来说，及时深刻地了解终端用户的使用状况有助于优化产品的设计、提供更好的客户服务等。让厂商比用户更了解产品的使用情况，是厂商不懈追求的目标。产品与厂商的数字化连接，将在优化产品设计、预测性维护、客户体验等多方面发挥作用。

案例：沈阳机床基于 SESOL 平台推出共享经济模式

沈阳机床依托与神州数码联合研发的 i5 智能数控机床，构建融合消费者、设计师、制造商、解决方案提供商、硬件供应商的 SESOL 平台，推出基于按需使用的 C2M2C(Customer to Manufactory to Customer) 共享经济模式，实现了用户按需购买加工，并按加工零部件的品种、数量、时间进行付费。

案例：三一重工基于根云平台的服务型制造转型

三一重工以根云平台为核心，运用大数据、移动互联、云计算、人工智能等技术，将机器、数据、流程、人等因素融合创新，形成工业领域各行业的端到端解决方案，让客户即插即用，方便使用工业互联网大数据的增值服务。目前，根云平台已接入包括工程机械、纺织机械、农机、港航设备、电梯、太阳能电站设备等多个类别的机器设备，实时采集数千种设备参数，有效提升了工业企业的智能制造水平，提高了设备的全生命周期效率，引导企业成功步入拓展新业务的模式。

14.2　服务数字化创新

数字化转型的先行者正在塑造数字时代的商业规则，后来者只能被动地适应数字时代。企业数字化转型不仅是企业提供产品的数字化，更重要的是与产品相关的服务也要进行相应的数字化。企业产品的数字化和产品服务的数字化，是企业数字化转型的双轮引擎驱动，缺一不可。

随着信息物理系统和数字孪生的兴起，数字形式对物理形式的映射正在不断加强。在某些行业中，虽然产品和服务的数字化形式和程度还存在一定的差异，但是数字化的服务和物理形式的产品正在进行深度融合。企业产品的形态和交付方式在数字化的方式下发生了颠覆性变革，数字化正在重新定义产品和服务的特性，数据成为产品服务的重要特性，数字世界正在史无前例地影响着物理世界。

市场需求正在从产品导向转变为产品服务导向，产品的价值越来越多地体现在数字化服务产生的附加值上。客户要求的不仅是符合个人需求的产品，而且需要提供更好的客户体验和更全面的"一站式"服务。个体消费者需要的不再是一件商品，而是整体的解决方案；企业客户需要的也不仅是一台机器，而是这台机器全生命周期的运维服务。优质的服务水平成为企业核心竞争力的一个重要因素，以客户体验为核心的数字化服务形态将是未来商业社会的主要竞争形态。

传统的线下人工服务模式逐渐被数字化、网络化和智能化的远程在线服务模式替代。目前，数字化服务和人们的日常生活已经高度融合，基于云的企业服务产业正在快速成长。未来的企业服务将出现两种趋势：第一，以交易场景为核心，业务服务、金融服务和IT服务三位一体，实现新的突破发展；第二，多态融合智能化，即各种形态的云服务融合起来，基于人工智能技术为企业服务。

在数字化浪潮下，企业服务1.0阶段是数字化服务，以移动互联网、云计算、大数据为技术基础；企业服务2.0阶段是智能化企业综合服务，包括智能化云、软件、金融等服务，以人工智能、物联网和区块链为技术基础。当前，企业服务已经从1.0阶段迈向2.0阶段。

14.2.1　智能服务体系

在数字经济时代，对客户现实需求和潜在需求的深度挖掘、实时感知、快速响应、及时满足水平已经成为企业新型的竞争能力，构建这一新型竞争能力的核心在于通过数据驱动去打造面向客户需求、客户体验的感知能力和转化能力。基于"数据＋模型＝服务"的理念，实现企业从产品生产商到客户运营商的转变，构建远程状态监测、故障诊断、预测预警、在线调优等各种智能服务。

案例：湖南星邦重工实现产品全生命周期智能服务

湖南星邦重工有限公司是国内领先的高空作业设备设计商、制造商和销售商。

业务痛点

在快速开拓市场的同时，传统的售后服务体系也制约着星邦重工的发展。目前，星邦重工面临三大问题：问题一，如何严格控制主机的故障率，延长设备的使用时间，降低产品的能耗；问题二，如何降低设备管理及服务人员的技术要求，实现设备智慧管理及"人人皆可服务"，有效解决客户需求和售后服务脱节的问题；问题三，如何加强零部件再制造、二手设备交易租赁、服务保险等增值服务，在售后服务市场寻求新的利润增长点。

应用模式

星邦重工全新打造的产品全生命周期智能服务解决方案，以服务流程优化驱动，融合信息化管理手段，输出公司服务体系业务流程，建立基于工业互联网的智能服务平台，提供从产品智能互联、产品工业大数据分析到物联监控和智能服务等软件即服务（SaaS）核心应用。

◎ 关键要素

一方面，星邦重工借助根云平台，联合国际主要的芯片厂商、通信服务商，在全球范围接入智能车载终端，提升星邦重工产品的智能化水平；另一方面，星邦重工利用大数据、人工智能等技术，实现装备工况数据的存储、分析和应用，有效监控和优化装备运行工况、运行路径等参数与指标，提前预测预防故障与问题，智能调度内外部服务资源，为用户提供智慧型服务。

星邦重工通过提供国际化、轻量化的 SaaS，建立全球服务体系业务流程，覆盖设备全生命周期的维修、保养、技改、巡检、旧件返厂、配件销售、回访监督，提高企业用户的售后服务效率。

📈 应用价值

星邦重工的主要用户是设备租赁公司，通过为用户提供一个 App 或端口，提升了设备的管理效率，原来一个业务员能管理好 50 台设备，现在一个业务员可以管理 100 ~ 200 台设备。同时，星邦重工可以观测产品的运行状态，便于了解设备的改进方向，提升产品和服务的质量。目前，工业互联网的应用对星邦重工来说，已经取得了一些明显的成效，用户服务及时率提高了15%，用户满意度提高了 6 %，每月线上单据量稳定在 400 ~ 450单。用户还可以使用手机 App 直接了解设备的运行情况，可自行报修故障，非常方便。

如今，星邦重工构建了全球化智能服务体系，覆盖东南亚、中东、南美、大洋洲、欧洲等已有的海外市场；同时，在高空作业平台领域，以主动性的安全策略和维护服务，成为值得用户尊重和信赖的品牌，让工作人员在高空作业时，不需要考虑安全问题。星邦重工通过打造知名的全球服务品牌，促进公司海外业务快速发展。

14.2.2　智能运营体系

企业数字化转型的核心目标是优化企业的业务运营管理，营造智能化的企业运营环境。借助移动互联、大数据、物联网等技术手段及背后的数字化思想来促进企业经营管理科学化、高效化、智能化，促进产业升级和转型，实现业务流程和运营管理的数字化，达到实时响应的全新运营和商业模式。

案例：海底捞，餐饮行业的数字化服务转型

海底捞创建于 1994 年，历经多年的发展，海底捞国际控股有限公司已经成为国际知名的餐饮企业。

业务痛点

海底捞与 20 余家供应商合作，搭建了九大 IT 系统，包括订餐系统、排号系统、餐饮运营系统、ERP 管控系统等，每个系统之间的接口合计数百个，导致系统运维成本居高不下，系统数据传

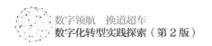

输存储不准确、不及时、不完整，系统适应性差、扩展性差、响应速度慢，严重制约了海底捞布局的国际化发展。

应用模式

围绕新时期的 IT 应用需求，海底捞以用友红火台餐饮云平台为基础，在菜品食材、消费者、行业及交易等大数据的支撑下搭建云服务体系，用标准化手段满足个性化服务。

在海底捞重构系统规划中，红火台以"一个中心、三个平台、九个系统"为蓝图，以海底捞主数据为中心出发，搭建统一订餐、立体经营、ERP 支撑三大平台，围绕三大平台部署各项运营及管理系统。红火台结构示意如图 14-2 所示。

关键要素

在技术层面，新系统采用混合云架构支持分布式和数据集成，支持多段应用（如移动端、电脑端、智能电视等），充分开放产品、平台接口，连接公有云服务并通过强化安全机制进行构造。

新系统采用微服务设计及高性能远程过程调用（RPC）框架，具备随需应变的自动化运维和扩展能力，以及服务可随着资源加入而递增的能力。对任何节点和链路故障都能够自动检测，优化确保高可靠性。此外，红火台考虑了 SaaS 模式对网络环境的依赖，特地为海底捞部署了断网模式的解决方案，为新系统的运行全方位保驾护航。

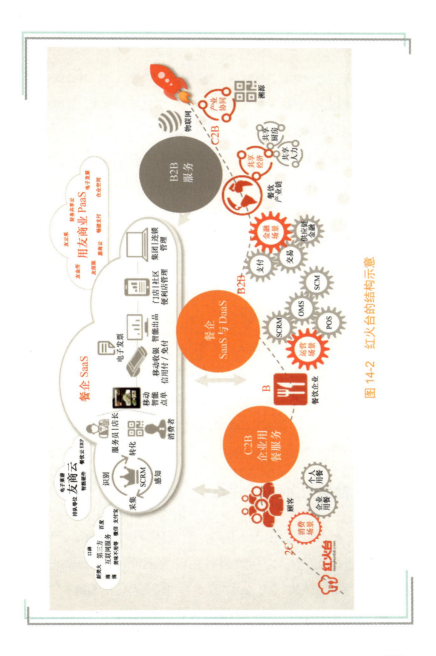

图 14-2 红火台的结构示意

📊 应用价值

提升门店的数据传输效率。 海底捞总部调整菜品，其他门店可立即更新，门店账单信息可实时上传；快速更新版本，以前更新全国 200 家门店需要两周时间，现在仅需要 30 分钟。

提升顾客的满意度。 系统平台增加了很多便捷的功能，如自动落单，顾客支付成功，系统可自动落单清台，这些功能方便新入职员工使用系统，也减少了员工和顾客因是否支付成功发生的纠纷，提高了顾客的满意度。

降低新开门店成本。 国内每家门店能节省墙上所有触摸屏和一台服务器的费用，4 万～ 5 万元。境外的门店以新加坡 8 家店铺为例，能节省 54000 新加坡元，合人民币约 27 万元。

提升门店数据的安全性。 平台的使用能够降低系统感染病毒的风险；加固数据库访问的安全策略，降低被认为删除数据的风险；实现数据实时上传，降低门店数据丢失的风险。

14.3　社会化商业创新

如今，新技术应用层出不穷，产业环境日趋动荡，产业边界逐渐模糊，跨界合作与价值共创成为潮流，社会化商业生态成为炙手可热的概念。2017 年，阿里研究院发表的《数字经济报告之一：数字经济 2.0》文章中，就提到了"告别公司，拥抱平台"的大趋势。

目前，产业处于拥抱平台的时代。未来的竞争不是产品与产品的竞争，不是企业与企业的竞争，而是商业生态圈之间的竞争。一旦拥有了强大的平台，就能支撑一个生态的茁壮成长。在数字化商业模式下，企业不仅是商业生态的功能单元，也是商业生态的连接器，通过互联网的连接作用，把一个个单独的企业单元连接起来，形成一个社会化商业生态系统。在这个生态系统中，每家企业都为生态伙伴提供相应的服务，同时也接受来自生态伙伴提供的服务，并以此为基础共同构建社会化商业新图景。数字经济时代的商业特征如图 14-3 所示。

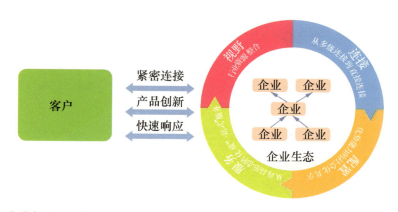

资料来源：用友 2017 企业数字化转型白皮书。

图 14-3　数字经济时代的商业特征

14.3.1　数据服务能力社会化共享

"大数据的市场规模没有天花板。"如今，大数据已进入应用发展阶段，基础设施建设带来的规模性高速增长出现逐步放缓的趋势，技术创新和商业模式创新推动各行业应用逐步成熟，应用创造的价值在市场规模中的比重日益增大，并成为新的增长动力。

数据资产化已经成为领军企业的一项核心能力和资源优势。行业领军企业拥有足够大的市场份额，拥有足够强大的产业链影响力，甚至拥有行业领先的交易数据和交易资源，在数据采集、数据存储、数据分析、数据可视化等大数据服务输出方面具备中小企业无可比拟的先天优势。因此，对行业领军企业而言，面向用户提供基于行业大数据的创新数据服务，是一个难得的市场机遇，是数字化商业创新的一个重要路径。如果把大数据产业比作房地产开发，那么海量数据就相当于地产开发时的土地资源，数据挖掘开发就相当于盖楼。大数据主要的营利模式也是围绕这两个方面展开：一是通过直接"搬运"数据盈利；二是通过数据加工分析盈利。

案例：浙江省新华书店，从图书零售商转型图书数据服务商

浙江省新华书店集团有限公司隶属于浙江出版联合集团，专注于出版物发行主业经营，通过连锁经营机制创新，实现主业集约化、专业化、规模化快速发展。

挖掘核心竞争力，探索书目信息资产化。浙江省新华书店坚持技术引领为先导，建设信息系统和现代物流，整合行业产

品资源和信息资源，搭建出版物综合数据信息服务开放式平台，建成了行业内最大的标准书目信息库，为行业提供信息技术服务，得到了业界的高度认可和普遍使用，在全国新华书店系统内是第一家也是唯一一家获得 CNONIX（中国在线信息交换）应用技术服务商资质的企业。

共享书业数据资产，转型数据服务商。在标准书目信息库的基础上，浙江省新华书店借助大数据技术，加快开发行业书目信息的交换与共享、市场大数据分析与应用和供应链协同解决方案，积极打造行业领先的出版物综合数据信息开放式服务平台，不断推进企业信息化、网络化、平台化的融合发展和转型升级。

转型初见成效，引领图书行业进入大数据时代。目前，浙江省新华书店打造的出版物综合数据信息开放服务平台出版应用端，能够收集全国 20 余家发行集团，超过 4000 家门店的实时数据，用各种标签实现对作者、产品、渠道、读者的有效整合，通过全域视角、管理视角、编辑视角和发行视角，进行不同维度的呈现，打造出覆盖出版业务全流程的算法、模型、展现与服务，并与书店信息系统无缝链接，实现真正意义上的信息互联互通。借助大数据平台，出版商不再是只能通过各省发行集团 ERP 系统简单了解大致的发货数和退货数，不再对库存数量和实际销售数据一无所知，他们可以随时了解全国各地的实时销售数据、动销品种、热销指数、热门标签等信息，为出版社选题、竞品分析和图书发行带来了极大的便利。

　　未来的交易是基于场景化的交易。借助数字技术，将商品数据 API 化，嵌入第三方平台或其他业务系统，实现交易场景化，既降低了交易成本，又提高了交易效率。以智能冰箱为例，冰箱并不仅是冷藏食物的工具，还是消费者未来购买商品的起点。通过分析消费者的年龄、身体健康、消费喜好等，冰箱可以为用户提供量身定做的"一站式"采购服务。这套服务背后既需要对消费者数据进行分析，也需要输出商品的标准化数据。

14.3.2　供应链能力的社会化共享

　　共享经济通过互联网打破空间地域限制，连接碎片化资源，有效整合、提升互动和交易的效率，重塑人与人之间的关系，让资产、资源、技术、服务的所有者能够通过第三方平台分享给对此有需求的人，从而获得利益；被分享者可以用更低的成本、更便捷的方式，获得更有品质的服务。

　　未来，掌握优势供应链资源和具备专业服务能力的行业领军企业可将企业的供应链能力向全产业链输出，实现社会化共享，这将是未来数字化商业创新的又一重要途径。领军企业可凭借行业领先的采购规模，作为整个供应链的核心，拥有行业权威的供应链管理团队，拥有行业领先的供应商资源，具有超强的议价能力，而且能够反向影响供应商的产品设计、业务规划以及未来战略，甚至能够掌控包括信息、交易、定价、流通等在内的供应链全流程中的大数据。未来领军企业的价值将由收入、利润等财务指标延伸到客户数、服务能力、可扩展空间等互联网要素。共享供应链对生产、销售流通、融资、物流交付各个领域都会产生较大的影响，"互联网 + 供应链 + 共享经济"的全新商业模式将在各个产业环境中形成具有影响力的平台公司。

案例：从内部物流服务演进成国内领先的公路物流 O2O 平台

国内某知名化工集团在过去的几十年，基于多年大化工行业的运营需要，积累了遍布全国的社会化闲散物流运输资源（指物流车辆及车主资源），为企业的化工产品提供遍布全国的物流运输服务。如今，借助互联网化、社会化的商业思维，打造国内领先的公路物流行业平台，通过线上"互联网物流平台"与线下"公路港实体网络"，打造"物流 + 互联网 + 金融服务"为特征的中国公路物流新生态；线下构建以"实体公路港"为核心的实体网络，线上打造以"易配货""易货嘀""运宝网"为核心的互联网物流平台，通过线下与线上融合联动的运营方式，为货主企业、物流企业、个体货运司机等公路物流主体提供综合性物流及配套服务，形成高效的货物调度平台、优质的货运生活服务圈，以及可靠的物流诚信运营体系，打造公路物流 O2O 平台全新生态。

未来，将出现多种供应链共享模式。共享供应链使供应商、采购商实现信息、资源的互联互通，其关键在于整合和优化，并在整合资源的基础上实现资源共享、高效协同。不求所有，但求所用，在供应链中谁拥有资源并不重要，重要的是谁在使用资源，是不是实现了社会化共享。

14.3.3　"互联网＋产业"的商业创新

近年来，互联网对传统产业的影响日益凸显，互联网主体已经逐渐渗透到企业和全产业链条中，未来 3 ～ 5 年是产业互联网的黄金时代，产业互联网突破也是可见的方向。产业互联网的本质是传统产业运用互联网技术、工具进行产业重构和商业创新，实现在线化、数据化、智能化，从而提高效率、精简环节、优化人力、降低成本、提升客户体验，形成线上线下深度融合、产业链上下游伙伴间的高效协同、共赢共享的创新产业新生态。

大数据、区块链、人工智能、物联网等技术的进步和发展，为未来基于产业互联网的社会化智能商业演进带来了更多的可能。传统产业，尤其在制造、消费品、零售、交通、物流、教育和健康等领域，在新一轮的产业转型升级过程中，将涌现出一批由行业领军企业主导的平台级、生态级的"互联网＋产业"平台。

未来竞争的真正壁垒不在于企业拥有什么资源，而在于能调动什么资源，一家企业的价值将更多地体现在企业在产业链生态中的相对位置。一切都在重构，企业必须找到自身在未来产业生态中的新定位：企业想成为一个点、一条线，还是打造一个平台去引领某个生态的发展。

"互联网 + 产业"平台不是一场技术颠覆，而是新模式下的产业价值网络连接，是通过连接、整合、优化、重构 4 个步骤，实现对全产业链的升级。

案例：粮达网，农粮产业互联网的实践

粮达网是由中粮集团和招商局集团倾力打造的大宗农粮交易平台，为农粮产业链用户提供集交易、结算、物流、金融、资讯、保障于一体的综合电子商务服务，是"互联网 + 农粮"的有益探索者，更是行业、产业、社会转型升级的组织者与引路者。

业务痛点

一是信息不对称。农户根据往年的价格决定当年的种植，并不了解消费者的需求。**二是物流不高效。**美国的物流成本是 7% ～ 8%，日本的物流成本是 5% ～ 6%，而我国农业物流的成本在 15% 左右。**三是资金不连贯。**农粮是需要大量资金的产业，经常会出现赊销现象。在运营过程中，没有工厂和厂房可以抵押，得不到银行信贷。**四是履约无保障。**农业还处于熟人经济模式，交易辐射范围有限，通常只是与固定的客户进行购销。在经济出现下滑的阶段，熟人经济有可能带来很大损失。**五是风险难管理。**农产品多是季产年销的产品，经常受天气影响。

应用模式

粮达网以"创新、金融、交易、信息技术"等为切入点，以"抓粮源促交易"为举措，从供给入手，进而改善供给结构；构建"互联网 + 农业产业化"合作模式，使粮达网"四链合一"商业模式向农业种植端延伸，联通生产端涉农企业、合作社、农户和市场端，优化农业供给侧结构，形成智慧农粮新经济生态圈的多方共赢。

"四链合一"服务模式将信息链、物流链、金融链、资产定价链有机地结合在一起。简单来说，卖家想卖粮或者买家想买粮，从联系客户到签订合同，再到货物交收，包括过程中的支付结算、物流运输、质量检测、金融服务等环节均可以在粮达网上完成，这就是全产业链服务。

除此之外，粮达网构建了"互联网 + 农业产业化"合作模式，发展"先找市场、再抓生产、产销挂钩、以销定产"的订单农业经营模式。这一模式是从订单农业着手，开展实践从"种什么"到"怎么种""怎么销""销到哪儿"，再到应用科技化手段保证高品质粮源的标准化作业，农业产业化合作模式为种植端用户提供全方位、"一站式"、高效精准的解决方案。

关键要素

粮达网从建立伊始一直致力于打造和完善从"四链合一"到"赋能平台"的服务模式，将互联网的技术创新、理念创新、模式创新充分应用到农业产业链的生产、流通、销售过程中，开创了"一站式"闭环服务链模式，以解决用户的痛点。

实践证明，粮达网的这一模式行之有效。截至 2019 年 12 月，粮达网累计注册交易商户 6835 家，实现大宗、农粮（主要品种为玉米、小麦等）线上交易 6120 万吨，成交额 1240 亿元。

工业互联网将是当下中国"互联网＋产业"发展的主要蓄力点和爆发点。工业互联网是指面向制造业的数字化、网络化、智能化需求，构建基于云平台的海量数据采集、汇聚、分析服务体系，支撑制造资源的泛在连接、弹性供给、高效配置。工业互联网首要解决的是工业相关企业互联的问题，而不是工业设备的互联；而工业相关企业互联包括研发、协同设计、客户参与、营销、撮合、通路、供应、制造、总成、物流、调试、服务、售后、反馈等完整产业链条。

如今，传统制造业发力工业互联网，可谓占尽天时（新一代颠覆式技术的发展、消费互联网成熟、产业互联网进入爆发期）、地利（中国作为传统的制造大国，全国超过千亿的产业集群有 61 个，自 2010 年起制造业总产值稳居世界第一，总份额已超过 22%）、人和（国家在 2010 年以来发布了"互联网＋"、工业互联网等一系列振兴制造业的政策）。

第十五章

数字化基础支撑：
架构变革，持续演进

"
重点提示：

升级基础设施　构建工业互联网平台
"

　　数字技术的发展与应用，带来了新一代数字技术与全新商业创造性思维的再组合，催生了全新的商业模式：数字化商业。数字化商业不仅会影响客户、市场、供应商等价值链要素，甚至有可能会重构整个行业价值体系。然而，数字化商业模式是一种全新的社会化商业生态，其连接、共享、协同的商业特性高度依赖万物互联的数字化基础设施。本章从政府、产业和企业主体 3 个层面，通过升级信息基础设施，构建工业互联网平台、重构企业数字化 IT 架构，绘制一条全视角的数字化转型基础设施建设路径。

15.1　升级信息基础设施

借助新一代信息技术，实现网络、数据、应用、服务的融合，构建便捷开放、万物互联的数字化基础设施与体系，是国家新兴产业的重要组成部分，也是技术革命的核心驱动力和信息产业领域未来竞争的制高点。

万物互联是在互联网基础上的延伸和扩展，是延伸到智能平台、智能终端（如手机、汽车、可穿戴设备等智能产品）等一系列的运用。实现人与物、人与人、物与物之间的通信，构建万物互联互通的社会化网络的核心和基础仍然是互联网。但是，万物互联不是一个简单的网络，而是更广泛、更密集的社会化网络，其发展速度与覆盖广度取决于物联网、5G 网络、区块链、大数据等信息基础设施的建设与完备程度。

信息基础设施建设是政府主导的工作事项，其核心任务在于加快高速宽带网络建设、统筹应用基础设施建设和频谱资源配置、加强数据资源规划建设、推动数据资源应用等。

加快高速宽带网络建设

加快光纤到户网络改造和骨干网优化升级，扩大 4G 网络覆盖，开展 5G 研发试验和商用，主导形成 5G 全球统一标准。推进下一代互联网的演进升级，加快实施下一代互联网商用部署。全面推进三网融合，建成技术先进、高速畅通、安全可靠、服务便捷的宽带网络基础设施体系。

统筹应用基础设施建设和频谱资源配置

适度超前布局、集约部署云计算数据中心、内容分发网络、物联网设施，实现应用基础设施与宽带网络优化匹配、有效协同，推进信息技术的广泛运用。

加强数据资源规划建设

加快推进政务数据资源、社会数据资源、互联网数据资源建设。全面推进重点领域大数据的高效采集、有效整合、安全利用，深化政府数据和社会数据关联分析、融合利用，提高宏观调控、市场监管、社会治理及公共服务的精准性和有效性。建立国家关键数据资源目录体系，统筹布局区域、行业数据中心，建立国家互联网大数据平台，构建统一高效、互联互通、安全可靠的国家数据资源体系。

推动数据资源应用

完善政务基础信息资源共建共享应用机制，依托政府数据统一共享交换平台，加快推进跨部门、跨层级数据资源的共享共用，稳步推进公共数据资源向社会开放。支持各类市场主体深化大数据在生产制造、经营管理、售后服务等环节的创新应用，支撑技术、产品和商业模式创新，推动大数据与传统产业协同发展。

15.2 构建工业互联网平台

工业互联网是对消费互联网概念的引申，是指传统制造业借助大数据、云计算、智能终端及网络优势，实现人、物、机器、车间、企业，以及设计、研发、生产、管理、服务等产业链价值全要素各环节的泛在深度互联与数据畅通，形成产业智能化的"血液循环系统"，从而提升企业内部效率和对外服务能力。工业互联网不仅能把企业和企业、产业的上下游连接起来，更重要的是连接了企业内部的个体和数据，重构了传统产业的业务链。

15.2.1 工业互联网平台的关键特征

工业互联网的兴起，意味着制造、农业、能源、物流、交通、教育等众多领域相继被互联网改变和重构，并通过互联网提高跨行业协同的效率，实现跨越式发展，实现虚拟经济为实体经济服务、宏观经济转型升级的目的。工业互联网平台是对传统制造系统的一次重大升级，将传统的以流程为核心驱动的制造模式转变为流程与数据共同驱动的制造模式。对生产数据进行实时感知、集成、分析与决策，实现对流程的动态优化，形成各类生产制造活动的智能化闭环。泛在连接、云化服务、知识积累、应用创新是工业互联网平台的关键特征。

泛在连接

工业互联网平台通过对数据资源的接入和集成，进一步实现了对各类制造资源的集成，具备对设备、软件、人员等各类生产要素数据的全面采集能力。多源异构数据的广泛集成，既包括工业现场的各种生产装备、传感器、工业控制系统等，又包括来自产品设计、仿真试验、生产管理、资源管理在内的各种不同软件系统的数据，此外还涉及人员操作和决策数据。

云化服务

工业互联网平台汇聚各种数据，并将其上传到云计算平台进行分析处理。基于成熟的、经验证的技术及大数据平台支撑工业数据的数据建模、数据抽取、查询与计算，与传统的实时数据库、关系数据库和MPP数据库混搭应用，完成工业互联网数据的清洗、集成，将工业系统与数据对象进行关联，实现基于云计算架构的海量数据存储、管理和计算。同时，工业互联网平台能够满足多种不同场景的智能化分析需求，既可以面向单台生产设备优化运行和加工参数、面向一个车间分析产品质量、面向一批产品提供远程运维服务，也可以面向企业提供智能化运营决策，以及企业间的制造资源与供应链协同。在部署方式上，工业互联网平台可以根据企业对数据安全的要求，采取公有云、私有云或混合云等多种部署策略。

知识积累

工业互联网通过设计、生产、设备管理等不同场景的应用平台逐步汇聚包括生产、设计、供应链在内的各类制造资源，利用平台提供的基于工业知识机理的数据分析能力，将汇聚的设计方案、生产工艺、管理经验、设备机理等各种知识固化、积累和复用。海量、多维、高频数据为各种复杂数据挖掘技术的应用创造了条件，并使企业有条件对多领域数据进行综合集成分析（如设计、生产与产品检验数据），从而在产业资源组织、知识传承与扩散等方面形成创新模式。

应用创新

工业互联网平台能够调用平台功能及资源，提供开放的工业 App 开发环境，实现工业 App 的创新应用。差异化的工业数据分析需求决定了应用创新要依靠产业生态的力量共同推进。因此，在工业互联网平台的功能要素中，高度强调对第三方应用开发的承载和支撑能力。大多数工业互联网平台支持调用平台数据，相当多的平台进一步为开发者提供开发工具，并把部分算法或工业模型封装为微服务，供开发者调用，以降低开发门槛。如今，一个基于工业互联网平台的开放创新生态正在形成。

15.2.2　积极推动工业互联网平台建设

工业互联网平台的建设，需要持续投入高额的资金和长时间的积累。我国在缺少巨头企业的情况下，更应该通过分工合作实现优势互补，秉持开放的合作心态和灵活的商业策略，打造更有活力的生态体系。当下需要各级政府、行业协会、产业联盟及行业龙头企业多方协作共建。

打造工业互联网标杆

以加快企业内外网络建设与改造为主线，以构筑支撑全要素、全产业链、全价值链互联互通的网络基础设施为目标，以企业网络应用创新和传统产业升级为牵引，着力构建网络标准体系、加强技术引导，着力打造产业互联网标杆网络、创新网络应用，加快培育网络新技术、新产品、新模式、新业态。以基础电信企业和相关科研机构为主体，加快建设面向商用和面向试验的产业互联网"企业外网"标杆网络。各级政府、行业协会、产业联盟组织和支持重点行业龙头企业、大型综合型集团企业针对典型行业需求和不同企业规模，建设垂直行业的产业互联网平台，树立汽车、航空航天、石油化工、机械制造、智能物流等重点行业的产业互联网"企业内网"样板平台，建成一批支撑企业数字化、网络化、智能化转型的核心企业主导的产业互联网平台。

推动工业互联网平台建设

通过企业主导、市场选择、动态调整的方式，形成跨行业、跨领域平台，实现多平台的互联互通，承担资源汇聚共享、技术标准测试验证等功能，开展行业数据流转、业务资源管理、产业运行监测等服务，突破数据集成、平台管理、开发工具、微服务框架、建模分析等关键技术瓶颈，建立健全的工业互联网平台技术体系，依托产业联盟、企业与科研机构合作共建测试验证平台，开展技术验证与测试评估，进而形成有效的支撑产业互联网平台发展的技术体系和产业体系。

促进工业互联网平台运营能力提升

鼓励产业互联网平台在产业集聚区落地，通过地方财税支持、政府购买服务等方式，鼓励中小企业业务系统向云端迁移，促进产业互联网平台的建设与发展。同时，支持产业互联网平台运营企业强化平台的资源集聚能力，有效整合产品设计、生产工艺、设备运行、运营管理、供应链、销售分销、营销推广、售后服务等数据资源，汇聚共享设计能力、生产能力、营销能力、服务能力、软件资源、知识模型等社会化资源。开展面向不同行业和场景的应用创新，为客户提供设备健康维护、生产管理优化、协同设计制造、大规模个性化定制、精准营销等应用。

构建企业协同发展体系

以产业联盟、技术标准、系统集成服务等为纽带，以应用需求为导向，促进装备、自动化、软件、通信、互联网等不同领域的企业深入合作，推动多领域融合型技术的研发与产业化应用。支持软件企业、工业企业、科研院所等开展合作，构建

"政、产、学、研、用"的联合创新机制，探索构建科研、设计、工程、生产和市场紧密衔接的完整技术创新链条，有效解决产业集中度分散、技术领域原始创新匮乏、共性技术供给不足等制约行业发展的问题。依托产业互联网促进融通发展，推动龙头工业企业利用产业互联网平台将业务流程与管理体系向上下游延伸，形成一、二、三产业，大中小企业跨界融通的数字化、社会化商业网络平台。

15.3　企业数字化 IT 架构支撑

数字时代，成熟的新技术正在将每个物体、每名消费者、每个组织、每次活动带入数字空间，我们正处在一个虚拟和现实交互的时代。这样的变化正席卷传统行业的每个角落，企业和政府机构都面临着业务向移动化和数字化转型的挑战。

15.3.1　数字时代企业 IT 架构的挑战

从企业现有的 IT 架构来看，业务流程往往被固化在 IT 架构中，大多数情况下业务流程的变化等同于系统再造，应对业务变化对传统的 IT 架构而言是一件"极其痛苦"的事情。数字时代，高速的业务发展、灵活的业务流程处理、动态多变的组织架构、低成本的运营体系，构成了我国企业差异化竞争优势的核心内涵，这要求与之适应的 IT 架构必须是动态的和随需应变的。

同时，企业数字化转型并非简单地将企业现有的业务和流程移植到互联网上。在全新的商业生态环境中，越来越多的企业借助新技术实现全面的互联互通，利用广泛的连接跨越原有的经营领域或边界，迈向新市场，接触到比以往更多的客户群体，并需要为不同的客户群体对原有的产品、服务流程进行重新设计与升级，以此来重塑客户体验，获取更多的市场竞争力。因此，企业需要改变以往的单一架构模式，转向大平台支撑的微服务架构模式。IT 服务架构的变化如图 15-1 所示。

目前，在企业数字化转型的背景下，全新的营销模式给全渠道营销、海量数据管控、动态沟通机制等带来了全新的挑战。面临严峻的竞争形势，通过转变营销方式提高经营业绩是企业增强竞争力的重要一环，但无论是跟踪客户需求、构建全渠道的营销体系，还是精准化营销和产业互联都离不开企业 IT 架构的支撑。因此，营销模式转变的基础是建立全方位的企业 IT 架构。

在制造业领域，智能制造的关键在于利用新一代信息技术，依托由传感器、嵌入式终端系统、智能控制系统和通信设备构成的信息物理系统，打通所有生产环节的数据壁垒，通过调整制造业结构来改变过去大规模批量生产的模式，

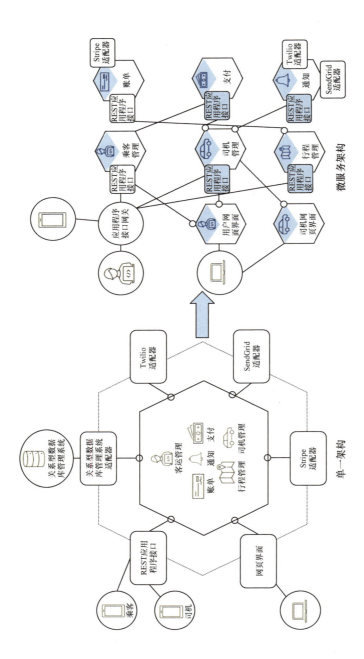

图 15-1　IT 服务架构的变化

最终实现智能工厂、智能生产、智能物流、智能服务来满足客户的个性化需求。这意味着对制造型企业来说，客户的参与程度将远远高于以往任何一个时期，这也对企业软件系统提出了更高的要求，过去那种模块众多、功能复杂的大软件、大系统的单一架构逐渐不再适用，企业需要的是更高效、更轻量级、更灵活的 IT 架构方式。

显然，在这样一个虚拟时空和现实物理时空交互的大环境下，企业现有 IT 架构已经远远不能满足新时代的要求，企业必须重新构建全新的 IT 架构以迎接未来的挑战。

15.3.2　企业数字化 IT 架构策略

在企业数字化 IT 架构体系中，一方面，基于云计算、大数据、人工智能、物联网、移动互联网、区块链等技术，打造和沉淀技术中台和数据中台。另一方面，在技术中台和数据中台的基础上，发展和沉淀业务中台。基于云计算的新一代 IT 架构体系如图 15-2 所示。

当然，这里所讲的中台是一种架构理念，而不是简单的产品或者平台，它代表着全新的"业务服务模式 + 架构模式 + 组织协作模式"。从中台的视角来看，业务发展是核心目标，能力沉淀是持续保障。同时，混合云服务是目前企业数字化转型的必经之路，企业不可能在短时间内抛弃现有的 IT 系统，需要云 ESB、云主数据管理等系统作为公有云和私有云系统之间集成和联通的纽带。

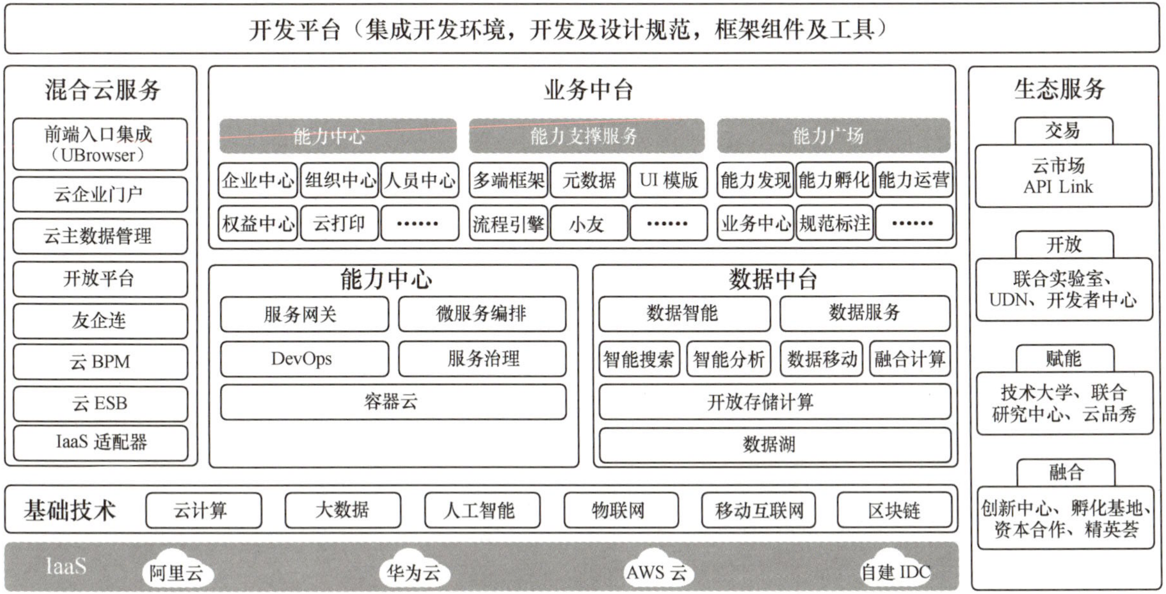

资料来源：用友 iuap PaaS 云平台技术方案。

图 15-2　基于云计算的新一代 IT 架构体系

技术中台（gPaaS）

技术中台为企业数字化转型提供基础的技术支撑能力，如敏捷开发流程、弹性资源调度、全链路运行监控、统一服务集成等。技术中台由 5 个模块组成：DevOps 基于持续集成、配置中心等基础服务打造自动化持续交付流水线，实现 DevOps 理念在企业生产中的应用；容器云为基础平台提供底层运行环境支撑；服务治理是一个支撑微服务架构应用的全生命周期管理平台，为开发者提供从开发到运维的一系列开发套件与服务；微服务编排是企业重新定义服务间关系、实现微服务治理的重要工具；服务网关提供了 API 的全生命周期管理，用以实现自身系统集成以及与合作伙伴的业务连接。技术中台（gPaaS）服务架构如图 15-3 所示。

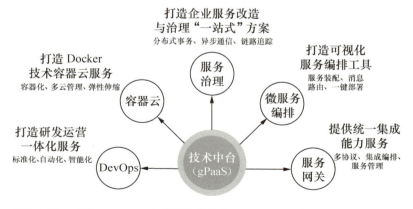

资料来源：用友 iuap PaaS 云平台技术方案。

图 15-3 技术中台（gPaaS）服务架构

数据中台（dPaaS）

数据中台依托于企业数据湖的存储技术，构建完整的跨行业、多领域数据资产体系，同时实现对企业内部的数据驱动与外部企业客户的数据服务，是企业数字化转型的关键支撑。数据中台（dPaaS）服务架构如图 15-4 所示。

业务中台（bPaaS）

业务中台提供能力构建的支撑体系，推进能力运营和持续演进，支持业务评估、定制及管理，助力企业应用架构升级。业务中台的产品形态为能力广场，具体包括：能力中心提供能够支撑业务创新和发展的可复用、可扩展、可运营的能力；能力支撑服务提供构建可复用、可扩展、可运营能力的架构、框架、工具、组件、规范；能力管理平台提供业务和能力的全生命周期管理平台，包括领域建模、能力可视化及扩展、业务模式分析、业务风险管控等。业务中台（bPaaS）服务架构如图 15-5 所示。

企业数字化转型的策略以需求为驱动，以问题为导向，从单一架构模式逐步转向微服务架构模式，在这个过程中需要解决混合云的现实架构问题，同时建立 DevOps 的理念和体系，逐步实践持续集成和持续交付，打造数字化转型的 IT 人才队伍。

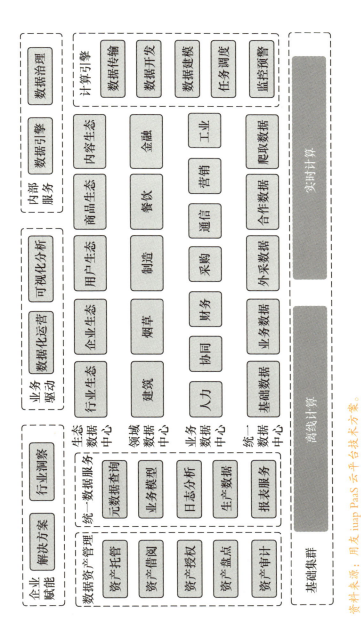

图15-4　数据中台（dPaaS）服务架构

资料来源：用友 iuap PaaS 云平台技术方案。

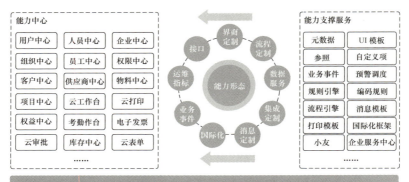

资料来源：用友 iuap PaaS 云平台技术方案。

图 15-5　业务中台（bPaaS）服务架构

第四篇
见理
数字化转型赋能工业

第十六章

布局：大力发展工业数字经济

重点提示：

顶层设计　数字治理　数据立法

　　我国经济由高速发展阶段转向高质量发展阶段，进入了转变发展方式、优化经济结构、转换增长动力的攻关期，需要把数字化转型作为推动经济发展质量变革、效率变革、动力变革的重要抓手，探寻适合我国工业数字经济长期可持续发展的方向和出路。

16.1　加强顶层设计

加快推进数字化转型，必须立足当前，着眼长远，统筹谋划，提前布局，找准主攻方向和突破口，努力在若干重要领域和关键环节取得实质性突破。

16.1.1　制定发展路线图

加快研究制定关于深入推进数字化转型发展的指导意见，明确推进思路、总体目标、重点任务、保障措施等，为全面加快数字化转型提供宏观指导。分行业制定数字化转型发展路线图，有计划、有步骤、有重点地推进重点行业、企业的数字化转型。加强部省合作，结合不同区域的比较优势，因地制宜、因势利导，以地方产业集聚区为载体，充分发挥地方龙头企业的引领带动作用，研究制定推进政策，形成差异化的区域战略布局态势，探索各具特色的数字化转型之路。

16.1.2　完善协调推进机制

深化"放管服"改革，大幅简化数字化转型领域的行政审批事项，加强和创新事中、事后监管，全面实行市场准入负面清单管理制度，对新型产品和服务实行包容审慎的有效监管，降低准入门槛。积极落实产业用地政策，健全建设用地"增存挂钩"机制，盘活存量、闲置土地，将其用于数字化转型领域创新创业。稳妥推进国有企业混合所有制改革，完善企业内部创新组织体系、运行机制、业绩考核与收益分配制度，探索引入合伙制，对重要技术人员和经营管理人员实施股权和分红激励政策。

16.1.3　加大财税支持力度

利用中央财政现有资金渠道，鼓励各地设立专项资金，加大力度支持数字化转型重点领域核心关键技术攻关、产业链构建、重大应用示范和公共服务平台建设。充分发挥相关专项资金、基金的带动作用，支持数字化转型试点示范等重点项目工程建设，引导技改资金投向企业数字化应用。创新财政资金支持方式，鼓励各地依法依规采用政府与社会资本合作（PPP）等方式，加大对数字化转型关键环节的提升力度。落实相关税收优惠政策，推动固定资产加速折旧、软件产业企业所得税优惠、小微企业税收优惠等政策落实。

16.1.4　构建公平开放市场环境

树立底线思维、红线管理理念，营造支持创新、宽容失败的发展环境，支持新技术、新业务、新模式的健康发展。成立跨领域融合监管部门及相关制度，统筹信息化资源、主体、行为监管，推动开展包容监管、协同监管、平台治理，积极推进负面清单制度落地，尤其要重点加强对企业信用信息、个人隐私信息等的监管，为各领域数字化转型提供基本保障。进一步推动移动通信业务转售和宽带接入市场开放，鼓励民营企业有序参与竞争。通过市场竞争，推动电信企业降低网络资费，实现网络资费合理下降，更多地让利于民。加强对互联网等市场竞争秩序的监管，确保市场公平。

16.2　强化数字治理

数据治理和数据立法是一项长期复杂的系统工作，需要在数据产权、流通、交易等方面展开深入的研究，引导地方政府开展区域性立法尝试，配合立法部门做好前期研究和论证工作，为数字化转型营造一个良好环境。

16.2.1　建立数据自由流动规则

基于不同的价值考虑，制定个人数据和非个人数据差异化的自由流动规则，尤其是在数据跨境流动方面，应区分个人信息和重要数据出境安全评估的目的：个人信息侧重隐私保护，重点评估数据能否获得较高水平的保护；重要数据出境则需要重点评估对国家安全的影响。

16.2.2　加快推进数据立法

针对数据自由流动出现的问题，应加快法律法规和标准规范的制定。当前数据境内自由流动面临的主要问题有：数据权属界定困难，缺乏相应的数据权属规则；数据资源开放共享程度低，开放共享制度不健全，数据规范和标准不统一；尚未建立公平、透明的数据流通和交易规则。

强化数字治理与数据立法：第一，加强数据资产和权属研究，通过法律修订等明确数据资产的权益归属原则，以及数据拥有者、使用者、管理者等各方的权利与义务；第二，制定政府公共数据的开放共享规则，建立政府数据资源的共享和开放目录；第三，建立数据交易规则与标准体系，完善数据交易的监管机制。

16.2.3　规划数据服务市场

目前，我国对数据服务市场中的各类主体规范不够，这既不利于数据服务市场的发展，也难以有效保障用户权益。建议参考欧盟的做法，对数据服务商的行为提出原则性要求，鼓励和监督服务商通过自律等方式落实法律法规和监管机构的要求，更好地保障用户权益。

16.3　完善公共服务

16.3.1　基础研究

支持包括社会智库、企业智库在内的多层次、多领域、多形态的中国特色新型智库建设，为各行业、各企业加快数字化转型提供强大的智力支持。围绕数字化转型战略性、全局性、前瞻性等重大问题开展调查研究，加强对国内外数字化转型发展形势和趋势的分析研究，特别是针对当前面临的复杂形势和难点问题，研究并提出相应的政策建议。围绕数字化转型前沿和关键技术领域，开展系列调研和深入研究，定期发布专著、白皮书、蓝皮书等多种形式的研究成果。

16.3.2　行业咨询

支持农业、制造业、能源、医疗等行业协会或第三方机构建立行业性的大数据平台和云平台，强化行业技术路线、发展格局、制度政策等相关信息的收集分析，加快构建引导行业持续健康发展的产品溯源、征信评级等良好环境。整合科研院所的力量，构建数字化转型创新中心，加强新一代信息技术创新趋势研究与关键技术储备，为企业数字化转型提供有力的核心技术支撑。依托行业组织，加强重点领域基础数据库的建设和开放利用，协同推进数字化转型技术标准、信息标准、应用规范等标准体系的研制应用，完善基础信息和技术标准的开放服务，促进优化各领域的产业链和产业生态体系。在重点领域分别组织成立以市场需求为导向、以龙头企业为中心的企业数字化转型产业联盟，加快探索形成风险共担、收益共享的市场化协作机制，着力提升技术创新与产业化的应用水平。

16.3.3　评估评价

完善数字化转型领域政策、法律、监管等管理与评估机制，充分利用信息化手段提升政策实施与评估水平，确保相关战略和政策取得实效。围绕数字化转型及对产业高端发展的带动影响，构建数字化转型发展水平的评估体系，建立体现单个企业和整个行业数字化转型发展水平的评价指标，制定科学合理、操作性强的监测评估方法，开展面向不同行业和企业的数字化转型成效及水平评估，形成重点行业和企业数字化转型发展指数并定期向社会发布。在评估评价的基础上，研究形成细分行业运行指数，构建基于数字化转型的产业运行数字图。

16.3.4　宣传推广

加大对典型优秀企业数字化转型实践的宣传推广力度，充分发挥联盟等行业组织的桥梁纽带作用，推广典型企业的典型经验，在全国形成典型企业引领带动数字化转型的良好氛围。通过媒体宣传、展览展示、图书解读等多种形式探索推进路径、展示最佳实践、交流典型做法、进一步提升数字化转型的影响力。举办成果展览、企业对接及系列"深度行"活动，总结和交流政府部门和重点企业在政策措施、工程实施、平台建设等方面的工作进展、典型经验和实践成效。推动地方各级政府部

门加强组织、引导，加大对本地区数字化转型中典型企业的宣
传力度，在一定区域形成影响力。

16.4　提升数字素养

提升全民数字素养，重点是围绕数字人才队伍建设，以深
化产教融合为核心，坚持引进和培养相结合，坚持教育和培训
相结合，使人才培养链与产业链、创新链有机衔接，完善数字
人才教育体系和培训体系，为"制造强国"和"网络强国"建
设提供数字人才支撑。

16.4.1　构建和完善数字人才教育体系

构建和完善适应需求、结构合理的基础教育、高等教育和
职业教育等立体化的数字人才教育体系；优化高等院校相关专
业的学科设置和课程设置；建立学科专业动态调整机制，围绕
产业链、创新链调整专业设置，结合数字化转型前沿领域和企
业实际需求，科学合理地设置课程内容，增强专业设置和课程
设置的前瞻性、科学性、灵活性和特色化；鼓励行业企业积极
参与职业教育，支持头部企业筹办职业技术学校，推进办学模
式、培养模式、教学模式、评价模式改革，促进产业链、岗位
链、教学链深度融合。

16.4.2　优化提升数字人才培训体系

依托现有的政府、行业、企业等培训制度，增加数字化转型培训内容，创新培训模式，提升领导干部、从业人员和全民的软件素养。首先，要强化领导干部、机关事业单位人员对数字化转型重大意义的认识，了解掌握相关领域的基本知识、原理及应用。其次，面向基础软件、工业软件、云计算、大数据、信息安全、人工智能等重点领域开展高水平的专业培训，培养行业领军人才。再次，加强各行业、企业，尤其是制造业企业人员数字化能力的培训，推广首席信息官制度，支撑产业转型升级。最后，加强全民数字素质培训，面向公众广泛开展数字化转型知识宣传教育活动，鼓励和支持行业协会、学校、媒体等联合开发相关公开课程、节目栏目等，提升全社会的数字素养。

16.4.3　实施全球化数字人才战略

瞄准软件高端人才需求，在全球范围内引进人才。吸引海外留学人员回国从事数字化转型的基础、应用研究和开发活动，建设一批海外高层次人才创新创业基地，引进数字化转型领域的创新创业领军人才。鼓励国内高等院校、科研院所、软件企业举办国际交流活动，与境外开展多方面的合作；鼓励有条件的境内企业在国外设立相关研发机构，吸引优秀人才参与软件开发工作。

16.4.4　营造数字人才发展良好环境

加快制定和完善政策法规，营造鼓励创新、规范灵活的数字人才发展环境。加大政策、资金等支持力度，完善激励机制和利益分配机制，增加知识和技术在最终分配的比例。健全数字人才评价标准体系，将创新能力、实践能力、社会服务能力等纳入评价内容，分类分级制定符合数字化转型特点的科学化、社会化的人才考核评价制度。

16.5　打造数字生态

16.5.1　提升"引进来"的能力和水平

坚持引资、引技、引智相结合，利用全球人才、技术、知识产权等创新资源，学习国际先进经营管理模式，加快我国数字化转型发展。加强原创技术引进渠道和机制建设，深化与技术原创能力强的国家和地区的产业合作，提高产业"引进来"的合作层次和利用水平。

16.5.2　提升"走出去"的能力和水平

支持行业协会、产业联盟与企业在全球范围内共同推广数字化转型相关的产品、技术、标准、服务。支持国内领军企业，尤其是具有国际竞争力的中小民营企业参与国际市场竞争，开

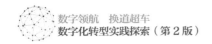

拓国际市场、寻求国际先进的创新技术资源。利用双边和多边对话机制，围绕数字化转型相关的技术研发、标准研制、人才培养、行业应用等领域，积极开展双边、多边国际交流合作，提升影响力。

第十七章

架构：构建新型工业体系

> **重点提示：**
>
> 建设和推广工业互联网平台　发展数字化先进产业集群

　　加快推进工业领域数字化转型，构建新型工业体系，制定数字技术与产业、重点行业数字化转型发展路线图，推动物联网、大数据、人工智能、区块链等新一代信息技术的研发和产业化，培育基于数据驱动的新模式、新业态。

17.1　发展壮大新一代信息技术产业

发展壮大新一代信息技术产业，需要围绕"网络强国"建设，进一步完善技术、产业、应用、安全互动发展的协调机制，加快建立技术领先、产业先进、安全可靠、自主可控的新一代信息技术产业体系。

17.1.1　大力发展大数据和云计算产业

云计算和大数据产业作为近年来信息通信产业发展最有潜力的两个领域，在拉动经济增长和提升服务水平方面发挥了重要作用。

发展数据采集、数据存储、数据分析、数据可视化、数据安全等服务，积极培育综合实力强、创新能力突出的大数据骨干企业，探索形成数据驱动的商业模式和服务模式。围绕推进国家大数据综合试验区建设工作，发挥骨干企业、科研机构和高等院校的技术创新能力，发展面向汽车电子、装备制造、医药化工等重点行业的大数据解决方案。推动商业模式和服务模式不断拓展和创新，示范引领医疗、能源、交通、制造、金融、旅游等重点行业开展大数据应用。

推动通信网络、计算资源、数据中心、存储设备等传统信息服务向云计算模式转型，发展海量数据、大规模分布式计算、智能数据分析等公共云计算服务。面向重点行业，发展具有行业特点、满足行业应用需求的云服务。推进具有自主知识产权的云计算操作系统、安全系统、分布式系统软件、虚拟化软件等云计算基础软件和成套解决方案的研发和产业化。

17.1.2 稳步发展电子信息制造业

推动电子信息制造向新型中高端电子产品及数字装备升级，实现电子信息制造业高质量发展。

重点发展集成电路、数字医疗、数字终端、高性能仪表及传感器等新型数字智能产品。 支持骨干企业重点发展半导体薄膜等核心整机装备、精密配套零部件及 SOI 低纳米高端硅基材料。支持企业发展 CT、核磁共振、彩超、激光成像、分子诊断、微生物自动化检测系统、高通量临床检验等高性能数字诊疗设备，开发可穿戴、便携式的个人健康监测设备、远程诊断治疗设备、多模态分子影像设备等新型数字医疗设备等。

培育发展数字高清电视、高性能通信终端、智能运载工具等高端制造业。 重点发展 4K 及以上超高清数字电视，积极引导和培育 OLED、激光显示、裸眼 3D 等新型显示技术。布局高性能智能型接近传感器、成分检测分析传感器、高精度流量、光传感器、磁传感器、高性能压力传感器、温度传感器、电力电子传感器、车用检测控制传感器等新型工业传感器。积极发展专业化、个性化的新型移动终端产品和面向车联网、智能工厂、智慧城市、安防、智能支付等细分领域的通信模块等信息产品。培育智能网联汽车（终端）、消费级和工业级无人驾驶

航空器、智能化航空运载工具等。

17.1.3　创新发展软件与信息技术服务业

以工业软件的研发与应用为抓手，加快推进软件与信息技术服务业发展。

重点发展基础支撑软件、嵌入式软件和解决方案。发展工业细分领域智能硬件轻量级操作系统、智能成套装备嵌入式实时工业操作系统、工业实时数据库，发展基于复杂装备 CAX 产品创新的工具类软件。支持企业重点发展基本功能组件和设备状态监测分析诊断系统。发展分布式控制系统、先进生产排程系统、各类 PLC 控制系统等。重点发展 MES、精密运行管理、优化系统等。

培育壮大物联网软件、移动互联网软件等产业。支持发展物联网中间件设计，建设物联网采集系统和统一管理平台，发展面向定位/跟踪/导航、安全/监控、计量/检测等领域的物联网产品和服务。发展移动终端操作系统、新一代移动通信网络、移动通信安全、互联网监测预警与主动防御、虚拟现实等软件产品和服务，促进移动游戏、大视频、移动电子商务、数字媒体等细分行业的发展。

17.1.4　做大做强人工智能产业

人工智能是新一轮产业变革的核心驱动力，是催生新技术、新产品、新产业、新模式的重要因素。

大力发展智能机器人产业。全线布局工业机器人、领跑全球移动机器人、瞄准世界洁净机器人，围绕国家战略需求，发展特种机器人，在民生领域广泛应用服务型机器人。

全面推进智能芯片、智能感知等产业发展。突破跨模态与协同感知、自然语言理解、协同控制技术、人机物混合智能技术、智能计算芯片研制等关键技术。研发基于机器视觉和动态目标的识别、检测等智能图像产品，重点发展关节位置、力矩、视觉、触觉等智能器件。

推动人工智能在机器人、机床、汽车、航空航天、医疗及政务等领域的应用示范。积极推进智能网联汽车测试区和基础设施建设，加快智能网联汽车的示范运营和推广应用。支持核心企业发展壮大轻、中、重型单旋翼无人机、多旋翼无人机、飞控系统、双目测距模块、专用吊舱、挂载式等产品。

17.1.5　超前布局前沿信息技术产业

探索区块链技术在工业互联网等重点领域的商业应用。建立区块链产业创新平台，开展技术研发、产业孵化、应用测试、教育培训、资格认证等服务，培育和引进一批区块链应用企业，构建"政、产、学、研、用"协同发展的产业体系。在资产管理、征信管理、支付结算、工业检测存证、知识产权、商品溯源、电子政务等领域推进区块链技术应用示范，探索培育成熟的发展模式。

推进量子技术的创新和研发。推动量子核心器件、城域量子通信网络、量子计算与测量等领域的技术创新和研发，建立面向实用场景的量子通信网络，推动量子通信、量子雷达等技术和产品在全市环保、气象、金融等领域的试应用。

构建北斗导航产业链，推进"VR＋5G＋制造业"发展。开发建设基于北斗卫星导航技术的地理信息测绘系统、车联网平台、安全服务运营平台等应用，形成涵盖北斗技术基础产品、应用终端、系统应用、运营服务等关键环节的北斗导航产业链。探索在装备制造业领域实现虚拟装配制造、工业仿真设计、工人协同培训等应用。

17.2　建设推广工业互联网平台体系

17.2.1　持续完善多层级工业互联网平台体系

支持建设工业互联网平台试验测试环境和测试床，推动工业互联网平台的功能迭代、服务创新、行业落地和智能演进升级，培育一批跨行业、跨领域的工业互联网平台和面向特定行业、特定区域的企业级工业互联网平台。引导工业互联网平台加强标准互认、协议兼容、数据共享和业务协同，推动工业机理模型、工业微服务、工业App的跨平台调用和订阅，持续完善"综合型＋特色型＋专业型"工业互联网平台体系。

17.2.2　提升基于平台的工业知识创新能力

组织实施工业技术软件化工程，分行业、分领域推动工业技术、原理、工艺、经验等工业知识的软件化、模块化、标准化，构建基于工业互联网平台的制造业知识图谱。支持开发者社区建设，打造基础共性、行业通用、企业专用的工业 App 和微服务资源池，推动工业知识的沉淀、传播、复用和价值创造。围绕"平台 + 5G、平台 + 区块链、平台 +AR/VR"等技术融合趋势，遴选一批平台创新解决方案和一批高价值工业 App，提升平台供给能力。

17.3　加速传统产业数字化转型升级

推动传统产业数字化转型升级，需要围绕"制造强国"建设，推动创新要素向多业务、全链条、全周期渗透，改造提升传统实体经济，改变实体经济的生产方式、组织结构和管理模式，不断催生新产品、新业态，加快新旧发展动能的接续转换，拓展经济发展的新空间。

17.3.1　加快传统产业数字化改造

在产品层面，传统产品通过应用数字技术和网络技术拓展产品的功能，提高产品中的知识和技术含量，从而提高产品的附加值和市场竞争力。

在装备层面，数字技术推动工业机器人、高档数控机床、增材制造装备、智能检测与装配装备、智能仓储系统装备等智能装备的生产与发展。

在企业层面，工业信息系统通过互联网实现互联互通和综合集成，促进机器运行、车间配送、企业生产、市场需求之间的实时信息交互，原材料供应、零部件生产、产品集成组装等全生产过程的精准协同。

在产业层面，数字化、网络化、智能化技术和智能装备在企业研发设计、生产制造、全生命周期管理、营销服务等全流程和全产业链集成应用，提升产业链的企业间设计、制造、商务和资源协同的能力，推动产业智能化转型。

17.3.2　培育工业数字经济新业态

持续推进工业电子商务。支持钢铁、石化、冶金、汽车、电子等重点行业骨干企业建立在线采购、销售、服务平台，引导企业平台向网上交易、物流配送、信用支付于一体的行业电子商务平台转型，提高企业供应链协同和商务协同的水平。完善大宗商品企业在线交易的支付、物流、税收等基础设施和政策环境，形成一批集网上交易、加工配送、技术服务、支付结算、供应链金融、大数据分析等于一体的第三方电子商务综合服务平台。推动工业企业积极开展面向全球产业链和区域合作的电子商务业务，支持跨境电子商务综合试点建设通关、检验检疫、结汇、退税等关键环节"单一窗口"综合服务体系，完善企业间跨境电子商务政策体系。

积极构建现代物流体系。推动电子口岸、道路运输危险品监管平台、邮政业监管信息平台等公共信息平台建设，提高相关政府部门的物流服务和监管能力。加强北斗导航、物联网、云计算、大数据、移动互联等先进信息技术在物流领域的应用，促进产品全生命周期关键信息的可采集和可追溯能力。建立跨区域、跨行业的智能物流信息平台，对接制造企业、物流企业和第三方物流商，形成集物流信息发布、在线交易、数据交换、跟踪追溯、智能分析等功能于一体的物流信息服务中心，推进开放、透明、共享的供应链协作模式。加快建立社会化现代物流体系，支持众包、众筹等新型物流模式，建设集约化、网络化、协同化的物流骨干网。

加快发展产业链金融。选择一批城市或企业开展产融结合创新试点，发挥制造、物流、互联网等行业龙头企业的信用信息优势，搭建产融结合的金融服务平台，开展信用贷款、融资租赁、质押担保、股权众筹融资等金融服务。鼓励商业银行与行业龙头企业加强战略合作与数据共享，创新金融产品和服务。构建产业链金融公共服务平台，创新分业管理制度，完善动产担保物权、供应链信用管理等政策法规和标准规范，建立服务实体经济的多层次金融服务体系。

17.3.3 培育工业数字经济新模式

加快推进网络协同制造。以突破网络协同制造重大共性关键技术和产品为重点，组织实施网络协同制造专项等国家重点研发计划。围绕研发设计、智能装备、生产制造、经营管理、市场营销等环节的无缝衔接和综合集成，加快工业网络、控制系统、管理软件和数据平台的纵向集成，实现全流程信息共享和业务协同。以提升产业链网络协同为重点，推动企业间研发设计、客户关系管理、供应链管理、营销服务等系统的横向集成，实现产业链上下游企业的资源、业务和市场协同。以产品全生命周期管理为重点，实现产品研发设计、生产制造、物流配送、使用维护、回收处置的全过程信息共享、质量控制、产品追溯和精准服务。

发展个性化定制。 组织开展"互联网＋"制造业试点示范，支持家电、服装、家具等行业建立客户体验中心、在线设计平台、电子商务平台，形成动态感知、实时响应消费需求的大规模个性化定制模式。鼓励飞机、船舶、装备等行业建立基于网络的开放式个性化定制平台，推动重点产品数据库开放共享，提升高端产品和装备模块化设计、柔性化制造、定制化服务能力。支持建设3D打印等共性服务平台和线上线下展示中心，引导中小企业在线提供快速原型、模具开发、产品定制等服务，培育"互联网＋"新型手工作坊等小批量个性化定制模式。

推进服务型制造。 支持装备、汽车、工程机械等行业推进产品的智能化、高端化、服务化，利用物联网、云计算、大数据等技术发展产品监测追溯、远程诊断维护、产品全生命周期管理等在线服务新模式，推动产品向价值链高端跃升。引导轨道交通、军工装备、能源电力等行业拓展总集成、总承包、交钥匙工程等新业务，培育第三方专业化、系统化的解决方案提供商。鼓励企业基于产品智能化、供应链在线化的大数据分析挖掘开展信用销售、融资租赁等新业务。

17.4　助力产业集聚区创新融合发展

17.4.1　发展数字化产业集群

支持建设工业互联网平台试验测试环境和测试床，推动工业互联网平台的功能迭代、服务创新、行业落地和智能演进升级，培育一批跨行业、跨领域的工业互联网平台和面向特定行业、特定区域的企业级工业互联网平台。引导工业互联网平台加强标准互认、协议兼容、数据共享和业务协同，推动工业机理模型、工业微服务、工业 App 的跨平台调用和订阅，打造系统化、多层次的工业互联网平台体系，提升工业互联网平台服务制造业"双创"发展能力。

17.4.2　培育新型数字产业集群

制定工业互联网平台发展指数评价框架，强化平台应用的价值导向，开展更大规模、更深层次的平台应用示范，释放平台赋能的社会经济效益。制定工业大数据分级分类、工业互联网平台建设评价等关键标准，强化平台安全保障体系建设。加快推进工业互联网发展一体化示范区建设，加快平台由点及线到面应用普及，带动区域产业提质增效。

17.4.3　推动基于平台的制造业"双创"

组织实施百万企业上云，鼓励工业互联网平台企业带动中小企业业务系统向云端迁移，推动研发、生产、经营管理各环节信息集成和业务协同，促进大、中、小企业融通发展。持续推进工业互联网与智能制造、电子商务等有机结合、互促共进，加快研发、制造、管理、商务、物流、孵化等创业创新资源数字化改造、在线化汇聚和平台化共享，培育基于工业互联网平台的制造业"双创"新模式，发展平台经济、共享经济等新业态，推动制造业"双创"加速升级。支持建设工业互联网创新中心，建立工业互联网产业示范基地。

17.5　支撑制造企业绿色安全化生产

17.5.1　提高制造企业本质安全水平

牢固树立安全生产理念、贯彻新发展理念，坚持生命至上、安全第一，坚持以"深入实施工业互联网创新发展战略"和"提升应急管理体系和能力现代化"为主线，切实把安全发展理念落实到工业发展的全领域、全阶段、全过程着力打造"工业互联网＋安全生产"新型能力，推动"工业互联网＋安全生产"融合创新应用，提升本质安全水平和安全监管效率。

通过建设工业互联网安全生产监管平台、数据支撑平台等新型基础设施，建立安全生产信息目录，开发标准化数据交换接口、分析建模和可视化等工具集，为行业级监管平台提供技术支撑支撑安全生产全过程、全要素、全产业链的连接和融合，提升安全生产管理能力。

提升基于工业互联网的安全生产新型能力。安全生产新型能力是提升工业企业安全生产水平的关键，依托新型基础设施，建设安全生产快速感知、实时监测、超前预警、应急处置、系统评估五大新型能力，推动安全生产全过程中风险可感知、可分析、可预测、可管控。

深化工业互联网和安全生产的融合应用。为保障工业互联网向安全生产场景纵深发展，提升工业企业数字化、网络化、智能化水平，通过深入实施基于工业互联网的安全生产管理，推动生产、仓储、物流、环境等各环节各方面的管理模式升级，促进跨企业、跨部门、跨层级的生产管理协同联动，提升数字化管理、网络化协同、智能化管控水平。

17.5.2　加快实现"双碳"生产目标

完善制造业绿色低碳发展相关政策规划，聚焦工业设备上云、数据字典等工业互联网平台相关标准体系，将能耗、碳排放等作为标准的必备内容，以标准引领企业加快绿色化生产步伐。

　　加快打造绿色制造领域工业互联网平台，探索建立"平台＋绿色生产"相关产品与服务评价体系，推动相关产品和服务的评估诊断，培育和推广一批技术力量强、服务效果好、深受企业欢迎的平台企业和技术产品。

　　推动绿色低碳解决方案在重点行业落地，制定能源使用和碳排放监测数据的采集流程和使用规范，建立各利益相关者的协调机制。鼓励有条件的地方基于平台建立碳交易中心，结合工业互联网平台进基地、进园区、进集群等活动，面向中小企业提供成本低、适用性强的"平台＋绿色生产"数字化转型解决方案。

　　加速成功典型案例和优秀经验交流合作，充分发挥联盟组织的桥梁纽带作用，强化供需对接，通过在线直播、视频展播、线上对接等形式，实现"平台＋绿色生产"相关产品和服务展示互动与交易，汇聚"政、产、学、研、用、金"各方力量，营造"平台＋绿色生产"产业发展良好氛围。

第十八章

育珠：打造"数字领航"企业

> **重点提示：**
>
> 经营思维 科学方法 构建企业架构

数字化浪潮对企业与客户、企业与市场、企业与员工等利益相关者的关系产生了颠覆性的影响，需要企业在战略、业务、组织、管理、人员等方面进行全面转型，树立数字化经营新思维。企业数字化转型需要遵循科学的过程管理方法论和系统工程理论，围绕数字化场景下的业务转型和创新，同步推进先进数字化技术部署、管理变革和人的赋能，建立数字化转型的 PDCA 循环，持续提升企业的数字化能力，加快构建数字化企业新范式。

18.1　树立数字化经营新思维

21世纪以来，全球掀起了以数字化、网络化、智能化为主要特征的新一轮信息化浪潮。以移动互联网、物联网、大数据、云计算、边缘计算、人工智能、下一代网络等为代表的新一代信息通信技术不断创新突破，快速向经济社会各领域渗透，数字经济这一全新的经济形态迅速崛起。数字经济的核心是以数据为新生产要素，推动发展模式从以物质产品的生产、服务为主转向以数据信息的生产、服务为主。如果说19世纪、20世纪的社会主题是"机器"，反映的是人类对自然界物质的认识、利用和改造，那么21世纪的主题就是"数据"，数据正在成为这个时代的核心资产，成为社会生产、创造、消费的主要驱动力，企业必须建立全新的数字化经营新思维。

18.1.1　新企业价值观：共创、共享、共治

工业革命以来，土地、资金、厂房、设备等物质资本一直是经济发展的核心要素，由此形成了以物质资本所有者利益最大化为导向的公司治理制度。物质资本股东通过委托职业经理人来管理企业，通过雇佣劳动力来服务企业并支付薪酬，物质资本股东具有企业实际控制权和剩余价值索取权。数字经济的到来正在改变这一现象。数据、知识的稀缺性日益增加，数据的资本属性开始显现。企业的竞争力将越来越依赖于获取、存

储、分享、使用海量数据和知识的能力。为此，延续了上百年的物质资本控制企业的状况开始发生变化，物质资本拥有者开始提升知识资本拥有者的地位和权力，允许知识资本拥有者参与企业的治理和经营决策，分享企业的剩余价值。知识资本拥有者的决策权和分享权不断增长，企业的治理结构开始反映知识资本的价值诉求。

新治理有 3 个最核心的要素：共治、共创与共享。共治是指传统股东与创业者、管理者、员工具有同等的决策机会和权力；共创表达了人人都是价值创造者，人人都可能变成价值创造的中心；共享则更强调利益的分享，强调构建利益共同体。近年来，许多创业型公司开始设计 AB 股制度（即同股不同权），确保公司在多次股权融资后，即使创始人的团队股权不多，也能保持对公司的绝对控制。这是知识资本在企业治理中地位提升的表现。拥有知识资本的创业者成为企业合伙人，共享的治理关系取代传统的股权控制。

数字化、智能化技术正在进一步解放体力劳动者，员工将越来越多地从事创造性工作，与传统的财务资本、机器设备、厂房设施等物质资本相比，员工的创造性在企业中的重要性日益提升，成为企业创造价值的核心资源。只有充分发挥员工的创造力，公司的价值才能日益增加。掌握技术、专利等专有知识资源的人才是各家公司抢夺的重要资源，将这些员工由单纯的雇佣关系转变为利益相关的共同治理者，从而充分调动他们的主观能动性，成为企业留住人才、掌握核心资源、实现可持

续发展的重要手段。

企业开始重新审视和规划员工与企业的关系，雇佣关系开始松动，内部创业开始兴起。内部创业将原为管理阶层拥有的战略决策权向员工开放，让企业成为新事业孵化平台，连接有抱负的员工团队与市场机会，征选最有决心和能力的团队开发新事业，继而达成全员共同创造和激发创新的效果。

一些企业构建起以"知识"为中心而非以"权力"为中心的企业治理体系。越来越多的企业开始让员工参与公司治理，探索由股东、高层管理员工、核心员工等参与的共同治理模式。例如，韩都衣舍通过产品小组的方式激发员工的创造力。每个产品小组有4个人：一个人是组长；一个人是产品设计师，负责产品的品牌定位；一个人负责产品推广；还有一个人是货品专员，负责供应链。小组的研发、销售、采购三位一体，小组成为最核心的运营机制，同时又是治理的基本单位。小组的权力包括选款式、选颜色和尺码、确定价格、开展促销活动、确定打折节奏和程度。这些权力基本上是传统服装企业中老板的所有权力了。除此之外，每个小组的小组长还掌握分配奖金的权力。区别于一般服装企业员工完全听从老板的指挥和命令，韩都衣舍的员工基本掌握了传统企业老板的所有权力，拥有对自己产品小组的治理权。这种员工参与公司治理的模式激活了员工的主观能动性和积极性。

18.1.2　新商业模式：构建以客户为中心的价值生态

　　如果企业未来不与客户建立一个持续的互动关系，就无法理解客户，也无法得到客户实时的反馈，更无法挖掘客户的潜在需求。连接和互动是相辅相成的：没有连接，互动无从谈起；而没有互动，连接则极其脆弱。互动关乎着客户的直接体验，在传统的商业经营中，企业成功与否主要取决于其对客户需求的判断是否准确；而在互联网时代，通过互动，客户的态度在第一时间就可看见，因为客户跟你“说话”了，这才使任何一家有“以客户为中心”意愿的企业真正具备了“以客户为中心”的能力。在互联网时代，客户至上、极致的客户体验第一次成为商业竞争的唯一支点。客户给了反馈，产品就能及时优化；只要产品优化，海量客户就能第一时间体验，再给出反馈……这个过程不断反复，产品不断迭代，才可能获得极致的用户体验。

　　企业要创造“以客户为中心”的价值组合，围绕客户形成新商业生态。相对于规模经济，范围经济成为业务选择的基本逻辑，业务联系呈现生态化。价值提供转向价值交互，体验经济、意愿经济、社群经济成为主要的价值呈现模式。商业模式的颠覆性变革涉及产品形态、业务流程、产业业态和营利模式4个方面。在产品形态方面，新商业生态表现为产品数字化，企业可以根据实体产品传导到数字世界中的运营参数进行监控和分析，基于大数据、人工智能等技术将实体产品的运行状态调整到最优。在业务流程方面，生产过程呈现去中介化的趋势，业务流程由生产商驱动转向客户需求驱动，即让顾客对工厂（C2M）的模式成为可能。在产业业态方面，企业基于物联网等信息技术推动的连接和数据实时传输，提供更多的基于其制造产品的服务。在营利模式方面，新商业生态将从一次性交易付费转变为持续的增值服务。

18.1.3　新组织：“去中心化”、开放型生态组织

当前，企业组织形态正在由金字塔控制向灵活型平台演变，"小组织＋大平台"成为企业的重要组织结构。从整体来看，开放化、"去中心化"、资源的社会化是企业组织结构发展的新趋势、新特征。开放化要求企业打破内外边界，拆除部门墙，打破流程桶，以客户为中心形成开放的生态组织体系，为客户提供一体化的价值体验。"去中心化"意味着不是由企业的经营者发号施令决定生产什么、怎么生产和为谁生产，而是由大量的分散化的独立个体决定生产什么、怎么生产和为谁生产。经营活动越来越呈现"去中心化"的趋势，许多产品／服务的生产已经不需要一个发号施令的中心，而是通过无数分散化、地位平等的个体自发、无序活动的组合构成完整的生产经营系统，研发、生产出社会需要的产品。资源的社会化意味着企业将通过整合全社会的力量而集聚，即"企业＝联盟＋平台＋实验室＋孵化器＋创新工场＋……"，形成多种新科技共融、共赢共生、协同发展的网络格局。未来的组织形态是"平

台化＋分布式小前端＋生态化"的模式，企业将围绕客户需求、任务市场来整合资源、整合人才。各行业之间的界限越来越模糊，尽管商业利益之争仍然存在，但是基于核心技术知识产权控制打造商业生态才是竞争优势的真正源泉。

18.1.4　新管理模式：自主管理

马克斯·韦伯提出的科层制，让人性服从于理性，组织形态约束了人性的发挥。相对于小企业，大企业的激励缺乏主动性和创造性。在科层制下，管理者和被管理者处于博弈状态，增加了管理成本。传统的层级式、官僚式的组织管理模式成为阻碍与顾客共同创造价值的最大障碍。按照工业文明的分工理论，每个人在组织中是"螺丝钉"，本质上还是把人当工具。只有采取自主管理，颠覆雇佣制，才能让员工从"组织人"转变为"自主人"。随着组织的扁平化和网络化，自主管理要求借助人力，用创新的机制释放人的潜能。在互联网时代，以知识型员工为代表的"新就业"正在形成，人力资源越发成为企业资源而非成本。随着技术的进步，信息操作、智能制造等知识型岗位越来越多。同时，就业方式也在改变，由固定用工逐渐变为灵活就业。组织要想激发活力，更多地要以文化价值去引领员工，而不是靠严格的制度规则、严格的控制体系去约束员工。要使企业的每个人成为自己的主人，即自主管理，这就要求企业从重视管理层转变为重视员工的自主性，打破以岗定人、以岗定薪的传统模式。构建人力资源治理系统所面临的一个很大的挑战，就是如何敏锐地感知企业价值创造的非线性变量规律，从而激发员工活力，创造触发点或引爆点，然后在时间、空间和功能上实现从无序到有序的治理结构，并最终实现"人是目的"，激发人的内在潜能，使人的价值创造真正达到最大。

18.1.5　新管理机制：企业内部引入市场化

企业与市场是工业革命时期诞生的两种伟大的社会机制创新，推动了人类社会的巨大进步。但市场机制与企业的运作有着根本的区别，主要体现在信息流动的方式、信息转化为决策的方式和决策的制定者。市场的信息流动是从每个人到任何人，通过分权模式，由所有市场参与者做出决策。与市场不同的是，企业是一个集权的组织，运作是集中式的。企业成员的活动是由一个公认的集中权威来组织和领导，由于成员分工不同，大多数企业都是按照不同层级进行集中决策的。信息自下而上流动，全部汇总到企业中心，由领导者做出关键决策，下层级人员执行。思科认为，相对于市场，企业存在的理由是通过企业内部的活动能够降低交易成本，因此企业是市场机制的替代。数字时代的来临却在悄然改变市场与企业"泾渭分明"的关系：一方面，互联互通和海量数据的产生将大幅减少市场失灵的现象，使市场参与者之间交易的成本大幅下降，市场机制的协调能力将大幅提升，为经济增长提供前所未有的机会，而且这种增长是高效率、低浪费和可持续的；另一方面，海量数据还使市场机制开始渗透到企业内部，企业与市场的边界开始模糊。越来越多的企业通过大数据的应用建立内部市场化的交易机制，企业内部的各环节、各成员之间除了行政指挥的方式，开始更多地依靠内部市场交易机制来连接。海量数据正在瓦解企业作为一个集中式统一指挥组织的特征，企业呈现出部分是企业、部分是市场的新特征。越来越多的企业引入市场化的经营管理机制，通过数字化的技术和手段，实时、定量、精准地测量和评价企业内部的生产经营和管理活动，提升企业经营管理和员工工作的效率和效益，从而整体提升企业面向市场的响应速度。

18.2　建立数字化转型新方法

随着数字经济的到来，企业的经济社会基础、技术条件、市场需求、人力资源条件等都在发生重大改变。企业必须重新思考新一轮信息化在企业中的战略地位和发展引擎作用，从企业全局来深刻地理解数字化转型，改变工业时代所形成的企业范式，构建数字化企业新范式。范式转换意味着企业必须进行一次系统性的变革创新，包括发展理念、治理体系、技术和产品体系、组织体系、价值创造体系、管理模式、岗位和技能等，构建一整套适应数字经济发展的商业逻辑和运作模式。

18.2.1　数字化转型的基本原则

数据驱动原则

在数字化条件下，数据作为一种新的管理要素与传统的技术、业务流程、组织架构相互影响、相互作用，支撑企业的业务创新管理和战略优化。当智能终端无处不在、连接无处不在的时候，必然的结果就是数据的无处不在，数据的及时性、准确性和完整性不断提升，数据开发利用的深度和广度不断拓展，数据流、物流、资金流的协同水平和集成能力，尤其是数据流动的自动化水平逐渐成为一家企业的生命线，成为企业未来核心竞争力的来源。

价值创造原则

企业数字化转型的根本目的是创造价值，既包括客户价值，也包括员工价值，还包括社会价值。只有创造价值，企业的数字化转型才能可持续和有意义。

系统推进原则

企业数字化转型是一项系统工程。不仅要通过新一代数字技术的应用部署，形成先进生产力，而且要同步实施管理变革和人的赋能，构建先进的生产关系，只有这样，才能实现企业生产力与生产关系的协调发展，从而确保数字化转型的整体效能。

以人为本原则

企业数字化转型要遵循"为了人、依靠人"的原则。"为了人"就是要将满足人们的美好生活需要作为根本原则，从中发现数字化转型的新机会、新市场。"依靠人"就是要在数字化转型中更加重视人的因素，正确处理人与机器的关系，让员工在数字化转型中更有获得感。

风险防控原则

企业数字化转型的过程就是变革与创新的过程，存在各种潜在风险。企业要建立有效识别和防范包括信息安全风险、网络风险、工控安全风险、新技术应用风险、变革风险等在内的各类潜在风险。

18.2.2　数字化转型的过程管理

《信息化和工业化融合管理体系》系列国家标准为企业数字化转型提供了科学的方法论，可为企业开展技术应用、流程优化、管理变革以及加速数字化转型提供指导。目前，已有近 14000 家企业依据该标准提供的方法建设信息化环境下的新型能力，相关企业两化融合发展水平稳步提升，带动运营成本平均下降 10%、经营利润平均增加 11.2%，体现了该标准在引导企业实现数字经济时代可持续发展方面的重要价值。近日，国际电信联盟（ITU）正式发布首个两化融合国际标准

"*Methodology for building digital capabilities during enterprises' digital transformation*"（中文译名为《企业数字化转型过程中可持续竞争能力建设方法论》），提出了基于两化融合管理体系基本框架的企业数字能力建设核心理念、关键过程和主要方法，标志着《信息化和工业化融合管理体系》标准正式走出国门，得到国际社会的认可。

企业要高度重视数字化转型的变革管理，成立包括主要领导、业务部门、职能管理部门、信息化建设部门等在内的跨部门领导小组和工作团队，全面领导、部署和推进数字化转型工作。企业数字化转型的出发点是客户需求，落脚点是价值创造，核心是围绕各层级实现数字化业务和管理场景的应用，方法是遵循过程管理理论，以客户需求为输入，以企业战略为指导，通过确定目标、规划设计、系统实施、评估评价、持续改进 5 个阶段，构建企业数字化转型持续推进的 PDCA 循环。企业数字化转型过程的方法如图 18-1 所示。

第一步：确定数字化转型目标。基于精准挖掘的客户需求和企业发展战略部署，设定企业的数字化转型目标。目标包括远期目标、中期目标和近期目标。

第二步：制定数字化转型规划。通过对企业数字化现状进行深入调研和分析，客观评价企业数字化能力现状，明确现状与目标之间的差距。在此基础上，开展企业数字化转型的整体规划，从企业全局角度对数字化的体系架构和建设内容进行全面规划。规划应涵盖技术实现架构、业务蓝图、管理变革、人员变革等方面的内容，并以此制定可实施的建设方案和实施计划。

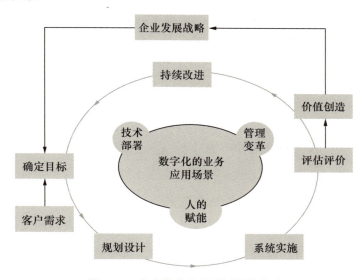

图 18-1　企业数字化转型过程的方法

第三步：系统部署、协同推进。企业遵循系统变革的思想，围绕业务场景应用，协同推进技术部署、管理变革和人的赋能，完成数字化应用场景建设，实现价值创造，从而有效支撑企业战略。

第四步：开展企业数字化能力评估。企业可以借助各类评价指标体系，定期开展企业数字化能力评价，开展定性与定量相结合的数字化转型成效评价，为下一个阶段企业数字化转型提供有效输入。

第五步：持续改进。企业数字化转型是一个持续推进的长期过程。上一个阶段的企业数字化转型目标实现之后，其评估评价结果应作为下一个阶段建设的输入，并根据内外部环境的变化确立新的目标，进入新的建设循环。如此反复迭代、螺旋上升，不断提升企业的数字化能力，推动企业持续成长。

18.2.3　企业数字化转型的关键要素

长期以来，企业习惯从信息技术的角度来理解和开展信息化工作，许多企业并没有意识到这一轮数字化转型的战略性、系统性、长期性，仅仅重视各种设备、机器人、信息系统的购入，认为有了自动化、智能化的装备、产线、车间就实现了数字化转型，而对于数字技术与工业技术的深度融合及数字技术与组织、流程、管理等方面的深度融合却重视不够。因此，企业在数字化转型的过程中，需要树立系统性变革创新的理念，以业务升级和创新为中心，在引进先进数字技术的同时，同步推进组织与管理变革和人的赋能，同步推进先进生产力建设与生产关系调整，提升企业数字化转型的整体效能。企业数字化转型的关键要素如图18-2所示。

关键要素一：业务转型和创新

每家企业都有其特定的业务，包括产品或服务。"以业务为中心"为客户创造价值是企业存在的根本。数字技术一方面为企业传统的业务改造升级提供了新技术、新手段和新方式，正在改变传统业务的价值链；另一方面也为企业创造新业务、新业态提供了可能。企业数字化转型要以业务的升级与创新为中心，通过海量数据的挖掘和数字化业务场景的设计，转变企业为客户创造价值的方式、手段和渠道，以客户为中心设计业务模式和价值创造模式，提供转向价值交互，体验经济、意愿经济、社群经济成为主要的业务呈现模式。数字时代，企业的业务呈现客户互动化、社群化，产品数据化、服务化，生产个性化、透明化，收益转移化、黏性化，渠道线上线下融合的特征。

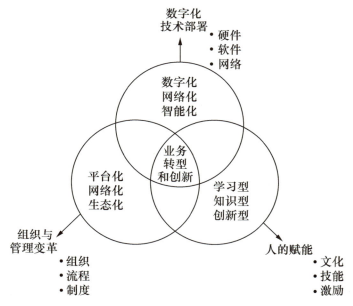

图 18-2　企业数字化转型的关键要素

客户的互动化、社群化。社群经济的发展，改变了生产营销体系的各个环节，证明了以客户为中心的商业模式的重要性。目前，全球范围内的领先企业已经开始构建以"社群"为载体的商业生态。社群经济是体验经济的发展，将体验要素渗透到整个产业链条的生产、营销、消费等多个环节，包括产品功能体验、情感体验、消费情境体验等。例如，小米MIUI通过社群互动，让客户参与手机开发，为产品的研发制造提供了及时的反馈。

产品的数据化、服务化。在大连接、数字化的时代，产品越来越被数字化描述，无论是对企业还是客户，都带来了极其重要的价值。好的产品一定是充分利用数据技术的分析，找到客户的核心需求和痛点后的产物，这要求企业在数据分析的过程中不断地发现和解决问题，推动产品的快速迭代。数据也是企业积累客户流量资源、精准进行客户画像的重要基础，对产品的升级迭代有着深远的影响。在数据化的基础上，企业普遍向提供"产品＋服务"的业务方向发展，产品和服务的融合趋势日益明显。

生产的个性化、智能化。新一代互联网技术的普及使厂家与个体客户间的低成本交流成为现实，制造业已经实现由需求端到研发生产端的拉动式生产。大规模的个性化定制成为重要的新生产模式。大规模个性化定制的关键在于解决个性化定制的量产问题，而模块化设计则是实现大规模定制的重要手段。产品的模块越多，组合的方式越多，个性化的元素也就越多，模块化设计的核心在于产品子模块的无限细分和最终成品的无限组合。企业只有创建开放的网络平台，才能收集和整理消费者的意愿，找到模块的设计方向。这是制造的发展趋势，目前已经涌现出一批大规模个性化定制的成功实践案例，如酷特智能、尚品宅配等。

收益的转移化、黏性化。企业在营利模式上日益呈现出两个方面的特征。一是收费转移化或免费。通过后期的消费服务或其他增值服务收费，实现之前免费或零利润部分的补助。在互联网全面融入人们日常生活的今天，只要是人人需要的普遍服务，在互联网上就会有免费服务。免费模式是相对的，免费模式的精髓在于能够在"免费"的背后寻找到清晰可行的营利模式。二是收益的持续化，关注全生命周期的服务价值获取。随着互联网进化到物联网时代，企业从一次性提供服务、提供产品转向和客户保持长期联系，持续不断地提供服务、收获价值。

渠道的线上线下融合。在数字时代，企业突破线上和线下的边界，实现线上线下、虚实之间的深度融合与无缝连接，通过精准的社交传播渠道，使产品或服务更贴近消费者，让消费者获得更好的消费体验。在体验中实现消费，从而凭借其完美的体验式交互功能，颠覆非特定区域的平台电子商务。现有的中介、渠道、分销等中间环节将逐步消失，最终将形成以"厂家—终端—消费者"为主体的三维模式。商家将客户体验放在首位，为客户提供更多增值的服务，深度服务于客户。未来，商店以线上移动商城和线下智能商店为平台，基于云计算、客户大数据、客户行为的偏好分析、智能补货管理、移动支付等先进信息技术，全方位跟踪和分析客户的个性化需求，精准推送偏好信息，重塑厂商、终端与消费者之间的关系，进而真正融入智能 O2O 时代。

关键要素二：数字化技术部署

新一代信息技术的部署和应用是企业数字化转型的关键。围绕数据采集、数据传输、数据挖掘应用和数据安全，加快建设和应用新一代信息网络基础设施，积极部署互联网、移动互联网、物联网、大数据、云计算、人工智能等新技术，为企业数字化转型提供坚实的技术条件和硬件网络基础。

传统设备设施的数字化改造。当前，我国企业设备设施数字化、网络化基础还比较薄弱，尤其是中小企业设备改造和数据采集的难度较大。截至 2021 年，我国企业的生产设备数字化率为 57.98%。企业要积极利用技术改造、智能制造、工业互联网等方面的政策措施，加速提升设备设施的自动化、数字化、网络化水平，加快终端设备设施的数字化和联网，消除底层数据终端连接不足的瓶颈。

企业上云。云服务具有资源池化、弹性供给、按需付费等特征，能大幅降低企业购买数字化装备的成本，提高企业的数字化应用效率。在软硬件方面，云平台通过 IT 软硬件资源租用取代直接购买或自建，可以大幅降低软硬件成本。此外，企业通过核心业务系统上云，打通信息孤岛，促进制造资源、数据等集成共享，能够大幅提升企业的综合效益。企业要根据自身业务的发展需求，在计算资源、存储资源、网络资源、安全防护、数据库服务、大数据分析、中间件平台服务、物联网平台、软件开发平台、人工智能平台、协同办公、经营管理、研发设计、生产控制、客户服务等方面积极探索云服务。

建设工业互联网平台。工业互联网作为新一代信息技术与制造业深度融合的产物，是制造业数字化、网络化、智能化发展的核心支撑，向上对接工业优化应用，向下连接海量设备，承载海量工业经验与知识模型，是工业全要素链接的枢纽，是工业资源配置的核心，驱动制造体系的智能化升级。工业互联网平台和基于平台构建的社会化分工体系通过构建开放价值生态，引发整个制造业颠覆式创新，探索出一条制造业转型升级的重要路径。企业要充分认识到工业互联网大数据的基础资源作用和创新引擎作用，将优化提升工业互联网大数据资源管理能力作为拓展"智能＋"、赋能企业转型升级的重要举措。从最基础的数据采集和监测起步，逐步扩展至研发设计、生产制造、运营维护、物流仓储、上下游供应链等各个层面，适时开展基于数据价值分析的智能化升级，从而打破传统制造业中已构筑的技术和利益壁垒，基于开放价值生态探索更加灵活、更富创造力、价值回报更高的创新发展道路。

构建数字孪生体。数字孪生体在新工业革命中扮演着关键的角色，是企业数字化转型的关键使能技术。当前，数字孪生技术的发展取得了积极进展：一方面，MBD、建模等数字化表达技术得到广泛应用，使采用数字化方式在产品全生命周期的各个阶段精确地描述物理产品成为可能；另一方面，大规模计算、高性能计算、分布式计算等计算科学技术的快速发展，以及机器学习、深度学习等人工智能技术的不断涌现，使产品动态数据的实时采集、可靠与快速传输、存储、分析、决策、预测等成为可能。

数字孪生以产品为主线，并在产品生命周期的不同阶段形成不同的表现形态。产品设计阶段的数字孪生，可以开展数字模型设计、验证和仿真，提高设计的准确性，验证产品在真实环境中的性能。

制造阶段的数字孪生，可以通过数字化手段构建起来的虚拟生产线将产品本身的数字孪生同生产设备、生产过程等其他形态的数字孪生高度集成起来，实现生产过程仿真，从而优化实体产线生产过程。

服务阶段的数字孪生，可以实现远程监控和预测性维修，通过海量采集的数据，构建起针对不同应用场景、不同生产过程的经验模型，帮助客户优化参数配置，以改善客户的产品质量和生产效率。

数字孪生不仅可以是一个产品、一个产线，它还可以是一个工厂、一家企业，甚至是一个城市。例如，荷兰软件公司Mavim 把企业内部的每个物理资产、技术、架构、基础设施、客户互动、业务能力、战略、角色、产品、服务、物流与渠道都连接起来，实现数据互联互通和动态可视，构建数字孪生企业。法国的达索系统正在用 3D Experience City 为新加坡的城市建立一个完整的"数字孪生新加坡"。

关键要素三：组织与管理变革

围绕数字化的业务场景应用，通过部署数字技术，可以同步推进企业管理变革。企业管理变革包括组织、流程与制度等方面。

组织变革创新。企业组织创新的动力源自适应性的要求。从直线职能制到事业部制，科层制主导着企业组织结构的演化。通过分工提升生产效率，以指令和授权的方式解决组织效率，采用激励的方式提升员工效率。以数字经济为代表的经济发展阶段，企业的组织结构正在由金字塔式向灵活的生态型、平台型、网络型组织演变。当前，客户需求加速变化，日益呈现个性化与多样化的需求价值诉求。因此，企业的触角要延伸到市场终端，要能够触及消费者，企业需要分解为无数个小模块，内部要动起来，甚至还要更加灵活地整合外部的合作资源，以协同生产的模式匹配长尾和动态需求。企业要构建"小前端＋共享平台"的组织形态，平台中有若干个小微组织，主体服务平台完成供给侧要素化的网络供给和资源协同，支持小微组织高效运营。小组织单元是"以任务为中心"形成的若干个小微组织。若干个小微组织构成一个巨大的协同网络，一方面表现在企业内部各单元、各部门之间以网络形式相互连接、沟通和合作，使信息和知识在企业内快速传播，实现最大限度的资源共享；另一方面表现在企业与供应商、生产商、经销商等社会相关方组成的价值网络，也称为虚拟经营联盟，打破了传统企业间明确的组织界限，提高了资源的利用效率，以及对市场的响应速度。

管理机制创新。流程与制度属于管理机制的范畴，包括决策机制、员工激励机制、资源配置机制等。管理机制创新的核心是围绕组织与人的变革，目标是如何使组织与人始终充满活力和价值创造力。要推动员工由"岗位螺丝钉"向"岗位专家"转变、由"被动接受"向"自主自发"转变、由"科层控管"向"任务协同"转变，企业必须赋予员工更高的自主性，做到自我管理和承担更多的责任；要由过去企业的权威是自上而下的领导权威转变为分布式、多层次的知识权威，使人人成为价值创造的中心，人人能参与企业的决策，每个员工都是一个决策者，参与治理，实现共治，达到共赢，最后才能实现共享。要实现客户价值的最大化，需要人力资本价值的最大化，这要求企业强调利益共同体。

关键要素四：人的赋能

企业数字化转型需要转变认知、确立新思维，其中的关键是人的变革。如果企业的各类员工不具备数字化的思维和能力，就难以为企业的数字化转型提供人才支撑。当前，企业的员工出生、成长在我国改革开放的大背景下，大部分是独生子女，倍受呵护，物质条件优越，是最早的一批网络"原住民"，他们的生活、工作高度依赖网络；更为重要的是，新生代员工对工作的认知发生了显著变化，在工作中更看重个人内在价值的实现，喜欢创新求变、追求个性、追求工作与生活的平衡。与此同时，在企业高度数字化的环境下，人在企业中的角色发生了重要改变。数字技术将进一步解放人的体力和部分脑力，操作、执行等重复性工作将转移到智能机器和信息系统，员工将越来越多地从事创造性工作。为此，企业需要重构人才结构和管理方式，构建适应企业数字化生存发展的人力资源赋能体系。

培育数字化领导力。企业高层领导要将数字化转型作为企业的核心战略，在管理层中对数字化转型形成共识。在新时代下重构企业战略，首先要求企业家和企业高层管理者要具备新的数字化领导力。未来的企业内部不再依靠行政命令的权威驱动，而是依靠数据和文化驱动，领导者要从威权领导转型为基于数据化决策的愿景型领导与赋能型领导。赋能型领导要善于激发群体智慧、善于授权。这就需要企业家有更高的追求、更宽广的胸怀和更高的境界。与此同时，企业还要培养员工的领导力，员工的领导力将体现在更大的价值创造上。因此，企业要打破领导权威，向员工让渡权力，激发企业中每个人的自我领导意识。通过平台赋能，通过项目制，让员工具有创新和创业精神，让真正有能力的人可以超水平发挥。

塑造创新型文化。当创新和变革成为企业经营的常态，企业领导者必须发起新的价值观和企业文化，形成新的组织，不断平衡变革的节奏和频率，提升管理创新绩效。创新和组织变革的过程要求企业形成新的管理理念，统一价值观，开放创新企业文化，规范员工的行为和努力方向，形成纪律和执行力，从而提升创新实施的效率。如果缺乏具有凝聚力的企业文化，"平台 + 小组织"的结构就犹同一条江河被截成无数的水库，高度分散化的企业组织形态将使企业陷入有规模无高度的平台化陷阱。创新型企业通过为员工提供参与感、提升其自驱动意识、形成凝聚力，使员工获得高成就感，发挥员工的无限潜力。

培养数字化员工。 工业机器人、智能系统、工业软件将占据越来越多的重复型工作岗位，企业在数字化转型的过程中要避免简单地实行"机器换人"，而要更加注重以人为本，强化员工关怀和员工新技能的提升，培养具有"数字"意识和"数字"技能的复合技能员工，以适应人机协作的新工作模式。2022 年 6 月，人力资源社会保障部向社会公示了数字化解决案设计师、数字孪生应用技术员、机器人工程技术人员、数据安全工程技术人员等 18 个新职业信息。

18.3　构建数字化企业新架构

企业诞生于工业革命时期，扎根于历次工业革命所形成的经济、社会、技术和文化土壤。今天，数字化浪潮正在让人类社会形态经历一次社会范式的转变，从机器密集型的工业社会演进为知识密集型的信息社会。与此相适应，企业必将从工业化时代的机械企业转向信息社会的数字化企业。

18.3.1　数字时代的情景模型

要想从传统企业转变为数字化企业，企业必须应用数字技术对其人、事、物等行为进行重新建模和架构，从关注功能转变为聚焦人、事、物等行为。

人的数字化

与信息时代主要关注人对事（业务流）和物（使用）的操作结果不同，在数字时代，人具有多面性，人的行为也具有多空间性，如企业空间行为、虚拟空间行为、公共空间行为、私密空间行为等。因此，企业需要聚焦个体在不同空间的体验和行为，向人的行为数字化转变。此外，人作为企业／组织的成员，其行为与企业／组织的治理、使命、文化和能力应保持一致。人的数字化聚焦的是人在不同空间的行为和结果，建立时间、空间、事务、实物等关系，进而对行为进行分析，来改进业务流、产品和业务／应用系统，为企业／组织提高效率和创造价值。

物的数字化

与信息时代主要关注对物的管理能力、关注物的外在特征不同，在数字时代，企业将更关注物的内在运行行为和对外界的感知。工业 4.0 提出了 CPS，要求物（包括动物、植物、设备、工具、生产装备、物流装备等）对外界全面感知，对内运行行为全面数字化。同时，建立物与人、业务等行为的关联关

系，以及与时间和空间的关联关系，实现万物互联和集成，实现协同，进而进行大数据分析，发现万物行为的关联关系。

事的数字化

与信息时代主要实现业务功能的数据化和信息化、关注业务过程创造价值不同，数字时代主要践行以客户为中心，需要对业务流程进行重构，将流程与组织结构解耦，从以部门为核心的流程向基于角色的流程转变，既要关注端到端创造的价值，也要关注创造价值的端到端过程，即发生的时间、地点、物、人等的关系。基于服务化对业务流程进行重新编排，从功能化、标准化、服务化向自动化和智能化迈进，进而对业务流的结果和行为进行分析，实现端到端数据共享和打破数据壁垒，改进业务创造价值的过程，提升端到端的效率和客户满意度，推动商业模式和业务创新，实现运营模式的转型。

18.3.2　数字化企业的内涵

数字化企业是在数字经济背景下，通过新一代信息通信技术全面融入企业，引发企业战略、业务、研发、生产、管理、服务等全环节数字化转型，从而形成创新网络开放化、生产方式智能化、产品服务个性化、组织边界弹性化、价值体系生态化的一种新型企业形态。数字化企业本质上是在数字经济时代为客户、员工、合作伙伴创造价值、实现可持续发展的一种全新发展模式。数字化企业与传统企业的主要区别有以下 3 个方面。

商业模式方面

数字化企业商业模式突出数据和技术强化的业务模型。数据作为数字时代人、事、物等产生的结果，其升华过程是数字—数据—信息—知识—智慧。移动互联和物联网环境将产生海量的数据，在事务和决策中如何应用数据，就需要对其进行数据建模、行为建模，构建架构和关系，构建以数据为中心的平台，进行智能分析、挖掘价值。例如，利用数字技术识别并整合生态系统内的最佳资源，更好地实现差异化的客户价值主张；打破"价格 × 数量"的收入模式，制定适应数字化发展的新的赢利公式等。利润最大化不再只是企业"一个人"的目标，而是"一群人"的目标（包括消费者、上游供应商、下游渠道商等）。企业所在生态系统内的各方参与者会在不同环节展开积极合作，共同提供具有最佳体验的产品或服务。

运行模式方面

数字化企业强调在数字化条件下如何清晰地描绘业务功能、流程与组织架构之间的关系，人、团队、各组成部门之间如何有效互动，从而实现企业的战略和最终目标。例如，建立数字化的思维方式：在塑造竞争优势方面，从自给自足到开放合作；在产品设计开发方面，从线性开发到快速试验；在工作职能方面，从机器替代人类到人机互补合作；在信息安全方面，从被动合规到积极应对等。数字化企业人才团队组建需要打造具有高灵活性、高弹性、高效率、高参与度的具有数字技能的强适应性团队；建立能更快适应变化、具有更高协同合作水平、风险接受意愿更强的数字化企业文化。

IT 技术应用方面

在数字化企业中，数字技术已上升到生产力的中心位置，不再是企业架构中的辅助角色，这是数字化企业与传统企业最重要的一个认识和转变，主要技术基础是"互联网""物联网"和"全联网"。推动数字化转型的技术被分为三大类，包括智能设备、ICT 硬件和软件。智能设备包括传感、CPS、IoT。ICT 硬件包括三大类，即智能终端、连接和传输技术、云计算和存储技术。软件是数字时代的核心，分为 6 层，包括嵌入层、边缘计算层、业务服务层、分析服务层、平台服务层和资源层。

18.3.3　数字化企业的架构

在数字时代，传统的企业架构框架，即 5W1H 6 个域（应用、数据、技术、时间、人、组织动机）已不能完整地表达数字时代所覆盖的情景，需要重构企业框架。数字化企业需要聚焦新的业务模式、人的行为、物的行为、时间、空间的互联互通。因此，在原企业框架下，增加业务流程、物、集成 3 个域，并丰富数据、应用、时间、人、动机等领域，形成由 9 个域组成的满足全连接和数字化的扩展型 EA（7W2H）框架，见表 18-1。对 9 个域的架构具体阐述如下所述。

表 18-1　扩展型 EA（7W2H）框架

	业务流程(HOW)	功能(HOW)	数据(WHAT)	集成(WHAT)	网络(WHERE)	时间(WHEN)	物(WHO)	人(WHO)	动机(WHY)
目标范围(规划者)	业务场景 业务模式	业务功能	客户 产品 服务 目标	关联模型	技术策略 技术方向 业务位置	核心业务事件 核心业务清单	智能决策 智能配对 物性 类人性	角色（员工、客户、供应商） 组织 空间	愿景 主要目标 价值主张 关键成功因素
业务模型(拥有者)	聚焦业务价值创造 业务流程顶层架构 定义主干业务流 业务经营指标	应用功能组 应用产品组 活动图	数据模型 数据资产目录 数据页（对象）定义 数据质量	流程与应用 流程与数据 应用与数据 应用与应用 数据与数据	技术架构框架 技术标准 技术规范	过程事件 过程结果	IoT概念模型 知识化模式 感知模式 可视模式 追踪模式	组织模型 管控模型 社会行为 企业行为 网络行为 隐私行为	业务目标 企业战略 战略举措 产品战略 市场战略 BPIT战略
系统模型(设计师)	聚焦业务价值实现 E2E流程集成 定义业务视图 流程效率指标 关键控制点 角色定义 定义业务规则	应用功能定义 应用平台架构 应用功能清单 用例视图 应用服务/API	数据/数字模型 文档/内容模型 关键数据 挖掘/分析模型 实体/属性定义 数据标准/规范 数据质量	流程集成模型 数据集成模型 应用集成模型 人的行为关联模型 物的行为关联模型	技术参考模型 安全技术架构 云计算架构 企业网架构 移动互联架构 技术服务/接口	时间要素定义 时效指标定义 事件模型 过程模型 过程结果模型	IoT架构 智能化架构 知识化模型 感知模型 自动化模型 事件图 状态图	企业组织架构 BPIT组织 决策/授权层次 岗位定义 岗位与角色匹配 组织/行为模型 用例图	业务能力 人的能力 连接能力 集成能力 智慧能力 BPIT治理能力
技术模型(建造者)	定义流程柔性 业务操作模型 业务活动 输入/输出 工作任务 流程服务	应用功能 应用系统架构 应用平台集成 用例图 微服务	物理数据模型 智能化模型 元数据/字典 数据安全/完整性 数据服务	流程引擎 服务总线 消息总线 数据集成 集成服务	系统部署 云部署 企业网络 互联网络 移动互联网络 安全部署	时序图 协作图 状态图 状态迁移图 发生时间	物联网 智能配置模型 CPS部署 控制系统 物的运行状态 物的行为	组织结构 资源配置 技能标准 门户/图像界面 菜单/图像界面 行为/状态	文化 形象 品牌
详细描述(程序员)	流程文件 操作手册 知识	面向对象的代码 微服务代码 知识	知识库模式 知识	集成服务代码	微代码 操作手册 知识	7×24小时原子时钟	标准和规范 操作手册 知识	组织结构规制度 行为规范 知识	教育 培训 宣传

业务流程域

业务流程是业务战略的承载体，是业务能力的端到端呈现，是业务模式的业务设计，是业务管控的运作机制，是创造价值的过程，也是信息化/数字化的核心对象。因此，流程必须是以客户为中心、基于各层级的角色规划思路、聚焦业务价值和流程的组织和业务行为。

以客户为中心的核心理念。树立以服务为核心的服务型流程文化，需要改变以部门或职能为中心的落后的业务流程设计思想。建立去职能化、以服务和角色为中心的流程设计理念，聚焦有效性和效率，即聚焦创造价值而非职能划分和权力。

分层分级的结构化思路。建立企业完整的业务流程架构和端到端集成的主干流程，基于流程架构建立流程责任机制。坚持主干简洁和稳定，末端灵活和标准兼顾的业务流程架构思路，按照价值创造过程厘清主干流程，实现端到端或客户到客户的集成，并基于业务场景重构业务流程视图，实现业务流程的灵活编排，满足业务变化和灵活性要求，提升端到端流程的效率。

业务行为融于业务流程。业务发生的质量、内控、授权、行权、监控、时间、地点、服务等行为要融于流程，基于业务管控的要求，承载授权体系，业务流程要支撑组织/人的行为的可追溯性和可视性。

业务应用域

业务应用首先来自业务流程架构，是业务流程/业务能力的功能化，是业务的 IT 实现。将业务流程的能力 / 活动抽象成最小应用功能，再基于端到端业务、业务边界、数据关联性、安全性等要素，将应用功能抽象成应用功能组，再规划成业务应用平台并建立应用集成体系，以及基于应用的数据流程图。

数据域

在数字时代，要想以对象及其行为为中心，就需要基于业务行为、人的行为、物的行为构建行为模型，聚焦非结构数据（重复型和非重复型）和结构化的数据建立人、事、物之间的关联，建立基于场景和行为的趋势分析、相关分析、关联分析、故障、质量、客户流失、客户忠实度、用户习惯、病情监控、情绪分析、索赔、欺诈、违规、位置服务、生物识别等大数据分析模型。

集成域

除了流程、应用、数据、服务等相互集成，数字化转型还需要基于业务链、产业链、智能制造等垂直集成、水平集成和端到端集成，实现数据共享，以及以人、事、物为中心的数据聚集的业务模型和数据模型集成。

技术域

通信和信息技术的共享性、通用性、连接性、体验性、平台性、规模性等特征，要求规划和制定企业级的技术框架，包括策略、技术架构、技术标准、技术规范、API、参考

模型等，并基于技术框架构建企业级的网络平台、云计算 /
存储平台、IoT 平台、数据平台、异构集成平台、统一接入平台、
应用平台、门户平台等共享技术平台；同时要基于云管端和数
据构建安全平台，通过平台化技术战略支撑业务一体化战略和
快速响应全球化的灵活性策略。

时间域

时间是信息化和数字化的特殊数据，随着业务管理精细度
的变化，IT 应用于不同阶段时关注和管理的时间也不同，这
对后续的分析和应用方式影响很大。在信息化阶段，业务流程
设计只重视关键业务事件发生的时间点，管理应用系统也只管
理了业务流上的一些关键时间。例如，创建、修改、签单、交
付、下单、发货、退货、开票、审批、产品发布、产品退市等，
一般应用于监控和经营、效率指标的统计和分析。在数字时
代，则需要进行大数据分析，挖掘数据的时间和趋势价值，以
前管理的时间点远远不能满足精细化的管理和分析要求。具体
而言，在数字时代，需要关注人在不同空间（企业、虚拟、公
共）的行为和关联行为。例如，企业空间的体验、停留、兴趣、
位置，虚拟空间的体验、停留、兴趣、位置、言行等，以及社
会空间的位置、活动、位移轨迹等行为。再如，对物体（生物、
设备、装备、终端）的内部运行状态，需要基于时间抽样，如
发动机各部件的状态、温度等，人的心率、血压以及物体对外
界的感知，包括温度、空气、位置、环境等。因此，在数字时

代，企业需要基于人、事、物的相关时间进行建模，对行为数据予以采集，进而基于时间系列的分析建模，对行为趋势进行分析，并对行为发生的后果进行预防和预警，从而佐证人的先见之明，创新商业模式，提供更加精细化的服务。

物（物体）域

数字时代对物体提出了更高的要求。在研发阶段，企业就要对其进行内外行为建模。对物体的数字化设计包括内部感知、外部感知、连接性、自调节、自学习、自愈性、类人性等，只有数字化设计的产品和植入了各种传感器的生物才能实现物物互联、人物互联，与管理应用系统实现集成，在使用和运行时产生、采集企业所需的行为数据，实现精细化的管理和控制。

人（角色）域

在数字时代，人在不同的空间扮演着不同的角色，不同的组织构建了不同空间行为的模型。在企业空间，企业需要基于业务价值的创造过程和管控要求来使角色定义精细化，并在效率和管控上取得平衡，因此要基于角色来设计流程，以角色为中心进行行为建模。只有把人的行为纳入 IT 应用系统设计、开发，组织才能掌握企业空间的行为并构建行为分析模型，基于行为、规则、知识、经验改进业务流程、内控模式、遵从模式和 IT 应用系统，让企业管理层聚焦异常行为的处理和规则的建立，从而改变工作方式、不断提升人的效率。一个企业或组织，要基于角色进行资源配置、能力建设、岗位匹配，设计授权体系、IT 应用功能和服务并优化组织结构。

组织动机域

信息化和数字化是管理变革、流程变革、企业转型的使能器，历史经验证明它一定是"一把手"工程，因此企业/组织的愿景、战略、目标、能力等决定了信息化和数字化的进程与水平。信息化和数字化的技术已经成为企业或组织的生产要素，只有走与业务紧密结合的道路，才能为业务和经营带来最大的价值，才能推动业务变革和转型并为业务赋能。因此，IT 部门必须与业务战略的制定紧密结合，推动和影响业务战略的制定，构建信息化/数字化的战略规划能力、变革能力、数字化领导力、架构能力、连接能力、转型能力、智慧能力，并清晰准确地解码业务和经营战略，构建企业级的数字化转型战略和企业架构。

数字化企业架构只是一个原子级的框架，还需要对各域的分级组件和要素进行定义。但如何规划数字化转型要求的数字化企业架构、指导数字化转型的战略举措和方案落地，需要借助一套方法论（如 TOGAF 企业架构规划方法论）进行下列 3 个层面的顶层设计，并长期投入转型方案的落地和运营，推动持续改进和优化：一是数字化转型战略规划，包括业务创新战略、经营战略、组织能力、数字化领导力、数字化战略、云战略、连接战略、大数据战略等；二是数字化治理的顶层设计，包括企业级的总体策略、总体原则、愿景、使命、定位、数字化组织和管控流程、岗位和资源配置、长期投资、绩效与激励措施等；三是数字化企业架构规划，包括业务架构、数字架构、应用架构、技术架构、集成架构、基于时间的架构、基于物和角色的行为架构等顶层规划和设计。

基于上述数字化企业框架，提出数字化企业的参考架构，包括基础设施层、信息管理层、功能应用层、交互层、开发层、集成层、管理层、安全层。该架构包括所有与数字业务倡议有关的重要能力的高层次观点；同时，功能和使用场景也可以在参考架构中做进一步的详细说明。数字化企业架构示意中的每层都可以进一步展开。数字化企业参考架构示意如图18-3所示。

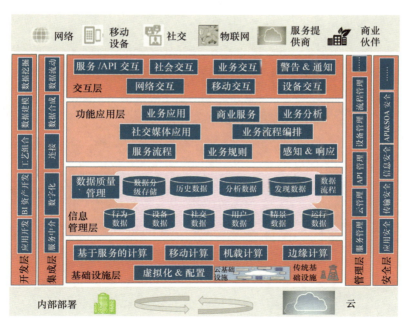

图 18-3　数字化企业参考架构示意